中国产业区位分布演变及其机制研究

沈 立◎著

经济管理出版社
ECONOMY & MANAGEMENT PUBLISHING HOUSE

图书在版编目（CIP）数据

中国产业区位分布演变及其机制研究/沈立著 . —北京：经济管理出版社，2022. 2
ISBN 978 - 7 - 5096 - 8313 - 2

Ⅰ.①中…　Ⅱ.①沈…　Ⅲ.①产业经济—区位经济—研究—中国　Ⅳ.①F269. 2

中国版本图书馆 CIP 数据核字（2022）第 035011 号

组稿编辑：高　娅
责任编辑：高　娅
责任印制：黄章平
责任校对：张晓燕

出版发行：经济管理出版社
　　　　　（北京市海淀区北蜂窝 8 号中雅大厦 11 层　100038）
网　　　址：www. E - mp. com. cn
电　　　话：（010）51915602
印　　　刷：唐山玺诚印务有限公司
经　　　销：新华书店
开　　　本：720mm × 1000mm/16
印　　　张：15. 25
字　　　数：274 千字
版　　　次：2022 年 3 月第 1 版　　2022 年 3 月第 1 次印刷
书　　　号：ISBN 978 - 7 - 5096 - 8313 - 2
定　　　价：88. 00 元

前　言

现有产业区位理论已经对产业区位分布和变迁现象进行了一定程度的研究，尤其是对产业区位分布和变迁的动因、模式、机制等方面进行了重点研究，但是伴随着中国经济进入新常态，中国的经济社会形势发生了很大的改变，互联网革命的快速推进深刻地影响了中国经济，同时，人口年龄结构的日益老龄化，不仅减弱了长期以来中国经济所依赖的人口红利，也对整个中国经济产生了深远的影响，创新驱动型发展模式成为中国经济未来发展的必由之路，这也决定了科技和教育将成为中国经济未来发展的决定性因素。此外，长期以来存在的企业融资约束问题，也在很大程度上制约着地区产业的发展。因此，对新时期影响中国产业区位分布和变迁的关键因素进行深入分析就具有十分重要的意义，特别是研究电子商务、银行信贷、科教支出和人口年龄结构等关键因素在产业区位分布和变迁中的作用及其影响机制，更是具有非常重要的现实意义和理论意义。

本书紧密围绕中国产业区位分布和变迁这一研究主题，将中华人民共和国成立以来中国产业空间分布格局演变作为研究的逻辑起点，将新时期影响中国产业区位分布和变迁的四大因素（电子商务、银行信贷、科教支出和人口年龄结构）作为研究的关键点。

第一，本书介绍了中国产业空间分布格局的演变过程，主要将中华人民共和国成立以来中国区域产业分布格局的演变过程划分为四个阶段，并通过对四个阶段的典型事实的统计分析，总结出了每一个阶段相应的典型特点。

第二，本书对电子商务发展程度影响产业区位分布和变迁的机制进行了分析，得到如下结论：首先，电子商务发展会影响地区制造业的空间集聚，具体表现为地区电子商务发展程度越高，制造业集聚程度也就越高。其次，中国各地区电子商务发展程度会通过削弱地方保护、减弱市场分割这一渠道来影响地区的制造业分布，具体表现为电子商务发展越快的地区，其市场分割对制造业集聚的抑制作用也就越弱，即电子商务有助于削弱市场分割对制造业集聚的负面作用。

第三，本书研究了银行信贷期限结构对产业区位分布和变迁的影响及其具体机制，得到如下结论：首先，长期化倾向的银行信贷期限结构有助于促进地区工业发展，而短期化倾向的银行信贷期限结构则会抑制地区工业发展，并且银行信贷期限结构对不同类型制造业的影响并不相同。其次，银行信贷期限结构可以通过研发创新部门影响地区工业发展，具体地，银行信贷期限结构可以通过专利开发、新产品开发、消化吸收技术、购买国内技术和技术改造等影响地区工业发展，但不会通过引进技术这一渠道影响地区工业发展。

第四，本书研究了科教支出影响地区产业发展及其产生空间溢出效应的具体机理，并且分析了现代交通网络体系对科教支出空间溢出效应的影响，得到如下主要结论：首先，财政科教支出能够促进本地区的经济发展，特别是能够促进本地区第二产业和第三产业的发展。其次，财政科教支出存在空间溢出效应，本地区的财政科教支出对邻近地区的经济发展具有积极的促进作用。分产业来看，本地区的财政科教支出对邻近地区第二产业发展具有积极的促进作用，但是对邻近地区第三产业发展则不具有促进作用。再次，对于经济发展特别是第二产业发展而言，科教支出的空间溢出效应具有空间异质性，对于时空距离较近的地区，科教支出的空间溢出效应影响不太明显，但是对于时空距离较远的地区，科教支出的空间溢出效应则变得较为明显。最后，伴随着高铁网络的发展，本地区科教支出对邻近地区经济发展特别是第二产业发展的促进作用在同等地理距离范围内有所增强。

第五，本书对地区人口年龄结构影响地区人口和产业集聚的机制进行了分析，得到如下结论：首先，人口年龄结构的变化会影响地区人口和产业的空间集聚，具体表现为地区人口少子化越严重，地区人口和产业向市区集聚的程度就越高，分产业来看，这种效应在第三产业集聚的表现要大于第二产业。其次，中国各地区人口年龄结构的演变会通过基础教育资源的空间布局变化来影响地区的人口和产业分布，具体表现为少子化程度越严重，基础教育资源布局越会向市区集中，从而推动人口和产业进一步向市区集聚，但是对于不同的产业，这一中介效应并不完全相同。地区基础教育资源集聚在人口少子化促进地区第三产业集聚过程中发挥的中介效应要大于在人口少子化促进地区第二产业集聚过程中发挥的中介效应。

第六，对全书进行了简短的归纳和总结，提炼了若干结论，然后围绕相应的结论提出了可资借鉴和参考的政策建议。另外，基于本书研究的不足，又进一步提出了该领域未来的研究方向。

目　录

第一章　绪论

第一节　研究背景、目的与意义

一、研究背景

当前，全球产业的空间分布正在发生新的变化。首先，在过去几十年内，全球产业格局经历了大发展大转移，制造业由发达国家向新兴市场国家大规模转移，特别是向新兴市场国家的沿海城市转移的趋势尤为明显，但在 2008 年金融危机以后，美国重新认识到制造业在国民经济中的地位和作用，由此出台了鼓励科学创新、吸引高技能人才、培养本国人才、降低成本等一系列政策以吸引制造业回流，并鼓励和引导本国公司将海外制造业迁回本土发展，从而强化美国在制造业领域的竞争优势，由此，部分高端制造业已经出现由新兴市场国家向美国等发达国家回流的迹象。其次，全球制造业正在经历新一轮的大转移，这一轮产业转移主要是从中国向东南亚国家以及南亚国家转移，由于中国制造业成本的上升，许多低端制造业正在向成本更为低廉的东南亚和南亚国家迁移。可以说，全球产业正在面临新一轮的空间转移浪潮。在此大背景下，中国作为全球经济体系的深度参与者，必然受到全球产业格局演变的深刻影响，国内产业空间格局也必然会发生新的变化，再加上目前中国经济正处于增长速度换挡期、结构调整阵痛期和前期刺激政策消化期这三期叠加的经济新常态，从供给上来看，增长动能不足难以支撑经济持续稳定增长，同时，部分产业产能过剩问题严重，经济结构问题突出，难以有效满足日益升级的消费需求，区域间发展不平衡的现象依旧严重，空间资源错配现象也较为严重，地区之间、城乡之间的发展还不够协调，大国优势尚未被充分利用，因此，要实现经济持续稳定协调发展，避免陷入"中等收入陷阱"，一方面必须进行供给侧结构性改革，积极推进产业转型升级，实施创新驱动型战略，把创新作为引领发展的第一动力，把人才作为支撑发展的第一资源，由高速发展模式向高质量发展模式转变；另一方面还要通过空间资源的合理配置以及产业空间的合理布局来实现产业结构升级和区域协调发展的双重目标。此外，中国作为一个幅员辽阔的大国，不同地区的发展情况千差万别，发展阶段也不尽相同，因此，在现阶段研究大国背景下中国不同地区产业空间演变及其具体机制就成为一项非常重要而棘手的研究课题。

二、研究目的及意义

就中国经济现实而言，伴随着中国经济进入新常态，中国的经济社会形势发生了很大的改变，互联网革命快速推进并影响到每个人的日常生活，人口年龄结构的日益老龄化，不仅减弱了长期以来中国经济所依赖的人口红利，同时也对整个社会经济产生了深远的影响。创新驱动型发展模式成为中国经济未来发展的必由之路，这也决定了科技和教育将成为中国经济未来发展的决定性因素。同时，长期以来存在的企业融资约束问题，也在很大程度上制约着中国产业的发展，另外，由于中国幅员辽阔，各地区资源禀赋、经济发展阶段等各方面因素差异很大，因此，如何从我国区域要素禀赋的非均衡特征出发，研究产业空间布局演变的典型事实、影响因素和政策选择就成为有待进一步深入研究的核心课题，特别是对新时期影响中国产业区位分布的关键因素进行深入分析就具有十分重要的现实意义。

就经济学理论研究而言，现有产业区位理论已经对产业区位分布和变迁现象进行了一定程度的研究，尤其是对产业区位分布和变迁的动因、模式、机制等方面进行了重点研究，但是现有理论尚未对新的经济现实做出应有的反应，因此，本书的理论意义主要体现如下：本书在现有产业区位理论的基础上进一步将电子商务、银行信贷、科教支出、人口年龄结构纳入影响产业区位分布及其变迁的理论框架内，初步构建了一个包含电子商务、银行信贷、科教支出、人口年龄结构的理论框架，不仅考察了电子商务、银行信贷、科教支出、人口年龄结构对中国产业区位分布的影响，还重点考察了这些因素对中国产业区位分布的具体影响机制，在一定程度上拓宽了关于产业区位分布及其变迁的动因理论，也回应了新的经济发展现状对产业区位理论发展提出的新要求。

第二节　研究思路与研究方法

一、研究思路

　　现有产业区位理论已经对产业区位分布和变迁现象进行了一定程度的研究，尤其是对产业区位分布和变迁的动因、模式、机制等方面进行了重点研究，但是伴随着中国经济进入新常态，中国的经济社会形势发生了很大的改变，互联网产业快速发展正在深刻地改变着中国的经济，同时，人口年龄结构的日益老龄化，正在减弱长期以来中国经济所依赖的人口红利，也对整个中国经济产生深远的影响，而创新驱动型发展模式成为中国经济未来发展的必由之路，这也决定了科技和教育将成为中国经济未来发展的决定性因素，此外，长期以来存在的企业融资约束问题，也在很大程度上制约着中国的地区产业发展，因此，对新时期影响中国产业区位分布及变迁的关键因素进行深入分析就具有十分重要的意义，特别是研究电子商务、银行信贷、科教支出和人口年龄结构等关键因素在产业区位分布及变迁中的作用及其影响机制，更是具有非常重要的现实意义和理论意义。

　　因此，本书紧密围绕中国产业区位分布及变迁这一研究主题，将中华人民共和国成立以来中国产业空间分布格局演变作为本书研究的逻辑起点，将新时期影响中国产业区位分布的四大因素（电子商务、银行信贷、科教支出和人口年龄结构）作为本书研究的关键点。具体而言，第一，本书介绍了中国产业空间分布格局的演变过程，主要将中华人民共和国成立以来中国区域产业分布格局的演变过程划分为四个阶段，并通过对四个阶段的典型事实的统计分析，总结出了每一个阶段相应的典型特点。第二，介绍了电子商务影响产业区位分布的具体机制，利用 2003 ~ 2016 年 30 个省级行政区的面板数据，采用 OLS、工具变量法、系统 GMM 估计法、中介效应模型等多种计量方法对电子商务发展程度影响产业区位分布的机制进行了分析。第三，介绍了银行信贷影响产业区位分布的具体机制，利用中国省级层面的面板数据通过 OLS 估计法和系统 GMM 估计法研究了银行信贷期限结构对产业发展乃至区位分布的影响及其具体机制。第四，介绍了科教支出影响产业区位分布的具体机制，基于 2003 ~ 2013 年中国 284 个地级及以上城市的面板数据，使用空间计量方法等多种估计方法重点研究了科教支出影响地区产业发展及其产生空间溢出效应的具体机理,并且进一步分析了现代交通网络体系对科教支出空间溢出效应的影响。第五,介绍了人口年龄结构影响产业区位分布的具体机制,利用 285 个地级及以上城市 2006~2015 年的面板数据,采用诸如 OLS、2SLS、系统 GMM 以及中介效应模型等多种计量方法,对地区人口年龄结构影响地区人口和产业集聚的机制进行了分析。第六,基于上文的分析,对全文进行了简短的归纳和总结,提炼了几点结论,然后围绕相应的结论提出了可资借鉴和参考的政策建议。

二、研究方法

选择恰当的方法是一项研究能够取得成功的关键因素,本书拟采用多种研究方法来深入研究电子商务、银行信贷、科教支出和人口年龄结构对中国区域产业区位分布及变迁的影响机制,以保证结论的科学性和可信性。本书所使用的主要研究方法如下:

(一) 历史分析法

本书利用历史分析法对中国产业区位分布及变迁进行了全面系统的分析,本书将中华人民共和国成立以来的中国区域产业分布格局的演变过程划分为四个阶段:第一阶段是 1952~1978 年,第二阶段是 1978~2002 年,第三阶段是 2003~2012 年,第四阶段是 2013 年至今。通过对上述四个阶段中国产业空间分布格局演变过程的典型事实的统计分析,总结出了每一个阶段相应的典型特点,从而为有针对性地提出区域产业政策提供决策参考。

(二) 对比分析法

为了更加全面地考察电子商务、银行信贷、科教支出、人口年龄结构对中国产业区位分布及变迁的影响,本书充分使用了对比分析法,首先,在研究上述因素对产业区位分布及变迁的具体影响时,我们往往采用多种计量方法进行估计,并对不同估计方法下得出的结果进行对比分析,从而确证各种因素对中国产业区位分布和变迁的具体影响及其作用机制,这也从一定程度上确保了研究结论的稳健性和可信性。比如,在研究人口年龄结构对中国产业区位分布和变迁的影响时,我们使用了 OLS、2SLS、系统 GMM 以及中介效应模型等多种计量方法来进行深入研究,通过对比分析最终确定相应的结论。其次,本书还对比分析了上述因素对中国产业区位分布和变迁的不同影响渠道,比如,在研究银行信贷期限结构对中国产业区位分布和变迁的影响机制时,本书对比分析了专利开发、新产品开发、消化吸收技术、购买国内技术和技术改造等多种影响渠道,从而得出更为全面的结论。最后，本书还对比分析了上述因素对不同产业的影响效果，比如，在研究科教支出对产业区位分布和变迁的影响效果时，本书对比分析了科教支出对第二产业和第三产业的不同影响效果，从而得出了更为全面的结论。

（三）统计分析法

本书利用多种统计方法研究了中国产业区位分布演变过程，首先是使用区位商等多种指标测度了中国产业的空间分布状况，然后利用表格法、可视化地图法等多种统计方法进行分析，其中，可视化地图法主要是采用地理信息系统软件ArGIS制作而成，通过对相关统计分析结果进行可视化呈现，从而达到更好地阐释本书结论的目的。

（四）数理模型分析法

本书在产业区位理论的既有文献和理论的基础上，通过数理方法构建理论模型，进而根据理论模型推演电子商务、银行信贷、科教支出、人口年龄结构等对中国产业区位分布和变迁的内在作用机制，为下一步使用实证检验方法检验理论假设奠定了基础。

（五）计量模型分析法

本书运用 OLS、工具变量法、系统 GMM 估计法、中介效应模型、空间计量经济学方法等多种计量方法实证检验了电子商务、银行信贷、科教支出、人口年龄结构等因素对中国产业区位分布和变迁的具体影响及其作用机制。

图 1-1 为本书技术路线。

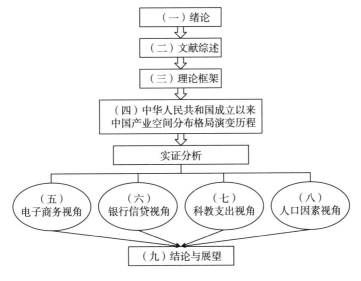

图 1-1 本书技术路线

第三节 篇章结构与创新之处

一、篇章结构

本书主要包括九章，主要内容具体如下：

第一章是绪论。本章主要介绍本书的研究背景、研究目的、研究意义、研究思路、研究方法，以及本书可能的主要创新点。

第二章是文献综述。本章从研究主题出发，对中国区域产业空间布局理论以及产业区位变迁理论的代表性研究进行了总结梳理。首先是对产业区位变迁的概念和测度进行了简要的概括；其次是对产业区位理论展开理论回溯，主要从国际产业转移理论、区际产业转移理论、产业集聚理论等方面进行深入归纳梳理；最后是针对上述理论进行相应的评述。

第三章是理论模型。本章从电子商务、银行信贷、科教支出、人口年龄结构四个方面入手构建了一个初步的理论模型。本章阐明了电子商务、银行信贷、科教支出、人口年龄结构等方面因素对中国产业区位分布和变迁的影响机制，构建了一个基于新经济地理学理论的数理模型，以此分析上述四个因素影响中国产业区位分布和变迁的具体机制。

第四章是产业空间演变与区域经济新格局。本章主要将中华人民共和国成立以来的中国区域产业分布格局的演变过程划分为四个阶段：第一阶段是 1952～1978 年，第二阶段是 1978～2002 年，第三阶段是 2003～2012 年，第四阶段是 2013 年至今。通过对上述四个阶段中国产业空间分布格局演变过程的典型事实的统计分析，总结出了每一个阶段相应的典型特点。

第五章是电子商务与产业区位分布。本章利用 2003～2016 年 30 个省级行政区的面板数据，采用 OLS、工具变量法、系统 GMM 估计法、中介效应模型等多种计量方法对电子商务发展程度影响产业区位分布和变迁的机制进行分析。

第六章是银行信贷与产业区位分布。本章利用中国省级层面数据通过 OLS 估计法和系统 GMM 估计法研究了银行信贷期限结构对产业发展乃至区位分布和变迁的影响及其具体机制。

第七章是科教支出与产业区位分布。本章基于 2003～2013 年中国 284 个地级及以上城市的面板数据,使用空间计量方法等多种估计方法重点研究了科教支出影响地区产业发展及其产生空间溢出效应的具体机理,并且进一步分析了现代交通网络体系对科教支出空间溢出效应的影响。

第八章是人口年龄结构与产业区位分布。本章利用 285 个地级及以上城市 2006~2015 年的面板数据,采用诸如 OLS、2SLS、系统 GMM 估计法以及中介效应模型等多种计量方法,对地区人口年龄结构影响地区人口和产业集聚的机制进行了分析。

第九章是结论与展望。本章基于上文的分析,对全书进行了简短的归纳和总结,提炼了相应的结论,然后围绕相应的结论提出了可资借鉴和参考的政策建议,最后本章基于本书的研究不足,又进一步提出了该领域未来的研究方向。

二、可能的创新之处

第一,本书在现有产业区位理论的基础上进一步将电子商务、银行信贷、科教支出、人口年龄结构纳入影响产业区位分布及其变迁的理论框架内,初步构建了一个包含电子商务、银行信贷、科教支出、人口年龄结构的理论框架,不仅考察了电子商务、银行信贷、科教支出、人口年龄结构对中国产业区位分布和变迁的影响,还重点考察了这些因素对中国产业区位分布和变迁的具体影响机制,在一定程度上拓宽了关于产业区位分布和变迁的动因理论,也回应了新的经济发展现实对产业区位理论发展提出的新要求。

第二,目前关于电子商务的文献主要集中在讨论电子商务对出口、经济增长、生产效率等方面,对产业区位分布和变迁的影响讨论相对不多,有限的文献也主要集中在理论机制方面,而对实证研究较为欠缺。因此,本书在现有文献的基础上,利用省级层面的面板数据,围绕电子商务如何促进地区产业集聚这一主题进行了探讨,针对电子商务通过对地方保护主义引发的市场分割的作用进而影响地区产业分布这一渠道进行了深入分析,得出了有意义的结论,为中国经济的市场一体化改革提供了有益的启示。

第三,目前已有少数文献开始从银行信贷的期限结构来研究银行信贷对地区经济增长和产业发展的作用机制,本书在现有文献的基础上,尝试更进一步探究银行信贷期限结构通过创新研发渠道影响地区产业发展进而影响产业区位分布的效果及其内在作用机制。通过此项研究,可以更好地观察中国金融体系运行的基本特征以及对不同地区实际经济运行的深刻而又复杂的影响,从而使相关经验发现更具有典型事实意义,同时也对政府决策具有一定的参考价值。

第四，本书首先从城市层面出发重新检验了科教支出在促进经济发展方面的作用及其空间溢出效应，其次详细阐述了科教支出影响本地区及邻近地区经济发展的具体发生机制，最后则考虑了现代交通网络体系在科教支出空间溢出效应中的影响，有助于更加深入地了解现代交通体系在区域经济发展中的作用。

　　第五，如何理解人口年龄结构的老龄少子化对经济的影响已经成为当下中国所要面临的紧要问题，既有文献主要关注人口年龄结构与经济增长的关系，尚未充分关注人口年龄结构的变化对产业空间集聚的影响。本书从人口年龄结构的视角来研究产业集聚问题，既是对人口年龄结构的经济效应问题的深化，同时也是对产业集聚动力机制问题的拓展。本书的经验研究发现，学龄人口的减少会导致基础教育资源向城市中心收缩进而导致人口向城市中心区的流动，最终引发产业向中心城区的集聚，这一发现为深入理解过去十几年中国地级及以上城市的产业空间集聚不断提升这一现象提供了新的视角和新的经验证据。

第二章 文献综述

第一节 产业区位分布的相关概念界定及测度

一、产业区位分布的相关概念

产业区位分布是一个国家或地区各产业部门或各产业环节根据劳动力、自然禀赋等因素而在空间上形成的布局和动态发展过程，与产业区位分布概念紧密联系的则是产业区位变迁，这是一个硬币的两面。产业区位变迁是一种复杂的空间经济现象，它涉及区域经济学的多个方面，同时它也是一个相对的概念（魏后凯等，2010）。在许多文献中，与产业区位变迁相对应的概念是产业转移（Industry Relocation），这两个概念通常被混用，但是事实上，这两者之间存在细微的差别。产业转移是具备一定共性的企业较大规模地从一个地理空间向另一个地理空间转移的现象，它是一种动态行为，包含产业在不同区域之间此消彼长的意思，但是产业区位变迁则指产业在不同区域内的变化，它既有"变"的一面，即由于地区经济增长，从而引发区域产业份额的变化；又有"迁"的一面，即由于区域之间的产业转移所引发的区域产业份额的变化，总之，它的内涵要比"产业转移"更为宽泛，它不仅仅意味着"产业在不同区域之间的此消彼长"。并且张公嵬和梁琦（2010）认为，产业转移包括两种情形：第一种是产业在地理位置上的迁移，第二种是产业区位的变迁，比如，某一产业在一个地区衰落，而在另一个地区兴起，从而在客观上形成产业的区位变迁。由此，我们分析具体问题将产业转移和产业区位变迁相等同，并不做严格的区分。从本质上来说，产业区位变迁是基于资源禀赋、区位差异等因素而使产品生产能力与市场供应在不同区域的空间位移过程（杜传忠、刘英基，2013）。产业区位变迁的实质是企业在不同空间之间的区位调整过程，其具体表现为不同时期地区产业活动的空间分布变化。根据转出地和转入地的不同，产业区位变迁可以分为国际产业转移和区际产业转移两类，国际产业转移是产业在国与国之间的迁移活动，而区际产业转移是产业在一国内部不同区域之间的迁移活动，在转移动力机制和模式方面，两种迁移方式既有相同点，又有不同点。

当前，伴随着中国工业化和城市化进程的快速推进，产业集聚现象和产业扩散现象越发明显，成为产业区位变迁的主要现象。事实上，产业区位变迁就包含产业集聚（Industry Agglomeration）和产业扩散（Industry Dispersion）两个方面，并且这两个方面相互依存、相互影响。由于产业集聚和产业扩散是一体两面的关系，因此，我们着重介绍"产业集聚"的概念。Marshall（1890）首次对特定区域的工业集聚现象进行了研究，他将集聚了大量相似工业企业的区域称为"产业区"，在"产业区"内的企业则普遍具有专业化程度高、规模经济效应强、相互之间联系紧密的特点。由于产业集聚涉及空间地理的高度集中，因此，地理接近性就成为产业集聚的重要特征。Czamanski 和 Ablas（1979）在其著作《关于空间产业集聚的研究》中将产业集聚定义为一组在商品和服务的联系上比其他部门更强的产业在空间上相互接近的现象。此后许多学者均将产业集聚定义为某一产业内相互联系的企业在地理上的集聚（Porter，1998；Swann and Prevezer，1996；Baptista and Swann，1998；王建刚、赵进，2001；胡艳曦、陈雪梅，2002）。另外，由于产业集聚主要是针对经济活动而言，而经济活动又主要体现在产业上，因此，产业特性也是界定产业集聚的一个重要方面。Becattini（1978）基于企业间的分工协作关系，将产业集聚定义为具有共同社会背景的人们在一定区域内所形成的社会生产综合体，之后一些学者更进一步地从产业链的视角将产业集聚定义为一系列相似产品生产链的地理集中（Storper，1992；Redman，1994；Porter，1998）。Feser 和 Bergman（2000）将企业间的技术联系作为联结模式来界定产业特性从而定义产业集聚的概念。Rosenfeld（1997）也认为，由于企业相互之间能够产生协同效应，因此，企业基于相互之间的依赖来选择是否进入集群从而增加商业交易的机会。Roelandt 和 Hertog（1998）更进一步地将产业集聚定义为相互依赖的企业、知识生产机构、中介机构和客户为获取新的知识技术、使用互补资产、加快学习过程、降低交易成本、克服市场壁垒、获取合作收益、分散创新风险，以及通过价值链相互联系进而形成的网络。综上所述，我们可以将产业集聚定义为：在一定的空间范围和一定的产业领域内，大量联系密切的企业相互之间合作竞争，从而达到获取新的知识技术、使用互补资产、加快学习过程、降低交易成本、克服市场壁垒、获取合作收益、分散创新风险的目的。

二、产业区位分布的测度

目前，关于产业区位分布的识别方法很多，但差别也很大。通常来讲，根据测度指标的设计思想和应用特点，可以将衡量产业区位分布的方法分为如下三类：

第一类方法主要用于测度产业地理集中度，具体包括绝对份额指标、区位商、赫芬达尔—赫希曼指数、空间基尼系数等指标。但是，这一类方法往往存在行业间可比性差、受地理单元划分影响较大的缺点。

1. 绝对份额指标

绝对份额指标是用某一产业指标占全国该类产业的比重来衡量产业的空间分布，并通过对比该类产业绝对比重的变化来分析产业转移的状况。具体计算公式如下：

$$R_i = q_i / \sum_1^n q_i \tag{2-1}$$

其中，i 表示某一产业，R_i 表示某一产业的绝对份额，q_i 表示某一产业的相关指标。

2. 区位商

区位商主要用来衡量要素的空间分布状况，反映某一类产业的专业化程度，因此，区位商也被称作专门化率。具体的计算公式如下：

$$LQ_i = (q_i / \sum_1^n q_i) / (Q_i / \sum_1^n Q_i) \tag{2-2}$$

其中，LQ_i 表示区位商，i 表示某一产业，q_i 表示某一地区某一产业的相关指标，Q_i 则表示更高一级区域某一产业的相关指标。

3. 赫芬达尔—赫希曼指数

赫芬达尔—赫希曼指数（HHI）是衡量产业集聚度的重要指标，最初由赫希曼提出，后经赫芬达尔改进。具体计算公式如下：

$$HHI = \sum_1^N (X_j/X)^2 \tag{2-3}$$

其中，X_j 表示 j 产业的相关指标，X 表示所有产业的总指标。一般而言，HHI 在 0 到 1 之间变化，HHI 越小，表示产业的集聚程度越低，HHI 越大，则表示产业的集聚程度越高。

4. 空间基尼系数

空间基尼系数由克鲁格曼提出，主要用于测度产业的空间分布均衡程度。具体计算公式如下：

$$G = \sum_{1}^{N} (s_i - x_i)^2 \tag{2-4}$$

其中，G 为空间基尼系数，我们以总产值为例，s_i 表示 i 地区某一产业的总产值占全国该产业总产值的比重，x_i 表示 i 地区总产值占全国总产值的比重，空间基尼系数越大，表示该地区产业的集聚程度越高。

5. SP 指数

为了解决赫芬达尔—赫希曼指数和空间基尼系数存在的缺陷，Midelfart 等（2000）使用 SP 指数来衡量基于空间距离的产业空间集中情况，如果某一产业的 HHI 和空间基尼系数保持不变，但行业分布的空间距离较远，则其产业集中度不如空间距离较近的产业集中度高。具体计算公式如下：

$$SP^k = c \sum_i \sum_j s_i^k s_j^k \delta_{ij} \tag{2-5}$$

其中，$s_i^k = E_i^k / \sum_k E_i^k$，$E_i^k$ 表示 i 地区 k 产业的总产值，δ_{ij} 表示两个地区之间的空间距离，c 则表示固定不变的常数。

第二类方法主要剔除了产业市场集中度对产业集聚度的影响，同时控制了地区规模对产业集聚度的影响，使计算结果在时间上和空间上更具有可比性，主要包括 EG 指数和 MS 指数，但其依然存在一些诸如没有考虑不同分空间规模、很难对比不同规模的结果等缺陷。

1. EG 指数

EG 指数主要用来测度产业的空间集聚程度，由 Ellison 和 Glaeser 提出。其设计思想如下：假设某一国家的 i 产业存在 N 个企业，该国被分为 r 个区域，这些企业分布于这些区域，那么，i 产业的集聚度为：

$$\gamma_i = \frac{G_i - (1 - \sum_{j=1}^{r} x_j^2) \cdot H_i}{(1 - \sum_{j=1}^{r} x_j^2) \cdot (1 - H_i)} \tag{2-6}$$

其中，i、j 分别表示 i 产业、j 区域，以总产值为例，x_j 表示区域所有产业的总产值占全国总产值的比例，G_i 表示 i 产业在 r 个区域内的空间基尼系数，H_i 表示 i 产业的赫芬达尔指数。一般而言，当 $\gamma < 0.02$ 时，产业处于较低集聚水平；

当 $0.02 \leqslant \gamma < 0.05$ 时，产业处于中度集聚水平；当 $\gamma \geqslant 0.05$ 时，产业处于高度集聚水平。

2. MS 指数

Maurel 和 Sedillot 在 EG 指数的基础上进行了适当修正，得到 MS 指数，具体计算公式如下：

$$\gamma'_i = \frac{G_i^A - (1 - \sum_{j=1}^{r} x_j^2) \cdot H_i}{(1 - \sum_{j=1}^{r} x_j^2) \cdot (1 - H_i)}$$

$$G^A = \sum_{j=1}^{N} x_j - s_{ij}^2 \qquad\qquad (2-7)$$

其中，G^A 是在之前空间基尼系数基础上稍做改进的结果。

第三类方法主要是通过分析点的空间分布来建立基于距离的多空间尺度衡量方法，本质上是通过分析企业的具体分布状态来了解产业的分布情况。该类方法主要包括 Ripley（1976）提出的 K 函数、Diggle（1991）进一步改进的 D 函数以及 Marcon 和 Puech（2003）在此基础上改进的 M 函数。

第二节　区际产业分工理论

产业区位变迁的基础是区际产业分工，亚当·斯密早在《国富论》中就将分工与专业化视为经济增长的源泉，现代意义上的分工是指人类在社会生产劳动中的活动内容与方式的划分，自人类社会形成以来，分工已经经历了多种不同形态的演进：一是产业专业化；二是产品专业化；三是零部件专业化；四是工艺专业化；五是生产服务专业化。从产业分工的角度来说，可以分为产业间分工、产业内分工和产业链分工（杜传忠、刘英基，2013）。随着经济全球化的发展，区际分工越加明显，特别是随着产业间分工向产品内分工演化，逐渐在地理空间上形成了以工序、区段和环节为对象的产业链分工网络体系，因此，确切地说，区际产业分工是社会分工与空间相结合的概念。总之，区际产业分工是社会内分工在跨经济空间上的体现，是不同经济区域之间以及区域内部次级区域之间受一定经济利益机制支配，进行专业化生产的现象和趋势，表现为各区域只承担生产某类、某种产品或者某个生产环节、工序和功能（杜传忠、刘英基，2013）。

一、经典产业区位理论

最早出现的区际产业分工理论是古典区位理论。杜能（1926）在其著作《孤立国同农业和国民经济的关系》中首次提出圈层理论，他引入运输成本和级差地租概念来解释农业空间分布的问题。虽然杜能研究的是农业区位问题，但是他的思想依旧给未来的工业区位理论提供了深刻的启发。作为工业布局理论的开创者，韦伯（1909）在其著作《工业区位论》中系统阐释了工业布局理论，他认为费用是决定工业区位的关键因素，最优工业区位应该是费用最低的点，这里的费用既包括运费也包括劳动费用。此外，他还将集聚经济纳入工业区位选择理论，认为集聚力也是影响工业区位的重要因素，而影响集聚的最主要因素则是运输成本和生产密度。因此，企业区位选择的基本原则就可以归纳为对运输成本和集聚经济收益的权衡。与韦伯观点类似的还有龙哈特、胡佛、赖利、艾萨德等，他们一起形成了成本学派，成本学派的主要观点就是以生产成本最低作为产业区位选择的第一标准。不同于古典区位理论主要讨论微观企业布局问题，市场学派主要讨论市场区位问题，该学派的主要观点就是将市场因素纳入产业布局选择中来，并将利润最大化作为产业区位选择的重要依据，其中涉及市场划分和市场网络结构安排等问题。谢费尔的空间相互作用理论研究了市场划分的问题，他认为任何两地之间均存在一定的相互作用关系，而两地市场间的分界点则是两地作用的均衡点。其他研究市场划分的理论还有帕兰德的市场竞争区位理论、费特尔的贸易区边界区位理论、罗斯特朗的盈利边界理论等。另外，克里斯塔勒、廖什则研究了市场网络结构安排问题。克里斯塔勒（1933）在其著作《德国南部的中心地》中提出了中心地理论，开创了以城市为中心进行市场面和网络结构分析的先河。Losch（1940）则在其著作《区位经济学》中提出了区位平衡理论，考虑到工业布局受到多种因素的影响，他建立了一个区位选择的一般方程，并在此基础上提出了经济区理论。成本—市场学派融合了成本学派和市场学派的观点，从而建立了一般均衡理论。作为该学派的主要代表人物，艾萨德（1954）在其著作《区位与空间经济》中试图构建一般区位理论，他详细讨论了运费、运量、劳动力等诸多因素对产业布局的影响，提出了著名的替代原则，并基于对市场的分析提出了竞争布局模式。俄林（1933）也在其著作《区域间贸易和国际贸易》中构建了一般区位理论，他认为交通便利的区域能够吸引大量的劳动力和资本，从而形成市场，因此可以专业生产面向市场、规模经济明显和难以运输的产品，而交通不便的区域则可以专业生产方便运输、生产规模小的产品。Vernon（1966）

提出了产品生命周期理论，认为处于不同生产周期的产业，其空间布局具有不同的特点；创新期产业一般分布在人才集聚、信息集中、设施完善、交通便利的地区，成熟期产业会扩散到成本较低的地区，衰退期产业则往往会转移到落后地区。除此之外，一部分学者将人的主观态度及其行为引入产业布局领域形成行为学派，另一部分学者则将各种社会因素引入产业布局领域从而形成社会学派。

二、发展中国家产业布局理论

鉴于发展中国家的特殊性，一些学者以发展中国家作为研究对象对产业布局问题进行了深入研究。法国经济学家佩鲁首次提出了增长极理论，他认为在国家经济增长过程中，主导产业部门或主导企业在特定区域的集聚有利于形成一种技术和资本高度集中、增长迅速并具有显著经济效益的发展机制，并且该地区会对邻近地区的经济发展产生强大的辐射作用，因此，该地区也被称为"增长极"。根据该理论，发展中国家可以通过政府计划的方式有意选择条件较好的地区作为重点投资地区，充分实现规模经济，从而将其培育为增长极，并确定其在国家经济中的中心地位，然后再利用市场机制的引导，充分发挥增长极的辐射引领作用，最终带动邻近地区及其他地区的共同发展。陆大道在增长极的基础上进一步提出了"点轴理论"，他认为工业布局在形成少数增长极以后，随着增长极的不断增多，点与点之间的联系增多，进而需要各种交通线路将其联系起来，从而形成"轴"，随着"轴"的产生，将吸引大量的人口、企业和产业集聚到交通轴周围，从而形成新的增长点。总之，点轴理论的核心观点就是根据区域经济由点及轴发展的空间规律，通过合理选择增长极和交通轴，使产业向上述地区集聚，从而起到由点带轴、由轴带面的效果，最终促进地区整体经济增长。瑞典经济学家缪尔达尔则提出了地理性二元经济理论，他认为在后发地区的经济发展过程中，在初始阶段，发达地区由于要素报酬率高等因素会吸引后发地区大量的资本、劳动力等资源向发达地区集聚，从而造成地区间差距的不断扩大，但是，在产业集聚超过一定程度以后，通常会发生规模报酬递减现象，从而推动发达地区的资本、技术、人才向后发地区扩散，并促进后发地区的经济发展。

三、国际分工和贸易理论

从本质上来说，国际贸易理论也可以看成是区际产业分工理论的一部分。亚当·斯密的绝对优势理论认为，各国为了最大化本国的利益可以按照自身的资源禀赋条件专业化生产具有绝对成本优势的产品然后进行交易，这一方面能最大化地提高每种产品的生产效率和生产总量，另一方面还可以通过国际贸易使各国获得更多的收益。李嘉图在绝对优势理论的基础上进一步提出了相对比较优势理论，他认为国际贸易的分工取决于两种产品之间的相对成本，而非绝对成本，因此，各国应该专业化生产并销售自身具有相对比较优势的产品，购买自身具有相对比较劣势的产品，从而通过相互之间的贸易获利。由于各国所具有的生产要素和技术水平会随着时间的推移而变化，从而也会导致国际贸易格局和区际分工格局发生改变。之后，赫克歇尔和俄林将生产要素差异与国际贸易、国际分工联系起来，分别讨论了生产要素禀赋差异对各国比较优势和生产分工地位的作用，指出各国要素禀赋差异是产生国际分工和国际贸易的基本条件，由于不同国家的资源禀赋差异，导致产品在不同区域间的生产成本存在差异，因此，一个国家应该生产本国拥有相对丰裕要素所生产的产品，同时，进口本国拥有相对稀缺要素所生产的产品。从这个意义上来讲，区际分工是各地区资源禀赋差异所造成的结果。此后，在 H－O 理论的基础上，一些学者又进行了进一步拓宽。波斯纳、胡鲍尔等学者重新将技术差异引入比较优势理论，认为技术差异对比较优势的形成具有重要作用。上述理论主要是基于垂直型分工而言的，但伴随着水平分工现象的大规模产生，新的水平分工理论也应运而生。以报酬递增和不完全竞争为基础的新贸易理论就是其中的典型理论。Dixit 和 Stiglitz（1977）发现在规模经济的前提下，两个地区可以选择专门化生产不同的产品，从而产生内生的绝对优势，之后，Helpman 和 Krugman（1985）在此基础上发表了《市场结构与对外贸易》，标志着新贸易理论的诞生。新贸易理论认为，建立在国际分工基础上的贸易特别是产业内贸易，是各个国家按照规模收益递增原则进行专业化生产的结果，至于不同的国家具体发展什么产业，则主要取决于历史偶然因素，一旦由某个特殊原因导致某个地区进行某种产品的专业化生产，这种格局就会通过循环累积因果不断持续下去，具有较强的路径依赖。日本经济学家小岛清也基于规模经济收益递增的基础提出了协议性地域分工理论，他认为应该充分发挥政府的作用，运用协商的方式来安排地域之间的分工。瑞典经济学家林德则提出了偏好相似理论，他认为两国之间的发展水平和收入水平越相近，其需求结构和消费偏好也越相似，那么，它们之间的贸易可能性就越大，从而越有可能出现产业内贸易和水平分工现象。

四、马克思主义产业布局理论

此外，中国作为一个社会主义国家，对我国的产业布局具有重要影响的理论是建立在生产力布局理论基础上的劳动地域分工理论。苏联经济学家巴朗斯基（1958）在其著作《地理分工》中将地理分工定义为按地域将生产部门分离，再通过各种联系将它们结合成一体的过程，其本质是社会分工的空间表现形式。其中，经济利益是地理分工形成的原始动力，同时，运输成本对地理分工具有重要的影响。萨乌什金（1973）在其著作《经济地理学：历史、理论、方法和实践》中进一步研究了地域分工理论，他认为集中化的空间布局和运输干线化是地域产业分工和区际产业联系的基础。国内学者杨开忠（1989）在其著作《中国区域发展研究》中探讨了中国的区域分工问题，认为社会再生产结构的变化是区际产业分工的内在基础，这集中表现为产业结构的变动对区际产业分工的影响。一般而言，影响区域产业分工的因素主要包括自然因素、劳动力因素、技术因素、资本因素、运输成本以及集聚因素。陈才（2001）认为，地域分工的前提条件是各地区不同的自然、经济、社会等地理条件，而推动当前地域分工的最大因素是科技创新，最终目的是获取最大化的经济社会效益。方创琳（2000）构建了一个劳动地域分工的理论框架，他认为地域分工有助于确定地区产业发展方向，避免产业结构趋同问题，从而最大限度地发挥比较优势。

第三节 产业区位变迁理论

一、国际产业迁移理论

截至目前，国际产业分布已经经历了三次大规模转移浪潮。第一次国际产业转移浪潮发生在 20 世纪五六十年代，主要转移方向是由美国向日本、西欧等具有一定产业基础的地区转移钢铁、纺织等传统产业；第二次产业转移浪潮发生在 20 世纪七八十年代，主要转移方向是由日本向以韩国、中国台湾、中国香港、新加坡为代表的东亚国家和地区转移轻工、纺织等劳动密集型产业；第三次产业转移浪潮则发生在 20 世纪 80 年代以后，在这一轮产业转移浪潮中，中国特别是东南沿海地区作为主要产业承接地承接了欧、美、日等发达国家和"亚洲四小龙"的劳动密集型产业和低技术产业。进入 21 世纪的第二个十年，全球第四次产业转移浪潮正在汹涌而来。在这一轮产业转移浪潮中，中国作为主要的产业转出地，低端制造业向劳动力成本更低的越南、印度、印度尼西亚等国家转移，另一部分高端制造业则向美国等发达国家回流。

（一）基于产业间分工的经典产业转移理论

传统的产业转移理论主要是建立在产业间分工的基础上的，包括劳动密集型产业转移理论（刘易斯，1978）、雁阵模式（Akamatsu，1962）、产品生命周期理论（Vernon，1966）、边际产业转移理论（小岛清，1987）、国际生产折衷理论（Dunning，1977）等。刘易斯（1978）在其著作《国际经济秩序的演变》中提出了劳动密集型产业转移理论，他从发展经济学的视角分析了发达国家向发展中国家转移劳动密集型产业的原因，提出了国际产业转移的主要动因是发达国家非熟练劳动力供给短缺和劳动力成本的大幅攀升，从而导致企业为了降低成本将劳动密集型产业转移到劳动力要素更为充裕的发展中国家。雁阵理论是一个比较完整的关于区际产业转移的理论，主要用来解释东亚经济的发展模式，最先由Aka-matsu（1962）提出，之后经过Okita（1985）、Vernon（1966）、Kojima（2000）等完善而成，飞雁式的产业转移动因在于地区比较优势的动态变化，即随着一个地区的经济发展，资源禀赋结构发生变化，从而引致产业结构形成新的配置。一般而言，雁阵模式可以分为三个阶段：第一是进口浪潮阶段，即发展中国家开放市场吸引发达国家的先进产品进口到本国；第二是国内生产阶段，即本国企业通过模仿和引进进口产品的生产工艺技术，并将其与本国丰富的劳动力资源和自然资源相结合，扩大进口产品在本国的生产规模；第三是出口阶段，即随着本国生产工艺及管理水平的提升，使进口产品在保证质量的前提下在本国生产的成本远低于在发达国家的生产成本，从而获取非常大的比较优势，最终形成进口产品的出口浪潮。从20世纪60年代开始，东亚地区的产业转移就呈现出"雁阵模式"的明显特征，形成了日本→"亚洲四小龙"→中国大陆→东盟国家的产业转移模式。Vernon（1966）最先提出了产品生命周期理论，他分析了产品生命周期所经历的四个阶段以及相应的市场特性，认为在国际市场范围内，产品所处生命周期不同导致了生产地的不同，跨国公司则是生产过程或生产地跨国转移的必然结果。按照产品生命周期理论，新产品在早期发展阶段需要大量的创新资源，对生产成本并不敏感，因此，可以在高生产成本的发达地区孵化成长并在发达国家内部进行消费。但随着产品进入成熟阶段，资本和管理成为影响产品生产的最重要因素，因此，资本充足、管理先进的次一级发达国家就成为新产品生产的目的地。当产品进入标准化生产阶段，由于生产技术的普及，该产业成为通过降低成本进行大规模生产的需求驱动成熟产业，并向低成本欠发达地区迁移（Lewis，1955；Vernon，1966），从而形成地区之间的产业梯度转移（Akamatsu，1962；

Okita，1985）。与此类似的还有区域生命周期理论（Thompson，1966）和工厂生命周期理论（Dumais et al.，2002）。边际产业转移扩张理论是由小岛清（1987）最先提出的，小岛清将处于比较劣势地位的产业称为边际产业，他认为投资国应该从具有比较劣势的边际产业开始进行对外直接投资，而接受投资国则通过接纳这种相对先进的产业来充分利用自身潜在比较优势，这一方面有助于投资国的产业结构升级，促进产业对外转移；另一方面也有助于被投资国的产业结构调整和升级，从而达到双赢的目的。国际生产折衷理论阐释了产业转移在发达国家主导下开展的可行性，它本质上是一系列国际直接投资理论的综合。Dunning（1977）认为，跨国公司对外投资主要基于三大优势即公司自身具备的内部化优势、所有权优势和公司享有东道国的区位优势。内部化优势是企业内部交易相对于外部交易所具有的优势，所有权优势是发达国家企业相较于东道国企业所独有的技术优势、规模经营优势、管理经验优势以及其他知识产权优势，区位优势则是东道国在特定资源、政策、基础设施、社会制度等方面所具有的优势，这些优势只能由本国境内生产企业所享有。只有当三种优势同时具备时，发达国家企业才能在东道国进行投资，通过企业内部市场将国内产业转移到国外。

（二）基于全球价值链的产业转移理论

一般而言，在全球价值链分工时代，发展中国家产业结构升级有三大路径：一是总体上遵循传统的从劳动密集型产业到资本密集型产业再到技术密集型产业演变的产业间高级化路径；二是从全球价值链的劳动密集型环节向技术和资本密集型环节攀升；三是从低端的加工制造环节向服务和管理密集的高附加值环节攀升。张少军和刘志彪（2009）认为，基于全球价值链的产业转移使一个生产体系所特有的投入产出关系在组织上表现为供应链，同时使一个生产过程所实现的价值增值过程在空间上表现为价值链，最终推动国际分工在更广阔的市场范围内深化拓展，它具体有三种含义：首先，GVC通过组织国家之间的产业转移，建立全球分工和生产体系，总体呈现功能一体化和生产协作化；其次，基于GVC模式产业转移的全球生产分工网络使企业竞争优势的基点更加动态化、系统化和虚拟化；最后，处于GVC高端的发达国家及其跨国公司作为产业转移的组织者和治理者，利用市场优势，对发展中国家进行纵向压榨，获得大部分的利润。杨小凯和张永生（2001）认为，比较优势有两种，内生比较优势是基于分工网络模式等经济组织的变化产生的，如规模经济；外生比较优势是基于资源的分配和流向的变化所产生的，如要素禀赋。GVC模式的产业转移使发达国家可以通过生产要素在空间上的重新配置来利用发展中国家的自然资源和劳动力资源，从而使发展中国家丧失外生禀赋优势。在这种情况下，发展中国家要切入 GVC 并完成产业升级就必须依靠来自规模经济、范围经济和专业知识的内生比较优势。

（三）其他产业转移理论

当然，也有其他学者根据不同的标准对产业升级进行不同的分类，如刘世锦等（2010）归纳了美国的创新型产业结构升级模式、韩国压缩型产业结构升级模式、日本追赶型产业结构升级模式以及拉美交替型产业结构升级模式。郭志仪和郑钢（2007）划分了三类产业转移模式：传统渐进式产业结构升级模式、追赶式产业结构升级模式以及创新跨越式产业结构升级模式。方向东（1994）则归纳了两种产业转移模式：平稳渐进式模式和倾斜突进式模式。

二、区际产业转移理论

自 1949 年以后，中国开始开启大规模的工业化进程。自中华人民共和国成立以来，中国经历了三次产业大规模的区际产业转移：①"一五计划"是第一次在区域之间进行大规模的产业转移，出于国防安全以及改变全国工业布局不合理的现状，国家将大量工业投资项目特别是许多苏联援建项目放在中西部地区。②"三线建设"是第二次在区域间进行大规模产业转移。进入 20 世纪 60 年代，随着"三线建设"的启动，以西北地区和西南地区为主的"大三线"成为产业转移的重要目的地，大量工业投资和基础设施投资投向中西部地区。③改革开放以后的产业转移是第三次区域之间的大规模产业转移。在这一轮产业转移浪潮中，大部分产业向东南沿海地区转移，但是，资源密集型产业则向中西部地区转移。目前，关于一国之内不同区域间的产业转移理论主要有以下几种：

（一）产业梯度转移理论

产业梯度转移理论是建立在产品生命周期理论和区域生命周期理论的基础上的，该理论认为由一个国家存在经济技术发展的不平衡导致了区域梯度差异，这些差异又进一步促使产业由高梯度地区向低梯度地区扩散与转移，这揭示了区域间经济发展水平的梯度差异是产业转移的原因，另外，区域梯度转移的效果又受极化效应、扩散效应和回流效应的影响。其中，比较典型的观点是大国雁阵模式。Balassa（1966）从生产要素动态变化的视角提出了梯度比较优势理论，认为不同地区经济发展阶段的不同导致区际分工存在多个经济梯度，并且各个梯度是动态连续的，不同的梯度具有不同的比较优势，并且会随着经济发展阶段的变化而变化，产业转移的一般方向是由高梯度地区向低梯度地区转移。何钟秀（1983）、夏禹龙等（1983）等首先提出由于中国地区经济发展不平衡，在经济方面形成了三大梯度：沿海地区处于第一梯队，经济最为发达；内地和边远地区则处于第三梯队，经济技术相对落后；其余地区则处于第二梯队，经济发展水平一般。因此，应该按照梯度转移规律，首先发展经济条件较好的沿海地区，然后再逐步向落后地区进行产业转移。此后，刘国光（1984）、刘再兴（1985）也表达了类似的观点，认为应该在沿海地区和内陆地区实行一种有先后、有层次、有推移的梯度发展战略。蔡昉等（2009）从刘易斯拐点和人口红利的角度出发研究"民工荒"的现象，提出我国劳动力供给面临刘易斯拐点的到来，继而通过对中国各区域间劳动力成本和全要素生产率的测算及比较分析，指出中西部地区有条件承接东部沿海地区的劳动密集型产业，从而在理论上论证了"飞雁模式"在中国内部发生的可能性。Ruan 和 Zhang（2010）、曲玥等（2013）、石敏俊等（2013）、陈景新和王云峰（2014）、唐根年等（2015）、张其仔（2014）等学者从不同角度验证了飞雁模式在我国区域间的存在。

（二）反梯度产业转移理论

在学术界也有学者不赞同梯度转移理论，郭凡生（1984）、蒋青海（1988）以资源密集型产业为例对梯度转移理论提出质疑。与此同时，王至元和曾新群（1988）通过统计分析得出，我国区域经济差别主要表现在区域内部而非区域之间，并进一步提出集中与分散相结合的区域开发战略即首先在重点区域进行开发再带动其他区域发展。魏敏和李国平（2005）、白小明（2007）、黄福才等（2007）则认为，区域梯度转移存在黏性，由于沿海区位优势的强化、要素流动的集中化、技术和制度的路径依赖以及梯度转移成本的存在等因素，产业并未完全按照梯度转移理论所预测的那样进行转移。刘艳（2004）、谢丽霜（2005）则从产业集群理论的视角表达类似的观点，认为东部沿海地区的产业集群化大大提升了劳动密集型产业的竞争力，强化了极化效应，从而形成了产业的区域黏性，这解释了劳动密集型产业未向内陆地区转移的趋势的原因。

（三）其他区际产业转移理论

在中国，地方政府也会对产业转移产生重要的影响。一般来说，地方政府画地为牢的政策形成了其认为的市场分割，力图将产业转移限定在本辖区内（张公嵬、梁琦，2010），进而在客观上加大了产业转移的黏性（胡玫，2013），延缓了产业转移的进程（程必定，2010），但是产业转出地和转入地之间的政府良好合作有利于促进产业转移（孙君、姚建凤，2011；覃成林、熊雪如，2012）。杨玲丽（2015）进一步分析了两地政府合作促进产业转移的原因，发现关键在于两地政府合作能够最大程度地保留企业之前建立的地方性政企关系网络。桑瑞聪等

（2016）认为，地方政府行为主要对企业的投资成本产生影响，从而导致产业在空间上的重新配置，并且对产业转移的影响存在地区和行业异质性。

三、产业集聚理论

产业集聚作为产业区位变迁中的一种极其重要的现象，其发生和演变机制一直是众多经济学家所研究的重点。事实上，对产业集聚的研究最早可以追溯到亚当·斯密，他在分析市场与分工之间的关系时就暗含了产业集聚的思想，但第一位对产业集聚进行系统研究的经济学家却是马歇尔，之后不断有经济学家研究产业集聚问题。总体来讲，目前不同学者对产业集聚的观点大致可以分为以下四类：

（一）外部经济理论

外部经济理论的主要代表是马歇尔。马歇尔（1890）将相互之间紧密联系的中小企业在空间上集聚并且生产活动具有明显专业化特征的区域称为"产业区"，他在完全竞争、规模报酬不变等古典经济学假设下，引入外部性概念，提出外部规模经济是产业集聚的动因，并且暗示了外部规模经济的三大关键内涵：共享专业化劳动力市场、共享中间投入品以及知识技术外溢效应。但是，事实上，马歇尔在分析产业集聚的影响因素时，主要将其归纳为五个方面的因素：①自然因素，即企业一般会将产地选择在接近资源丰富的地区，因此，自然资源丰富的地方就成为产业集聚的首选地区；②地区的政治制度、政策导向以及民俗习惯也会影响企业的选址，从而影响产业的空间集聚；③偶然因素也会在很大程度上影响产业在某一地区的集聚；④商业也是影响产业集聚的重要因素；⑤交通工具和通信工具的进步也会影响产业的空间集聚，企业一般容易集聚在交通便利的地区。从中我们可以发现，马歇尔已经发现了资源禀赋、社会根植性和路径依赖对产业集聚的重要影响。Hoover（1937）识别了产业集聚的三大原因，即公司内规模经济、本地化经济和城市化经济。Henderson（1986）进一步阐释了这种外部性经济，他认为产业内专业化经济即产业规模的增加会促进中间品市场、专业服务市场和金融市场的发展，而专业化劳动力市场的发展又会降低企业生产成本，同时完善的公司网络会形成外部性经济，特定行业的公共产品和服务的规模化也会导致成本的节约。Duranton 和 Puga（2004）将产业集聚的微观机制概括为共享、匹配和学习。共享是指分享基础设施、分享多样性和城市专业化带来的规模收益、分享风险；匹配是指企业之间的空间邻近可以提升各方面的匹配机会、匹配质量，减少等待时间；学习是指可以促进知识、技术、信息的传播，增强企业学习效率。总的来说，Glaeser 等（1992）将产业内企业间互动引致的专业化经济称为 MAR 外部性，Jacobs（1969）强调了区域内产业间知识外溢所引致的外部性（Jacobs 外部性），Porter（1990）则强调了产业内企业间竞争所引致的外部性（Porter 外部性）。

（二）集聚经济理论

德国经济学家韦伯首先提出了集聚经济理论，他主要从单个企业的区位选址出发研究集聚经济的产生。他将影响企业区位选择的因素分为区位因素和集聚因素，影响区位因素的主要是运输成本和劳动力成本，而影响空间集聚的因素又可以分为两类，即集聚因素和分散因素。集聚因素是指使产业在空间上集聚，从而通过规模经济和专业化分工使生产成本下降的因素；分散因素则是指由产业集聚所带来的租金上涨、交通拥堵等问题使生产成本上涨的因素。集聚因素和分散因素互为反面，从本质上来说，产业的空间集聚是集聚力和分散力之间相互平衡的结果。此外，韦伯还将产业集聚过程划分为两个阶段：在第一阶段，企业通过自身发展壮大来实现规模优势从而实现产业集聚；在第二阶段，企业之间通过相互联系来加强产业集聚。在第二阶段，推动产业集聚的因素主要包括灵活完善的劳动力组织、生产设备的日益专业化、基础设施的共享需求、中间品共享需求、大规模采购的需求等。

美国经济学家克鲁格曼开创了新经济地理学派，他在规模报酬递增、不完全竞争的假设前提下，结合 Samuelson（1954）提出的冰山形式运输成本，在 Dixit - Stiglitz 垄断竞争模型的基础上，构建了新经济地理模型，用来解释产业空间集聚和"中心—外围"空间结构的形成原因。Helpman 和 Krugman（1985）构建了基于规模报酬递增和垄断竞争市场结构的贸易模型，Krugman 和 Venables（1990）在此基础上进一步发现在规模收益递增、垄断竞争市场结构以及贸易成本影响产业区位选择的条件下，产业集聚程度会受到贸易成本的影响，虽然上述理论已经开始探索不同于传统理论的产业集聚理论，但是他们并没有阐明产业集聚的具体机制。直到1991 年，Krugman（1991）正式建立了新经济地理学的中心—外围模型，他通过建立一个包含两个部门、两个区域、两个产品的一般均衡垄断竞争模型，指出产业空间集聚是由规模报酬递增规律、运输成本以及市场需求规模等多种因素相互决定的，从而证明产业空间集聚具有完全内生性，具体集聚地区则具有历史偶然性，并且他认为规模经济收益和运输成本的权衡是产业集聚的根本原因。Krugman 和 Venables（1995）、Puga（1999）进一步指出运输成本和产业集聚水平呈现倒"U"形关系，而非单调递减关系，即当运输成本达到一个合理的水平时，产业集聚水平才会达到最高。并且在劳动力不流动的前提下，产业集聚会加剧劳动力市场的竞争，使工资快速上涨，工资水平上涨则会加剧分散力，从而降低产业集聚水平。Venables（1996）指出，劳动力流动黏性会抑制产业集聚的发生，但是上下游产业间的投入产出联系则会促进产业集聚，即通过"前向联系"和"后向联系"引发的市场需求扩大和投入品供给增加也能引发某一地区的产业集聚。之后，针对中心—外围模型存在的缺陷和不足，许多学者进行了不同角度的改进。Ottaviano 等（2002）构建了一个包含二次子效用的拟线性需求函数、可量化线性运输成本框架以及差别定价策略的模型，发现只要产品差异化程度足够高、运输成本足够低以及规模经济收益足够好，那么，产业在空间的集聚就是有效率的。Ottaviano（1999）、Ottaviano 等（2002）以及 Baldwin（2001）则将预期因素加入到模型中去，发现当运输成本适中，并且地区之间的初始禀赋差异不大时，工人的预期将成为促进中心集聚的主要动因。Baldwin（1999）则将研发活动加入模型中，发现要素的内生积累也可以促进产业的空间集聚。Martin 和 Ottaviano（1999）则发现研发投入多样化所获得的收益本质上与中心—外围模型中劳动力流动的作用类似，也就是说，要素积累过程中的局部技术外溢会强化产业空间集聚。Picard 和 Zeng（2005）强调了农业部门的作用，指出农业部门的发展状况会显著影响制造业的地理分布格局。Okubo（2009）认为，在存在前向联系和后向联系的前提下，贸易成本的下降会引发产业集聚水平的逐步提升，并且贸易自由化会导致中心地区的福利水平上升而边缘地区的福利水平下降。陈良文和杨开忠（2008）将城市内通勤成本和马歇尔外部经济性加入新经济地理模型中，发现城市内部通勤成本的上升会降低产业的空间集聚程度。梁琦和吴俊（2008）将中国的行政体制改革因素加入新经济地理模型中，发现减少行政层级会削弱"中心—外围"的结构，从而缓解城市之间的差距。

（三）新竞争优势理论

新竞争优势理论的主要代表人物是迈克尔·波特，他从企业竞争力的角度研究了产业集聚的形成机制。他认为产业集聚是在一个特定区域内业务上相互关联的一群企业的空间集中，企业群落代表了一种具有持续竞争优势的空间组织形式，并且这种竞争优势不仅来源于企业内部，还与当地的微观经济环境密切相关。要素、需求、产业和企业的战略、结构与竞争共同构成了产业集群的四个要素，机遇和政府因素则是两个辅助要素，这些要素在某一个地区组合成一个整体后，就会相互作用，形成动态系统化机制，提高产业集群的竞争优势，进而推动产业集群的形成和发展。总之，产业集群的优势在于：首先，产业集群能提高群落内企业的生产效率，使每个企业在不缺少柔韧性的前提下获益；其次，产业集群能提高群落内企业的创新能力；最后，产业集群还能降低企业进入的风险，促进企业发展。

（四）社会资本和社会网络理论

空间上的经济过程是由社会文化制度和价值体系所决定的，产业区位选择不仅要考虑企业自身的因素，同时也要考虑植入于企业行为中的社会和文化内涵。由此，一部分学者开始研究企业间的合作与信任、嵌入性、网络关系、商业责任等非经济因素对产业集聚的影响。社会资本和社会网络理论主要强调本地网络中人际关系、信任和制度对促进企业集聚的重要性，既包括本地网络中人与人之间的信任关系形成的社会资本，同时也包括制度厚度对地区经济活动集聚的影响（Amin and Thrift，1995）。Granovetter（1985，1991，1992）最先认识到经济行为其实镶嵌于社会网络结构之中，并进一步提出"嵌入性"概念来描述非经济因素使经济行为偏离效用最大化的过程。Coleman（1990）进一步将蕴藏在社会关系网络中的资源称为社会资本，社会资本有助于协调各方行动达成合作从而减少交易成本和不确定性，促进专业化，增加人力资本和物质资本的投资，并提高投资绩效。Porter（1990）发现，一个国家的价值观、文化理念、历史以及制度差异会引致产业发展和贸易的差异。Harrison（1992）认为，由于信任在企业间的网络中具有十分重要的作用，因此，产业集群是企业间信任最大化的结果。Knack 和 Keefer（1997）发现，不同国家和区域之间的制度环境和社会资本存在显著的差异，良好的信任能够增强确定性，降低交易和监管成本，促进产业发展和集聚。王缉慈（2001）和 Yeung 等（2006）认为，企业间的信任与合作、良好的制度环境有助于降低商业投机行为，从而降低交易成本，而产业的空间集聚有利于企业之间建立良好的社会网络关系，促进企业之间的知识溢出，提升新进入企业的成活率，从而进一步促进产业集聚。边燕杰和丘海雄（2000）、石军伟等（2007）、Peng 和 Luo（2000）研究嵌入式社会关系与企业经营绩效的关系，认为中国企业经营绩效很大程度上受到社会关系尤其是政商关系的影响，而社会关系嵌入当地社会关系网络中，从而增大空间的黏性。杨玲丽和万陆（2017）认为，社会关系嵌入对产业转移存在抑制效应，并且这种抑制效应是通过"关系嵌入—信任—转移意愿"的传导机制来实现的，其中，进一步区分了"企—企关系嵌入"和"政—企关系嵌入"，发现"政—企关系嵌入"对企业转移意愿的影响更强。

第四节　研究述评

区位变迁理论经过近百年的发展已经取得了十分丰硕的成果，但是随着经济社会的发展，影响产业转移和产业集聚的因素也在发生不断的变化，特别是在当今中国，随着科技的快速发展，社会经济现状已经发生了翻天覆地的变化，如果还是按照原来的思路去理解产业区位变迁，则无疑会陷入"抱残守缺"的窘境。总体而言，理论界对于不断发展变化的社会经济因素对产业区位变迁的影响尚未有足够的重视，这主要体现在如下几个方面：

第一，就理论模型而言，首先，目前研究产业空间分布及变迁机制的理论模型主要是基于两个区域、两个产业的模型，虽然包含两个产业和两个区域的模型有助于建立简化的数理模型，方便研究，但是导致与实际经济发展情况偏差较大，特别是在中国的特殊背景下，区域经济发展呈现出非均衡多中心产业集聚的特征，包含两个产业和两个区域的模型难以有效解释现实中的情况，因此，研究包含多区域、多产业的非对称数理模型就成为一个必然的趋势，也是学术界下一步应该继续努力的方向。其次，在现有区位理论中，经济制度和个人偏好尚未被引入模型，仍然被视为外生因素，从而导致无法利用现有的理论模型来分析经济制度和个人偏好对产业区位选择的影响。最后，建构新经济地理学理论的前提假设如规模报酬递增、运输成本等，正面临着信息经济以及制造业和服务业日益融合趋势的挑战。信息经济的出现以及制造业和服务业的日益融合正在使许多产品的生产和消费几乎不受运输成本的限制，相反，经济制度和消费者偏好的影响却越来越大，这些新的变化都是新经济地理学以及其他区位理论需要在未来进一步解决的问题。

第二，关于产业区位分布及变迁的研究方法需要进一步探索和创新。目前，国内相关研究多是沿袭国外的研究思路，主要基于完善的市场经济，对于发展中国家的相关研究相对不足，并且研究内容主要集中在产业区位分布及变迁的概念、类型、动因、模式、动力机制等方面，运用的研究方法也主要偏向于理论推理和统计描述，在实证研究方面稍显不足，特别是针对中国的现实区域经济发展情况研究不足，以及如何将理论模型与中国的区域产业分布及变迁情况结合起来也存在很大的进步空间，总之，在整体分析和典型分析相结合、理论分析与实证分析相结合、定量分析与定性分析相结合方面有进一步的研究空间。

第三，就中国的实际情况而言，产业区位变迁的动因和思路需要进一步研究和完善。现有研究文献对中国区域产业分布及变迁的一般分析比较多，但是针对具体行业的研究相对较少，因而提出的思路和对策由于缺乏针对性而适用性较差。考虑到中国产业区域分布及变迁问题的复杂性和多样性，因此，从细分行业甚至微观企业的视角对中国产业区域分布及变迁的影响因素进行系统梳理和研究，并针对中国产业区域分布和变迁的新情况新变化，采取有针对性的战略思路和对策就具有十分重要的意义。

第四，产业区位变迁的内涵和测度上还存在进一步深入研究的空间。产业区位变迁的内涵及测度直接影响研究结果的准确与否，如果仅仅使用一般意义上的内涵及测度方法来研究产业区位变迁，那么，往往会使许多问题被宏观数据所掩盖，难以科学客观地评价产业转移的方向、规模、模式和效果，但是如果从企业层面来看待产业区位变迁，则往往会出于数据可获得性的原因陷入研究困境，从而因为缺乏准确数据而难以从宏观上把握产业布局的总体趋势，因此，从宏观和微观两方面出发来把握产业区位变迁的内涵，合理确定衡量标准和测度指标，最好能够利用抽样调查和具体案例跟踪等方法来搜集大量的企业微观数据，从而更准确深入地研究产业区位变迁问题，以便完整准确地分析区域产业问题，为区域产业政策提供指导。

第三章 理论模型

第一节 产业区位分布动因演变机制

现有产业区位理论已经对产业区位分布和变迁现象进行了一定程度的研究，尤其是对产业区位分布和变迁的动因、模式、机制等方面进行了重点研究，但是对于产业区位分布动因的研究也存在一个演变过程。在第一阶段，即工业化初期，由于交通工具并不发达，因此，在众多影响产业区位分布的因素中，地理位置和自然资源禀赋在工业化过程的初期起着决定性的作用，它是决定产业区位分布的"第一性因素"，对产业区位选择具有决定性的作用（Kim，1995；Ellison & Glaeser，1999；Davis & Weinstein，1996，1998，1999；Hanson & Xiang，2004；Gao，2004；张同升等，2005；金煜等，2006；贺灿飞等，2008；Ge，2009）。但是，到了第二阶段，随着科技的发展和交通工具的进步，原材料与企业生产在空间上逐步分离，地理位置和自然资源禀赋在工业企业选址过程中的重要性逐步减弱，与此同时，交通基础设施开始对产业区位起到极其重要的作用（Golley，2002；文玫，2004；金煜等，2006；Ge，2009），不仅道路密度对产业的区位选择具有积极的正向影响（Deichmann et al.，2005），而且发达的铁路网也有利于产业的集聚（Amiti & Pissarides，2005）。在第三阶段，伴随着产业的快速发展，对市场需求的竞争日趋激烈，再加上产业分工的进一步细化以及在空间上的不断分离，从而使市场潜力和产业上下游联系成为影响产业区位分布的重要因素。一个地区的市场潜力越大，则该地区越有利于吸引产业的集聚（Krugman & Venables，1995；Kim，1995；Goetz，1998；Hanson & Xiang，2004；Dinlersoz，2004；

Otsuka，2008），同时，产业前后相联系也能在一定条件下促进产业在某一地区的集聚（Midelfart et al.，2000；Ge，2009）。到了第四阶段，规模化生产成为工业化大生产的主要方式，因此，外部经济成为影响产业集聚的最重要因素。本地化经济的存在使产业往往会选择布局在同类产业集聚的地区（Ellison & Glaeser，1997），同样，城市化经济的存在也使产业往往会向多种产业集聚的大城市集中（Hanson，1998b）。但是本地化经济和城市化经济并非同时存在，而是具有一定的时间先后顺序，产业发展阶段的不同往往会影响不同外部性的发挥进而影响产业的区位分布，当一个产业处于发展初期时，往往倾向于布局在大城市以获取 Jacobs 外部性，当一个产业处于成熟期时，则往往倾向于布局在专业化较高的地区以获取 MAR 外部性（Duranton & Puga，2001）。在此之后的第五阶段，当不同地区都具备了上述"硬要素"之后，"软要素"就成为影响企业选址的极其重要的因素，比如，制度、政策、对外开放水平等。其中，经济政策对企业的区位选择尤其是外资企业的区位选择具有十分重要的影响（Kim et al.，2003；Du et al.，2008），同时，制度对产业区位分布也具有十分重要的作用，特别是在中国，制度因素是理解中国产业区位分布的重要视角（Young，2000；白重恩等，2004；Poncet，2005；Lu & Tao，2009）。由此可知，伴随着工业化进程的演进，影响产业区位分布的关键因素也是在不断演变的。

进入 21 世纪以后，伴随着世界经济进入新阶段和中国经济进入新常态，中国经济社会发展形势发生了很大的改变，互联网革命快速推进并影响到每一个人的日常生活，人口年龄结构的日益老龄化，不仅减弱了长期以来中国经济所依赖的人口红利，同时也对整个社会经济产生了深远的影响，创新驱动型发展模式成为中国经济未来发展的必由之路，这也决定了科技和教育将成为中国经济未来发展的决定性因素，此外，长期以来存在的企业融资约束问题，也在很大程度上制约着中国的产业发展，因此，本章主要从理论层面对新时期制约中国产业发展的关键因素进行了深入分析，并进一步研究了电子商务、银行信贷、科教支出和人口年龄结构等关键因素在产业区位分布和区际产业转移中的作用及其影响机制，并为下一步对中国产业区位分布和区际产业转移的实证研究提供理论支撑。

第二节 数理模型

一、基本模型分析

本书以新经济地理学理论模型为基础，借鉴 Fujita 等（1999）的做法构建如下数理模型。假设存在两个地区（国内区域 E、国内区域 W），其中，每一个区域都有两个相同的部门即农业部门和制造业部门，农业部门是完全竞争的，生产单一的同质产品，具有规模报酬不变的特点，而制造业部门则生产大量的差异化工业品，具有规模报酬递增和垄断竞争的特点。农产品贸易不存在运输和交易成本，但制造业产品在区域之间贸易存在运输和交易成本，而本区域内部交易不存在运输和交易成本，τ 为区域间贸易的冰山形式运输成本，即一单位产品从一个地区运到另一个地区时只有 τ 单位可以到达，其中，$\tau < 1$。另外，农业部门和制造业部门均使用一种生产要素——劳动。

首先，每个区域的代表性消费者都具有相同的偏好，其效用函数采用 Cobb - Douglas 效用函数形式：

$$U = C_M^\mu C_A^{1-\mu} \ (\mu > 0) \tag{3-1}$$

其中，C_M 表示消费者消费的制造业部门工业产品数量，C_A 则表示消费者消费的农产品数量，μ 和 $1-\mu$ 分别表示消费者在工业产品和农产品上消费支出的比重。

由于制造业部门生产的工业产品具有差异性，我们使用不变替代弹性（CES）效用函数来表示消费者消费工业品的行为：

$$C_M = \left[\int_{i=0}^{N} c_i^\rho di \right]^{1/\rho} = \left[\int_{i=0}^{N} c_i^{(\sigma-1)/\sigma} di \right]^{\sigma/(\sigma-1)} (\rho < 1, \sigma > 1) \tag{3-2}$$

其中，c_i 表示消费者消费的第 i 类工业品数量，N 表示工业产品种类总数，σ 表示制造业部门内部工业品之间的替代弹性，ρ 反映消费者的多样化偏好强度，其值越接近于 1，表示消费者的多样性偏好越弱；其值越接近于 0，则表示消费者的多样化偏好越强，它和替代弹性 σ 存在如下关系：$\rho = (\sigma - 1)/\sigma$。

根据 Dixit 和 Stiglitz（1977）所构建的模型，总价格指数可以用如下公式表示：

$$G = \left(\int_{i=0}^{N} p_i^{1-\sigma} di \right)^{\frac{1}{1-\sigma}} \qquad (3-3)$$

因此，工业品 i 的需求量可以表示为：

$$q_i = \left(\frac{p_i}{G} \right)^{-\sigma} \cdot C_M \qquad (3-4)$$

鉴于消费者的需求受到如下约束：

$$G \cdot C_M + p_A \cdot C_A = Y \qquad (3-5)$$

综合式（3－1）和式（3－5），可以得出对农产品和工业品的总需求分别是：

$$C_A = \frac{(1-\mu) \cdot Y}{p_A} \quad C_M = \frac{\mu \cdot Y}{G} \qquad (3-6)$$

因此，式（3－4）可以写成：

$$q_i = \left(\frac{p_i}{G} \right)^{-\sigma} \cdot \frac{\mu \cdot Y}{G} = \frac{\mu \cdot Y \cdot p_i^{-\sigma}}{G^{1-\sigma}} \qquad (3-7)$$

由于区域间存在运输和交易成本而区域内部不存在运输和交易成本，因此，区域 E、区域 W 的消费者价格指数可以表示如下：

$$G_E = \left(\int_0^{N_E} (p_i^E)^{1-\sigma} di + \int_0^{N_W} (p_j^W \cdot T_{WE})^{1-\sigma} dj \right)^{\frac{1}{1-\sigma}} \qquad (3-8)$$

$$G_W = \left(\int_0^{N_E} (p_i^E \cdot T_{EW})^{1-\sigma} di + \int_0^{N_W} (p_j^W)^{1-\sigma} dj \right)^{\frac{1}{1-\sigma}} \qquad (3-9)$$

其中，N_E、N_W 分别表示区域 E、区域 W 生产的产品种类数；p_i^E、p_j^W 分别表示各区域的工业品价格。至于运输和交易成本，以 T_{WE} 为例，表示从区域 W 运往区域 E 的运输和交易成本。

其次，由于制造业部门只使用一种生产要素——劳动，因此，在区域 E 中，代表性企业 i 的要素投入量可以表示为 $L = \dfrac{q}{\theta_i} + F$，其中，$q$ 表示企业的产量，F 表示固定投入，θ_i 则表示生产率水平。假设区域 E 要素价格水平是 w，根据利润最大化原则可得，代表性企业 i 所生产产品在不同区域的销售价格分别是：

$$p_i^E = \frac{w}{\rho \theta_i}, \quad p_i^W = \frac{T_{EW} w}{\rho \theta_i} \qquad (3-10)$$

根据式（3－7）~式（3－9），可以得到，代表性企业 i 所面临的不同区域收益函数分别为：

$$R_i^E = \mu Y^E \left(\frac{\rho \theta_i G_E}{w} \right)^{\sigma-1}, \quad R_i^W = T_{EW}^{1-\sigma} \mu Y^W \left(\frac{\rho \theta_i G_W}{w} \right)^{\sigma-1} \qquad (3-11)$$

最后，假设任何一个企业的产品在进入其他区域市场时必须支付一次性的进入成本，比如，代表性企业 i 在区域 E 销售时需要支付进入成本 f_E，该企业产品销售到区域 W 则需要支付进入成本 f_W。

$$\pi_i^E = (1-\rho)\mu Y^E \left(\frac{\rho\theta_i G_E}{w}\right)^{\sigma-1} - f_E = A \cdot \left(\frac{\theta_i}{w}\right)^{\sigma-1} \cdot MP_E - f_E \tag{3-12}$$

$$\pi_i^W = (1-\rho)T_{EW}^{1-\sigma}\mu Y^W \left(\frac{\rho\theta_i G_W}{w}\right)^{\sigma-1} - f_W = A \cdot \left(\frac{\theta_i}{w}\right)^{\sigma-1} \cdot MP_W - f_W \tag{3-13}$$

其中，$A = (1-\rho) \cdot \rho^{\sigma-1}$，$MP_E = \mu Y_E G_E^{\sigma-1}$，$MP_W = T_{EW}^{1-\sigma}\mu Y_W G_W^{\sigma-1}$，$MP$ 即 Krugman（1992）中的市场潜能指数。

由此，我们可以得出代表性企业 i 的总利润函数：

$$\pi_i = \pi_i^E + \pi_i^W = (1-\rho)\mu Y^E \left(\frac{\rho\theta_i G_E}{w}\right)^{\sigma-1} + (1-\rho)T_{EW}^{1-\sigma}\mu Y^W \left(\frac{\rho\theta_i G_W}{w}\right)^{\sigma-1} - f_E - f_W$$
$$\tag{3-14}$$

二、基本模型推论

（一）模型推论一：电子商务与产业区位选择

考虑到电子商务有助于减少区域间贸易的运输和交易成本，因此，一个区域的电子商务越发达，则该区域企业与其他区域贸易时的运输和交易成本相对更低，与此同时，电子商务也有助于降低企业进入其他市场的进入成本，这些进入成本就包括由地方保护引发的市场壁垒，因此，一个区域的电子商务越发达，则该区域企业进入其他区域的进入成本也相对更低，由此，我们假设 ec 表示一个区域的电子商务发展水平，则 $T_{EW} = \phi(ec)$ 且 $\partial T_{EW}/\partial ec < 0$，另外，假设 $f_W = \varphi(ec)$ 且 $\partial f_W/\partial ec < 0$。

因此，我们可以得出代表性企业 i 的总利润函数：

$$\pi_i = \pi_i^E + \pi_i^W = (1-\rho)\mu Y^E \left(\frac{\rho\theta_i G_E}{w}\right)^{\sigma-1} + (1-\rho)T_{EW}^{1-\sigma}\mu Y^W \left(\frac{\rho\theta_i G_W}{w}\right)^{\sigma-1} - f_E - f_W$$
$$= (1-\rho)\mu Y^E \left(\frac{\rho\theta_i G_E}{w}\right)^{\sigma-1} + (1-\rho)\phi(ec)^{1-\sigma}\mu Y^W \left(\frac{\rho\theta_i G_W(\phi(ec))}{w}\right)^{\sigma-1} - f_E - \varphi(ec) \tag{3-15}$$

由上式可得，$\partial\pi_i/\partial ec > 0$，这就意味着随着一个区域电子商务的发展，该区域企业的利润将得到提升，而在现实经济中，受到资本逐利性的驱动，企业选址往往会选择获利可能性更大的区域，因而，电子商务的发展将有助于促进企业的集聚。

（二）模型推论二：银行信贷与产业区位选择

如果我们假定基本模型中的唯一生产要素是资本，则区域 E 的要素价格水平则是 r，那么，依据基本模型，我们可以得出代表性企业 i 的总利润函数为：

$$\pi_i = \pi_i^E + \pi_i^W = (1-\rho)\mu Y^E \left(\frac{\rho\theta_i G_E}{r}\right)^{\sigma-1} + (1-\rho)T_{EW}^{1-\sigma}\mu Y^W \left(\frac{\rho\theta_i G_W}{r}\right)^{\sigma-1} - f_E - f_W$$

$$(3-16)$$

由上式我们可以进一步得出：$\partial\pi_i/\partial r < 0$，因此，一个地区的资本价格水平越低，代表性企业的利润水平也就越高，也就越能吸引更多的企业进驻该地区。由于中国金融体系比较特殊，主要依赖于银行融资，并且在银行融资体系中，影响企业长远发展的融资方式又主要是长期贷款，一般而言，长期资金的数量越多，则企业的融资成本相对就越低，相反，长期资金的数量越少，则企业的融资成本也就越高，因此，银行信贷期限结构的不同对企业的融资成本具有十分重要的影响，并将进一步影响企业的经营绩效，从而影响企业的区位选择。

（三）模型推论三：科教支出与产业区位选择

考虑到中国经济增长主要依靠投资驱动和劳动力红利的时代已经结束，新的经济增长越来越依赖于创新驱动，创新驱动发展又主要依赖于科技和教育的推动，本地区科教水平的提升在很大程度上依赖于地方政府对科教事业的财政支出，因此，地方政府财政科教支出对当地的经济增长和产业发展具有十分重要的作用。具体来讲，财政科教支出的增加有助于增强本地区的科教资源，而科教资源的增加又有利于增加本地的人力资本和知识技术，从而有效提高企业的劳动生产率，由此，我们可以在基本模型的基础上进一步假设地区科教支出水平为 se，则 $\theta_i = \psi(se)$ 且 $\partial\theta_i/\partial se > 0$，由此可以得出代表性企业 i 的总利润函数为：

$$\pi_i = (1-\rho)\mu Y^E \left(\frac{\rho\psi(se)G_E}{r}\right)^{\sigma-1} + (1-\rho)T_{EW}^{1-\sigma}\mu Y^W \left(\frac{\rho\psi(se)G_W}{r}\right)^{\sigma-1} - f_E - f_W$$

$$(3-17)$$

由上式可得，$\partial\pi_i/\partial se > 0$，这就意味着随着一个地区财政科教支出的提升，该地区企业的利润也将得到提升，而在现实经济中，受到资本逐利性的驱动，企业选址往往会选择获利可能性更大的区域，因此，财政科教支出的增加将有助于促进企业的空间集聚。

（四）模型推论四：人口年龄结构与产业区位选择

伴随着中国人口年龄结构日益呈现少子老龄化，青少年人口的比例越来越低，而青少年人口特别是学龄人口的下降在很大程度上影响了基础教育资源的空间布局，由于教育资源具有一定的规模效应，青少年人口特别是学龄人口的下降必然会导致教育资源在空间上的日益集中，而这又会进一步带动人口向教育资源集中区域转移，特别是在中国这样一个非常重视子女教育的社会，这一现象更为突出，伴随人口的迁移，教育资源相对集中的区域的人口就会不断增加，劳动力也就相应增加，从而导致劳动力价格的相对下降，同时根据基本模型，$\partial \pi_i / \partial w < 0$，这就意味着劳动力价格的下降会导致企业利润水平的上升，这又会进一步吸引更多企业的集聚。因此，人口年龄结构的少子老龄化会间接促进产业的集聚。

第三节 本章小结

本章从理论分析和数理模型推导两方面分析了新时期影响企业区位选择和产业空间分布的四大因素即电子商务、银行信贷、科教支出以及人口年龄结构，从而得出了如下结论：第一，电子商务对产业区位选择具有十分重要的影响，地区电子商务的发展有助于促进该地区产业集聚。第二，银行信贷期限结构对产业区位选择具有十分重要的作用，银行信贷期限结构会影响地区产业发展和经济增长。第三，地方财政科教支出对产业区位选择具有重要的作用，财政科教支出能够促进本地区的经济发展和产业发展。第四，人口年龄结构对产业区位选择也具有十分重要的影响。人口年龄结构的变化会影响产业空间集聚，人口少子化越严重，地区人口和产业向市区集聚的程度就越高。

第四章　产业空间演变与区域经济新格局

总的来说，中华人民共和国成立以来中国国内产业分布格局大致经历了四个阶段：第一阶段是 1952～1978 年，这一时期由于中国实行计划经济体制，区域产业分布受国内外政治形势和计划经济的影响较大，新建的工业项目多位于东北及中西部地区。第二阶段是 1978～2002 年，在这一段时期，中国开始改革计划经济体制，放开市场在资源配置中的作用，逐步跟西方国家接轨，越来越多的投资项目开始向沿海地区集中，区域产业格局逐步发生重大改变。第三阶段是 2003～2012 年，加入世界贸易组织意味着中国正式确定与全球经济体系接轨，中国的出口导向型战略开始发挥巨大的威力，沿海地区尤其是东南沿海地区加强了其在中国经济版图中的重心地位，内陆地区的产业发展也开始加速。第四阶段是 2013 年至今，伴随着中国加入世界贸易组织的红利逐步耗尽，中国经济增长速度由两位数增长下降到个位数增长，中国经济进入增速换挡、动能转化阶段，产业空间布局也出现新的特征。

第一节　1952～1978 年中国国内产业分布格局及其演变历程

中华人民共和国成立之初，由于长期历史的原因，全国的工业主要集中在东部沿海地区，内陆地区的工业基础则极为薄弱，地区之间的工业发展水平也极不平衡。从 1952 年全国工业空间分布来看，东部地区工业总产值占全国工业总产值的 54.16%，其中，东南沿海地区①的工业总产值占全国的 36%，而其余地区

---

① 东南沿海地区包括上海、江苏、浙江、福建、广东和海南。

的工业总产值总和只占46%，其中，东北地区、西部地区（除西藏外）、中部地区的工业总产值分别占全国工业总产值的20.65%、11.78%和13.41%。1952年，工业总产值排名前十的省级行政区分别是上海、辽宁、江苏、山东、广东、天津、黑龙江、河北、重庆、吉林，而这些省级行政区基本上都位于东北和东部沿海地区。从中我们隐约可以发现，中华人民共和国成立之初的工业空间分布与现今的空间分布格局大致相似，并没有明显的差别。从1952年开始，中国进入了第一个五年计划，中央政府出于政治安全因素以及国际政治格局的考虑，在工业空间布局上向广大内陆地区倾斜，中西部地区的工业发展迎来了一波小高潮，这一平衡发展战略对于加快中西部地区的发展、缩小地区之间的差距具有重要的意义。

1957年，"一五"计划顺利结束，中国通过等价交换的外贸方式接受了苏联的资金、技术和装备援助，通过五年时间建设了以156个重点项目为核心的近千个工业投资项目，初步建立了现代化的工业体系，特别地，中国重点将这些工业项目布局在内陆地区，在150个实际施工的重点项目中，有118个项目布局在内陆地区，占全部项目的78.7%，而东部沿海地区则只有32项，占全部项目的21.3%，即使用基本建设投资总额来计算，内陆地区的基本建设投资额也占53.3%，而沿海地区只占46.7%。以1957年工业总产值的空间分布计算，东北地区、东部地区、西部地区以及中部地区的工业总产值占全国总量的比重分别为20.89%、50.07%、15.16%和13.88%，比1952年分别提高0.24%、-4.09%、3.38%和0.47%，从中可以看出，通过五年的偏向性投资，西部地区的工业总产值占比显著提高，工业实力有了明显提升，东北地区和中部地区的工业总产值占比则是小幅提升，而东部地区的工业总产值占比则明显下降，减少了4.09个百分点。与此同时，按工业总产值来排名，前十位分别是上海、辽宁、山东、江苏、天津、广东、黑龙江、重庆、河北、湖北，与1952年相比，除湖北进入前十位以外，其他省份基本没变，这一方面说明偏向于中西部的投资确实在一定程度上缓解了工业空间分布极不平衡的局面，但另一方面也说明工业主要集中于东部沿海地区的局面并没有根本上的改变。

1958～1964年，中国进入了"大跃进"式独立发展阶段，在这一时期，中央提出了经济协作区战略，将全国分为东北、华北、华东、华南、华中、西南和西北七大经济协作区并要求各区域建立相应的工业体系，形成各自的经济中心，这一战略的实施强化了地方自给自足经济体系的形成，全国工业发展布局逐步进入大而全的封闭式发展模式。从总的趋势来看，全国工业布局继承过去的发展战略，进一步向中西部地区集聚，从而使东部地区的工业总产值比重进一步减少，而中西部地区以及东北地区的工业总产值则进一步增加。截至1965年，东北地区、东部地区、西部地区以及中部地区的工业总产值占全国总量的比重分别为21.03%、47.84%、15.35%和15.79%，比1958年分别提高0.14%、-2.23%、0.19%和1.91%，从中可以看出，在这几年中，工业投资主要偏向于中部地区，从而使中部地区的工业总产值占比明显提高，工业实力有了显著提升，东北地区和西部地区的工业总产值占比是小幅提升，而东部地区的工业总产值占比则是明显下降，减少了2.23个百分点。与此同时，按工业总产值来排名，前十位分别是上海、辽宁、黑龙江、江苏、广东、山东、天津、北京、湖北、河北，与1958年相比，北京进入前十位，而重庆则下降到十名开外，除此以外，其余省份基本没变，这一方面说明西部地区的工业投资有所减缓，中部地区工业投资则明显增加，总的来看，中西部的投资进一步缓解了工业空间分布极不平衡的局面，但另一方面也再次说明工业分布依然主要集中于东部沿海地区，这一局面没有根本上的改变。

1965~1970年，伴随着中苏关系的破裂，中央出于防范苏联现实战争威胁的考虑，进一步将中西部地区作为工业建设的重中之重，开启了"三线建设"。"三线建设"作为当时的重要区域经济战略，其核心内容就是向作为大后方的"大三线"地区进行战略转移，由此，大量的工业投资向内陆地区倾斜，特别是中部地区的豫西、鄂西和湘西地区，与此同时，靠近苏联边境的东北地区的工业投资则明显减少。在"三五"时期，沿海地区的工业投资额为282.9亿元，而内陆地区的投资额则高达611.5亿元，是沿海地区的2.2倍，一些具有深远影响的工业项目如攀枝花钢铁厂、第二汽车制造厂、成昆铁路、贵昆铁路、川黔铁路等也正是在这一时期修建完成的。总之，截至1970年，东北地区、东部地区、西部地区以及中部地区的工业总产值占全国总量的比重分别为19.20%、48.31%、15.70%和16.79%，比1965年分别提高-1.83%、0.47%、0.35%和1%，从中可以看出，在这几年中，工业投资主要偏向于中部地区，中部地区的工业总产值占比得到进一步的提高，西部地区的工业总产值占比则依旧是小幅提升，但与之前不同的是，东北地区的工业总产值占比一反过去的小幅上升态势，开始出现下降态势，小幅降低1.83个百分点，这可能是由于中苏之间的紧张关系所致，而东部地区的工业总产值占比则是止跌回升，小幅提升0.47个百分点。与此同时，按工业总产值来排名，前十位分别是上海、辽宁、山东、黑龙江、江苏、天津、广东、北京、河北、湖北，与1965年相比，前十位基本没变，但是位次有少许变化，山东工业总产值超过黑龙江位居第三，这一方面说明工业分布依然主要集中于东部沿海地区，并且工业投资的重心有再次向东部沿海转移的趋势，另一方面也说明东北地区的工业总产值呈现下降的趋势，因此，确切地说，东北地区在中国经济版图中的地位自"三五"计划时期就已经开始进入下降通道。

1971～1978年，伴随着国际形势发生重大变化，中国与西方国家的关系得到明显改善，特别是时任美国总统尼克松访华之后，中美关系的缓和使这一趋势更加明朗。由此，中央提出了加快沿海地区发展的经济发展战略，中国的区域工业布局又一次面临重大改变。在这一时期，沿海地区的经济建设与"三线"建设处于并重的地位，工业投资重点逐步向沿海地区转移，特别是1973年从西方国家大规模引进国外成套设备，并将许多工业项目布局在交通便利的沿海地区和长江经济带。截至1978年，东北地区、东部地区、西部地区以及中部地区的工业总产值占全国总量的比重分别为16.24%、49.15%、16.87%和17.74%，比1970年分别提高-2.96%、0.84%、1.17%和0.95%，从中可以看出，在这几年中，工业投资依然主要偏向于中西部地区，西部地区的工业总产值占比提升幅度最大，增加了1.17个百分点，而中部地区的工业总产值占比也得到进一步的提高，上升0.95个百分点，另外，东部地区的工业总产值占比在上一个时期止跌回升的基础上，再次提升0.84个百分点，上升势头逐步明显。相反，东北地区的工业总产值占比出现大幅下降趋势，降低2.96个百分点，这与中苏之间的紧张对峙以及中美关系的日益靠近有很大关系。与此同时，按工业总产值来排名，前十位分别是上海、辽宁、江苏、山东、河北、黑龙江、广东、河南、北京、湖北，与1970年相比，除河南代替天津跻身前十位外，其余省份基本没变，但是位次有少许变化，最为明显的就是江苏和河北的位次大幅前移而黑龙江的位次则明显下降，这一方面说明沿海地区与"三线"建设并重的战略正在使工业投资向沿海地区回流，而中苏关系的恶化则进一步影响了东北地区尤其是黑龙江的工业总产值，但另一方面也说明了工业布局主要集中于东部沿海地区的大局依然没有根本上的变化。

总的来说，1952～1978年，出于国际国内形势的考虑，中国总体上实行了区域均衡发展战略，但是仔细考察各个区域板块的工业布局变化情况，伴随着国际国内形势的变化，各个区域板块的工业布局也会相应出现变动。首先，跟国际形势相关度比较高的两大板块是东北地区和东部地区，在1952～1965年，中国和苏联同处于社会主义阵营，关系相对较好，而中美处于敌对状态，这一国际政治格局表现在区域工业布局上就是东北地区的工业总产值占全国比重在逐步上升，而东部沿海地区的工业总产值占比则一直在显著下降，但是在 1965 ~ 1978 年，当中苏关系破裂甚至兵戎相见时，东北地区的工业投资项目明显减少，工业总产值占全国比重逐步下降，与此同时，中美关系明显缓和，随之而来的是东部沿海地区的工业投资项目开始增多，其工业总产值占全国的比重止跌回升，开始走入上升通道。其次，与国际形势变化关系相对不大的地区主要是中西部地区，在 1952 ~ 1978 年，中西部地区一直是工业投资的重点倾斜地区，中部地区和西部地区的工业总产值占全国的比重一直处于稳步上升的趋势（见图 4 – 1、表 4 – 1）。这一方面与中西部作为大后方的地位有关，另一方面也是中央出于平衡地区经济发展的考虑。

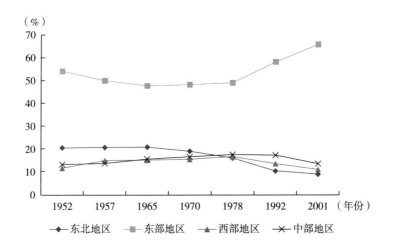

图 4 – 1 四大地区工业总产值占全国比重变化趋势（1952 ~ 2001 年）
资料来源：《新中国六十年统计资料汇编》。

表 4 – 1 四大地区工业总产值占全国比重变化趋势（1952 ~ 2001 年） 单位：%

年份 地区	1952	1957	1965	1970	1978	1992	2001
东北地区	20.65	20.89	21.03	19.20	16.24	10.53	9.14
东部地区	54.16	50.07	47.84	48.31	49.15	58.24	65.84
西部地区	11.78	15.16	15.35	15.70	16.87	13.76	11.26
中部地区	13.41	13.88	15.79	16.79	17.74	17.48	13.76

资料来源：《新中国六十年统计资料汇编》。

第二节　1978～2002年中国国内产业分布格局及其演变历程

　　1978年，邓小平在中央工作会议上发表了《解放思想，实事求是，团结一致向前看》的讲话，之后又召开了党的十一届三中全会，标志着改革开放事业的启航，从那时起，中国区域经济正式进入了非均衡发展阶段，即由过去重点向中西部地区进行工业投资而忽略东部地区的比较优势转变为发挥东部地区的沿海优势，实施对外开放，引进国外技术和资本，实行出口导向型战略。首先，在东南沿海的深圳、珠海、汕头、厦门以及海南开辟经济特区，作为中国对外开放的试验田，充分发挥窗口作用，为沿海地区的对外开放奠定基础。其次，在建设经济特区的基础上，1984年又提出开放大连、秦皇岛、天津、烟台、青岛、连云港、南通、上海、宁波、温州、福州、广州、湛江、北海14个沿海城市，并且逐步在一些城市设置经济技术开发区。之后，1985年又进一步加大了长三角地区、珠三角地区和厦漳泉地区的开发开放力度。总体上，开放开发的顺序是由沿海地区向内陆地区延伸，先东部再中部后西部，最后逐步形成"经济特区→沿海开放城市→沿海经济开放区→沿江经济开放区→内地中心城市→铁路沿线和沿江地带"的全方位开放格局。虽然非均衡发展战略在很大程度上推动了东部沿海地区的快速发展，从而促进中国经济的高速增长，但是也使中西部地区陷入"比较优势陷阱"，拉大了区域之间的差距，就中国的工业空间布局而言，东部地区加速崛起，而中西部地区和东北地区则走入下降通道，中西部地区被作为劳动力和原材料的供应地。截至1992年，东北地区、东部地区、西部地区以及中部地区的工业总产值占全国总量的比重分别为10.53%、58.24%、13.76%和17.48%，比1978年分别提高-5.71%、9.09%、-3.11%和-0.26%，由此可以看出，在这十几年中，工业投资彻底向东部沿海地区倾斜，东部沿海地区的工业总产值占全国的比重大幅提升9.09个百分点，上升势头十分迅猛，而中部地区、西部地区以及东北地区的工业总产值占比则遭遇不同程度的下滑，尤其是东北地区的工业总产值占比下降最为迅猛，足足减少了5.71个百分点，其次是西部地区，下降了3.11个百分点，中部地区则保持缓慢下降态势，下降幅度较小。另外，根据工业总产值排名，前十位分别是江苏、广东、山东、浙江、上海、辽宁、河北、河南、湖北、四川，与1978年相比，浙江和四川取代北京和黑龙江首次跻身前十位，其余省份则基本没变，但是位次有重大变化，最为明显的就是江苏、广东、山东的位次进一步前移居前三位，浙江则一跃而居第四位，而长期位居第二的辽宁则出现明显衰退，退居第六位，黑龙江则退到第十一位，这一方面说明沿海地区开放开发战略正在使工业投资向沿海地区集聚，进一步加剧了工业布局主要集中于东部沿海地区的局面，使东部沿海地区成为经济建设的主战场，另一方面也说明内陆地区尤其是东北地区正面临着明显的衰落，从此以后区域发展不平衡的态势愈益明显。

　　1992年，邓小平"南方谈话"以及党的十四大确立社会主义市场经济体制以后，中国经济体制加速由计划经济体制向市场经济体制转变，区域经济发展又进入了一个新阶段，国家鉴于地区差距的不断扩大，提出了协调发展战略，即在巩固东部沿海地区对外开放水平的基础上加大中西部地区的开放开发力度，从而相继开放了长江沿岸城市、内陆中心城市、内陆沿边城市等，进而形成多层次、多渠道、全方位的开放格局。通过一系列的举措，沿海地区和内陆地区之间差距加速扩大的趋势有所缓和，但工业布局总体向沿海地区集聚的趋势并未改变。截至1997年，东北地区、东部地区、西部地区以及中部地区的工业总产值占全国总量的比重分别为7.43%、60.27%、11.69%和20.61%，比1992年分别提高-3.1%、2.03%、-2.07%和3.13%，由此可以看出，在这五年中，工业投资向东部沿海地区集聚的趋势有所减缓，东部沿海地区的工业总产值占全国的比重只是小幅提升2.03个百分点，而西部地区和东北地区的工业总产值占比延续过去的趋势，遭遇不同程度的下滑，这两个地区的工业总产值占比分别下降2.07个和3.1个百分点，总体下降趋势有所减缓，而中部地区则逆势上扬，其工业总产值占比上升3.13个百分点。另外，根据工业总产值排名，前十位分别是江苏、广东、浙江、山东、河北、湖北、上海、河南、安徽、湖南，与1992年相比，安徽和湖南取代四川和辽宁首次跻身前十位，其余省份则基本没变，但是位次有重大变化，最为明显的就是浙江上升一位，与江苏、广东并列前三位，长期位居前十的辽宁首次跌出前十，而湖北则由第九位上升到第六位，并且中部省份的席位首次占据四席，上述变化一方面说明改革开放以来工业布局向沿海地区集聚的趋势虽然有所减缓，但仍旧在进一步增强，这也加剧了工业布局主要集中于东部沿海地区的局面；另一方面也说明西部地区和东北地区正面临着进一步的衰落，但中部地区由于区域协调战略的支撑以及沿江城市和中心城市的开发开放从而得到难得的发展机遇，有效减缓了与东部地区的差距。

1997～2002 年，中国所面临的国内外经济形势非常严峻，在国际上，东亚金融危机的爆发使国际金融局势动荡不安，而在国内，国企改革的大规模推行使失业率大幅提升，国民经济发展受到显著影响，再加上自然灾害的频繁发生更使国民经济雪上加霜。尽管面临着诸多困难，但是受益于出口导向型发展战略的成功，区域经济发展格局基本上延续了过往的态势，但也有一定程度的变化。东部沿海地区受到国家战略的鼓励以及国际贸易的拉动，经济发展进一步加速，同时再加上国有企业改革造成中西部大量国有企业的破产重组，由此，中西部地区的生产要素通过累积循环因果机制加速向东部地区转移，从而使中西部地区的工业进一步衰落，另外，由于国家对东北老工业基地采取一系列调整改造措施，一定程度上激活了东北地区的经济活力，再加上外向型经济的发展使东北的资源和技术优势得到一定程度的利用，由此，东北经济开始筑底回升。总之，截至 2002 年，东北地区、东部地区、西部地区以及中部地区的工业总产值占全国总量的比重分别为 8.62%、66.81%、11.01% 和 13.56%，比 1997 年分别提高 1.19%、6.54%、-0.68% 和 -7.05%（见图 4-2、表 4-2），由此可以看出，在这五年中，工业投资向东部沿海地区集聚的趋势又进一步得到提速，东部沿海地区的工业总产值占全国的比重大幅提升 6.54 个百分点，西部地区的工业总产值占比延续过去的趋势遭遇缓慢下滑，其工业总产值占比下降 0.68 个百分点，中部地区则受国有企业改革和东亚金融危机的多重影响，其工业总产值占比转而下降 7.05 个百分点，而东北地区则开始筑底回升，其工业总产值占比缓慢回升 1.19 个百分点。另外，根据工业总产值排名，前十位分别是广东、江苏、山东、浙江、上海、辽宁、河南、河北、福建、湖北，与 1997 年相比，福建和辽宁取代安徽和湖南跻身前十位，其余省份则基本没变，其中，最为明显的特征就是辽宁重新进入前十，位居第六，福建首次跻身前十，同时安徽和湖南掉到十名开外，上述现象一方面说明改革开放以来工业布局向沿海地区集聚的趋势一直在持续，并且有进一步加速的趋势；另一方面也说明中部地区正进入"中部塌陷"的困境，而东北地区则出现触底反弹的态势。

　　总的来说，随着改革开放的不断推进以及区域非均衡发展战略的实施，中国的经济重心逐步向东部沿海地区倾斜，再加上东部沿海地区一直在中国经济版图中占据主导地位，这更进一步加剧了区域发展不平衡的程度。1978～1992 年，中西部以及东北地区的工业总产值比重持续下降，相反，东部地区的工业总产值比重则持续上升，1992 年以后，伴随着区域协调政策的实施以及内陆地区的开发开放，沿海地区和内陆地区的差距扩大态势有所缓和，中部地区的工业总产值比重甚至有所增加，但是 1997 年以后，沿海地区和内陆地区的差距又进一步扩大，尤其是中部地区陷入"塌陷"状态。

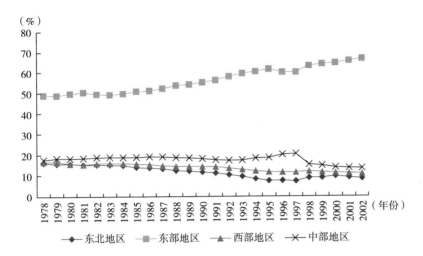

图 4-2　四大地区工业总产值占全国比重变化趋势（1978～2002 年）

资料来源：《新中国六十年统计资料汇编》。

表 4-2　四大地区工业总产值占全国比重变化趋势（1978～2002 年）　　单位：%

年份 地区	1978	1982	1987	1992	1997	2002
东北地区	16.24	15.40	13.46	10.53	7.43	8.62
东部地区	49.15	49.67	52.40	58.24	60.27	66.81
西部地区	16.87	16.03	14.93	13.76	11.69	11.01
中部地区	17.74	18.90	19.20	17.48	20.61	13.56

资料来源：《新中国六十年统计资料汇编》。

第三节　2003～2012 年中国国内产业分布格局及其演变历程

一、区域之间产业分布格局的演变

2003～2012 年，受西部大开发战略、东北振兴战略以及中部崛起战略的支持以及东部沿海地区向内陆地区进行产业转移的影响，中西部地区以及东北地区引来新一轮的发展浪潮。在这期间，中部地区、西部地区以及东北地区的工业总产值占比开始缓慢回升，中部地区的工业发展最快，其工业总产值比重由2003年的13.10%上升到2012年的19.5%，西部地区次之，其工业总产值比重由2003年的10.59%上升到2012年的13.87%，东北地区表现欠佳，其工业总产值比重由2003年的8.21%上升到2012年的8.77%，与此同时，东部沿海地区的工业总产值比重在2004年达到最高点后开始一路下滑，由2003年的68.1%下降到2012年的57.86%，整整降低了10.24个百分点（见图4-3）。由此说明，沿海地区向内陆地区的产业转移再加上国家战略的支持正在使中国区域产业分布格局发生大规模的改变，区域经济得到了再平衡的机遇。

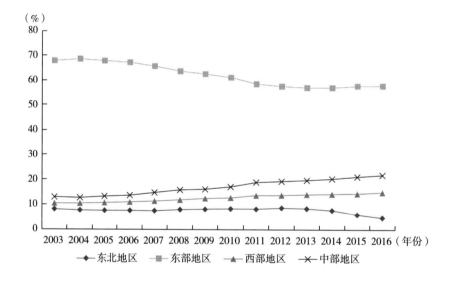

图4-3 规模以上工业企业销售总产值比重变化趋势

资料来源：EPS数据库。

我们再观察四大地区工业增加值的变化趋势，同样可以发现类似的现象，不过与工业总产值的变化趋势相比，有1~2年的滞后。2003~2012年，中部地区、西部地区以及东北地区的工业增加值占比开始止跌回升，中部地区的工业增加值比重在2005年达到最低值17.46%以后开始缓慢回升，到2012年，其工业增加值比重已经达到21.52%，西部地区的工业增加值比重则由2003年的13.26%上升到2012年的19.11%，而东北地区表现不佳，其工业增加值比重由2003年的

10.1%下降到 2006 年的 8.66%，之后开始止跌回升，慢慢回升到 2012 年的 8.97%，与此同时，东部沿海地区的工业增加值比重在 2005 年达到最高点 (59.86%) 后开始下降，最终下降到 2012 年的 50.4%，降低了 9.46 个百分点 (见图 4-4)，这进一步说明中国的工业布局正在由东部沿海地区向内陆地区转移这一事实。

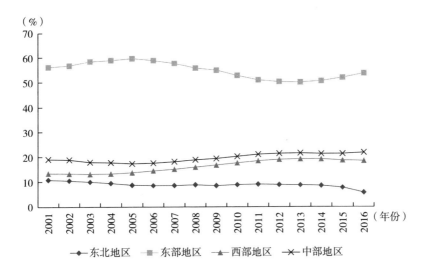

图 4-4　工业增加值比重变化趋势

资料来源：EPS 数据库。

我们进一步将制造业划分为三类，即劳动密集型制造业、资本密集型制造业和技术密集型制造业①。首先，就劳动密集型制造业而言，2003~2012 年，中部地区、西部地区以及东北地区的劳动密集型制造业总产值比重开始止跌回升。中部地区的劳动密集型制造业总产值比重在 2004 年达到最低值 11.79% 以后开始缓慢回升，到 2012 年，该比重已经达到 21.59%。西部地区的劳动密集型制造业总产值比重同样在 2004 年到达最低点 8.94%，之后开始回升，一直上升到 2012 年的 12.23%。相应地，东北地区的劳动密集型制造业总产值比重在 2004 年下降到

---

① 根据黄莉芳等（2013）、谢子远和张海波（2014）的分类法，劳动密集型制造业包括食品制造业，农副食品加工业，饮料制造业，纺织业，纺织服装、鞋、帽制造业，造纸及纸制品业。资本密集型制造业包括石油加工、炼焦及核燃料加工业，非金属矿物制品业，黑色金属冶炼及压延加工业，有色金属冶炼及压延加工业，金属制品业，通用设备制造业，专用设备制造业，仪器仪表及文化、办公用机械制造业，烟草制品业。技术密集型制造业包括化学原料及化学制品制造业，医药制造业，化学纤维制造业，交通运输设备制造业，电气、机械器材制造业，通信设备、计算机及其他电子设备制造业。

最低值 4.98% 之后开始止跌回升，慢慢回升到 2012 年的 9.8%。与此同时，东部沿海地区的劳动密集型制造业总产值比重在 2004 年达到最高点（74.28%）后开始下降，最终下降到 2012 年的 56.39%，降低了 17.89 个百分点（见图 4 - 5），这说明东部沿海地区正在向内陆地区转移大量产业，其中，劳动密集型制造业占据很大比重。长三角地区、珠三角地区以及京津冀地区的劳动密集型制造业区位商变动（平均产业转移指数)[①] 明显为负值，而内陆地区特别是长江中上游省份以及东北地区的劳动密集型制造业区位商变动为正值，这也说明劳动密集型制造业正在由长三角地区、珠三角地区以及京津冀地区向内陆地区特别是长江中上游地区以及东北三省转移。

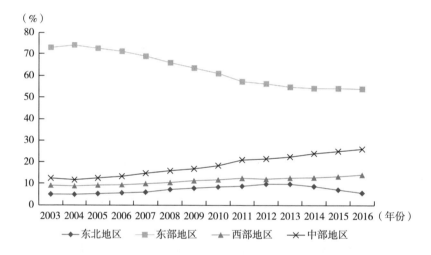

图 4 - 5 劳动密集型制造业销售总产值比重变化趋势

资料来源：EPS 数据库。

---

① 产业转移主要表现为不同时期地区产业的空间分布变化，一般可以通过比较地区产业经济指标的变化来衡量产业变迁的方向及程度。孙晓华等（2018）提出了衡量产业转移程度的公式：

$$IR'_{ci,t} = P'_{ci,t} - P'_{ci,t_0} = \frac{q_{ci,t}}{\sum_{c=1}^{n} q_{ci,t}} \bigg/ \frac{\sum_{i=1}^{m} q_{ci,t}}{\sum_{i=1}^{m}\sum_{c=1}^{n} q_{ci,t}} - \frac{q_{ci,t_0}}{\sum_{c=1}^{n} q_{ci,t_0}} \bigg/ \frac{\sum_{i=1}^{m} q_{ci,t_0}}{\sum_{i=1}^{m}\sum_{c=1}^{n} q_{i,t_0}}$$

其中，m 为所考察的行业数量，$q_{ci,t}$ 表示第 t 年 c 地区 i 行业的产值，$\sum_{i=1}^{m} q_{ci,t}$ 表示第 t 年 c 地区的所有行业总产值。如果 $IR'_{ci,t} > 0$，表示所考察年份 c 地区 i 行业规模相对于基期发生了产业转入现象；如果 $IR'_{ci,t} < 0$，表示所考察年份 c 地区 i 行业规模相对于基期发生了产业转出现象。在此，我们借鉴孙晓华等（2018）的产业转移指数计算公式对 2003～2012 年中国 30 个省份分别测算了产业转移指数，并对每个省份的历年产业转移指数取平均值得到平均产业转移指数，我们也将其称为产业区位商变动指数。另外，由于数据限制，城市层面的区位商我们使用不同行业的从业人员数计算而得。

其次，就资本密集型制造业而言，2003～2012 年，中部地区的资本密集型制造业开始明显复苏，其资本密集型制造业总产值比重在 2004 年达到最低点（16.02%）后一路上升到 2012 年的 21.19%，西部地区的资本密集型制造业也开始缓慢复苏，其资本密集型制造业总产值比重在 2005 年达到最低点（12.5%）后缓慢上升到 2012 年的 14.05%，而东北地区的资本密集型制造业总产值比重则基本没有大的变化，相应地，东部地区的资本密集型制造业总产值比重有所下降，在 2004 年达到最高点（62.31%）之后一路下降到 2012 年的 55.25%，下降了 7.06 个百分点（见图 4-6），但是总的来说，其下降幅度要小于劳动密集型制造业，这一方面说明东部沿海地区的资本密集型制造业同样在向内陆地区尤其是中西部地区转移；另一方面又说明在产业转移过程中，资本密集型制造业要少于劳动密集型制造业。另外，虽然东部沿海地区的部分资本密集型制造业在向内陆地区转移，但是转移数量相对比较有限，而中西部地区虽然承接了部分资本密集型制造业，但这主要集中在个别老工业基地省份，其余许多省份并没有承接到资本密集型制造业，反而有所流失。

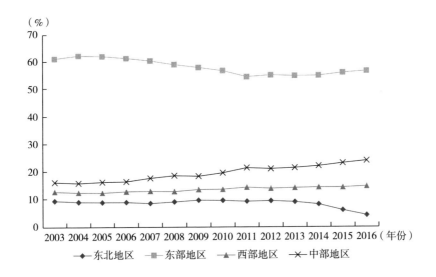

图 4-6　资本密集型制造业销售总产值变化趋势

资料来源：EPS 数据库。

最后，就技术密集型制造业而言，2003～2012 年，中部地区的技术密集型制造业有了明显提升，其技术密集型制造业总产值比重在 2005 年达到最低点

（8.59%）后触底反弹，之后一路上升到 2012 年的 14.88%，同样，西部地区技术密集型制造业总产值比重也从 2003 年的 7.77% 上升到 2012 年的 10.12%，但是东北地区则截然相反，其技术密集型制造业总产值比重却从 2003 年的 7.49% 小幅下降到 2012 年的 7.12%。与此同时，东部沿海地区的技术密集型制造业总产值比重出现一定程度的下滑，从 2003 年的 75.63% 下降到 2012 年的 67.89%，小幅下降近 7.74 个百分点（见图 4-7），以上现象一方面说明东部沿海地区的技术密集型制造业同样在向内陆地区尤其是中西部地区转移；另一方面又说明在产业转移过程中，技术密集型制造业并非主导转移产业。另外，虽然整体来看，东部地区的技术密集型制造业有所转移，但是不同的东部省份表现并不一致，部分省份的技术密集型制造业流失较为严重，比如福建、河北等，而江苏、浙江、山东、广东等省份的技术密集型制造业其实是在加速集聚的。同样，就中西部地区而言，只有个别省份的技术密集型制造业发展较快，其余多数省份的技术密集型制造业并没有大规模流入的迹象，甚至还在进一步流失。

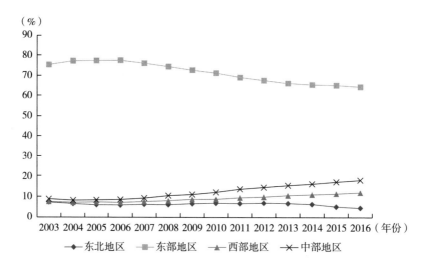

图 4-7　技术密集型制造业销售总产值比重变化趋势

资料来源：EPS 数据库。

另外，我们再观察第三产业增加值占比的变动趋势可以发现，东部地区的第三产业增加值占比基本处于缓慢上升态势，从 2003 年的 55.76% 慢慢上升到 2010 年的 58.38%，之后虽然稍有下降，但是总体呈现上升趋势。中部地区的第三产业增加值占比有少许下降，2003 年，中部地区的第三产业增加值占比为

18.5%，而到了 2012 年，该占比为 17.13%，有些许下降。西部地区的第三产业增加值占比则有少许上升，从 2003 年的 16.53% 上升到 2012 年的 17.67%，但总体变化不大。东北地区的第三产业增加值占比则有一定程度的下降，由 2003 年的 9.21% 下降到 2012 年的 8.04%（见图 4-8），以上现象说明东部地区已经开始进入后工业化时代，工业比重有所下降，而服务业比重则在上升，与此同时，中西部地区和东北地区依旧处在工业化加速阶段，伴随着工业比重的提升，服务业比重有一定程度的下降。

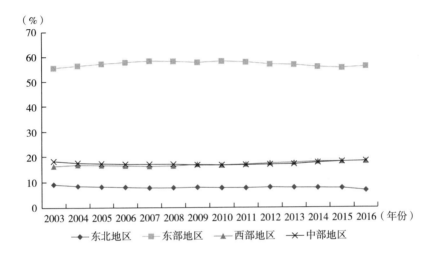

图 4-8 第三产业增加值占比趋势

资料来源：国家统计局。

二、城市群之间产业分布格局的演变

为了进一步研究不同产业在不同城市群之间的分布及转移情况，我们选取了 12 个主要城市群进行深入分析。这 12 个主要城市群是指珠江三角洲城市群（以下简称珠三角城市群）、长江三角洲城市群（以下简称长三角城市群）、京津冀城市群、长江中游城市群、成渝城市群、山东半岛城市群、中原城市群、北部湾城市群、关中平原城市群、海峡西岸城市群、辽中南城市群、哈长城市群。其中，珠三角城市群包括广州、深圳、珠海、佛山、中山、东莞、惠州、肇庆、江门、汕尾、清远、河源、韶关、云浮共 14 个地级及以上城市①；长三角城市群主

---

① 范围划分主要依据百度百科中"珠江三角洲城市群"这一词条。

要包括上海，浙江的杭州、宁波、绍兴、嘉兴、湖州、舟山、金华、台州，江苏的南京、苏州、无锡、南通、常州、盐城、镇江、泰州、扬州，安徽的合肥、芜湖、铜陵、马鞍山、滁州、安庆、宣城、池州26个地级及以上城市①；京津冀城市群主要包括北京、天津两个直辖市和河北的石家庄、唐山、秦皇岛、廊坊、沧州、保定、张家口、承德8个地级市②；长江中游城市群包括湖北的武汉、宜昌、襄阳、鄂州、黄石、孝感、荆州、黄冈、咸宁、荆门，江西的南昌、九江、鹰潭、景德镇、宜春、新余、萍乡、抚州、上饶、吉安，湖南的长沙、湘潭、株洲、岳阳、常德、益阳、娄底、衡阳28个地级及以上城市③；成渝城市群包括重庆，四川的成都、绵阳、德阳、乐山、自贡、内江、泸州、遂宁、眉山、宜宾、南充、广安、雅安、达州、资阳16个地级及以上城市④；山东半岛城市群包括济南、青岛、烟台、威海、东营、淄博、日照、潍坊、德州、泰安、滨州、莱芜、聊城13个地级及以上城市⑤；中原城市群包括河南的郑州、洛阳、开封、平顶山、焦作、新乡、漯河、许昌、鹤壁、周口、商丘、信阳、濮阳、安阳、南阳、三门峡、驻马店，安徽的亳州、阜阳、宿州、蚌埠、淮北，山西的晋城、长治，河北的邯郸、邢台，山东的菏泽27个地级及以上城市⑥；北部湾城市群包括广西的南宁、钦州、北海、玉林、防城港、崇左，广东的湛江、阳江、茂名以及海南的海口10个地级市⑦；关中平原城市群包括陕西的西安、咸阳、宝鸡、渭南、铜川、商洛，山西的临汾、运城，甘肃的平凉、天水、庆阳11个地级及以上城市⑧；海峡西岸城市群主要包括福建的福州、泉州、厦门、三明、漳州、莆田、龙岩、南平、宁德，广东的梅州、汕头、潮州、揭阳，浙江的衢州、温州、丽水以及江西的赣州，总计17个地级市⑨；辽中南城市群主要包括沈阳、大连、抚顺、

---

① 该范围划分主要依据国家发展改革委于2016年公布的《长江三角洲城市群发展规划》。

② 该范围划分主要依据"十一五"规划中对京津冀都市圈的定义。

③ 该范围划分主要依据国家发展改革委和住建部于2015年联合公布的《长江中游城市群发展规划》。

④ 该范围划分主要依据国家发展改革委和住建部于2016年联合公布的《成渝城市群发展规划》。

⑤ 该范围划分主要依据《山东半岛城市群发展规划（2016—2030）》。

⑥ 该范围划分主要依据国家发展改革委和住建部于2016年公布的《中原城市群发展规划》，其中，由于聊城、运城已分别划入山东半岛城市群和关中平原城市群，故不再归入中原城市群。

⑦ 该范围划分主要依据国家发展改革委和住建部于2017年联合公布的《北部湾城市群发展规划》。

⑧ 该范围划分主要依据国家发展改革委和住建部于2018年联合公布的《关中平原城市群发展规划》。

⑨ 该范围划分主要依据百度百科中"海峡西岸城市群"这一词条，其中，由于上饶、鹰潭、抚州已经划入长江中游城市群，故本书不再将其归入海峡西岸城市群。

鞍山、丹东、营口、本溪、盘锦、辽阳9个地级及以上城市[①]；哈长城市群包括黑龙江的哈尔滨、齐齐哈尔、绥化、大庆、牡丹江，吉林的长春、吉林、辽源、四平、松原10个地级以上城市[②]。另外，我们又选取了四个产业进行重点研究，这四个产业分别是制造业、生产性服务业、消费性服务业以及公共性服务业[③]。

表4-3报告了12个城市群以及非城市群城市在2003～2012年不同行业区位商的变动情况。从中我们可以看出，首先，就制造业而言，不同城市群之间的产业布局在发生明显的改变，长三角城市群、珠三角城市群、山东半岛城市群、北部湾城市群、海峡西岸城市群的制造业区位商有所提升，其制造业区位商分别提高0.074、0.091、0.004、0.118、0.133，而京津冀城市群、辽中南城市群、长江中游城市群、中原城市群、成渝城市群、关中平原城市群、哈长城市群的制造业区位商则有所下降，其制造业区位商分别下降0.092、0.087、0.022、0.074、0.093、0.170、0.216，另外，非城市群的制造业区位商也在下降，具体下降0.090，这一方面说明长三角、珠三角等发达城市群的制造业依旧是在不断集聚的，另一方面也反映长江中游、成渝等内陆城市群的制造业区位商是有所下降的，此外，非城市群城市的制造业在向城市群转移。

其次，就生产性服务业而言，京津冀城市群、辽中南城市群、北部湾城市群、关中平原城市群、哈长城市群的生产性服务业区位商分别提高0.354、0.019、0.299、0.023、0.025，而长三角城市群、珠三角城市群、山东半岛城市群、长江中游城市群、中原城市群、成渝城市群、海峡西岸城市群的生产性服务业区位商分别下降0.146、0.016、0.045、0.052、0.037、0.061、0.094，另外，非城市群的生产性服务业区位商也下降0.024，这一方面说明非城市群的生产性服务业在向城市群转移；另一方面也说明京津冀城市群、辽中南城市群、北部湾城市群、关中平原城市群、哈长城市群的生产性服务业集聚度有所提高，而长三角城市群、珠三角城市群、山东半岛城市群、长江中游城市群、中原城市群、成

---

① 该范围划分主要依据百度百科中"辽中南城市群"这一词条。

② 该范围划分主要依据国家发展改革委和住建部于2016年公布的《哈长城市群发展规划》，其中，由于样本选择原因剔除了延边州。

③ 在第三产业的分类中，我们借鉴邵朝对等（2016）的做法，将信息传输、计算机服务和软件业，交通运输、仓储和邮政业，租赁和商务服务业，金融业，科学研究、技术服务和地质勘查业归为生产性服务业，将住宿和餐饮业、批发和零售业、居民服务和其他服务业、房地产业归为消费性服务业，将教育业，水利、环境和公共设施管理业，文化、体育和娱乐业，卫生、社会保障和社会福利业，公共管理和社会组织归为公共性服务业。其中房地产业争议较大，国外学者一般将其归为生产性服务业，但国内有部分学者将其归为消费性服务业（陈国亮、陈建军，2012），主要是因为在我国房地产主要面向居民消费，所以将其归为消费性服务业（杨仁发，2013），这也比较符合逻辑。

渝城市群、海峡西岸城市群的生产性服务业集聚度则有所下降。

再次，就消费性服务业而言，长三角城市群、珠三角城市群、京津冀城市群、辽中南城市群、山东半岛城市群、长江中游城市群、北部湾城市群、成渝城市群、关中平原城市群、哈长城市群、海峡西岸城市群的消费性服务业区位商分别提升 0.034、0.153、0.084、0.116、0.116、0.060、0.257、0.250、0.054、0.015、0.013，而中原城市群的消费性服务业区位商下降 0.099，另外，非城市群的消费性服务业区位商也下降 0.281，这反映非城市群的消费性服务业集聚度明显下降，而绝大多数城市群的消费性服务业集聚度则有不同程度的提升，说明非城市群的消费性服务业也在向城市群集聚。

最后，就公共性服务业而言，京津冀城市群、辽中南城市群、中原城市群、北部湾城市群、关中平原城市群、哈长城市群的公共性服务业区位商分别提升 0.109、0.014、0.063、0.415、0.113、0.178，而长三角城市群、珠三角城市群、山东半岛城市群、长江中游城市群、成渝城市群、海峡西岸城市群的公共性服务业区位商则分别下降 0.132、0.081、0.076、0.046、0.050、0.184，另外，非城市群的公共性服务业区位商上升 0.089，这一方面说明京津冀城市群、辽中南城市群、中原城市群、北部湾城市群、关中平原城市群、哈长城市群的公共性服务业集聚度在提升，而长三角城市群、珠三角城市群、山东半岛城市群、长江中游城市群、成渝城市群、海峡西岸城市群的公共性服务业集聚度则在下降；另一方面也说明非城市群城市公共性服务业发展势头较好。

表 4-3　2003~2012 年不同城市群不同行业区位商变动

城市群	制造业	生产性服务业	消费性服务业	公共性服务业
长三角	0.074	-0.146	0.034	-0.132
珠三角	0.091	-0.016	0.153	-0.081
京津冀	-0.092	0.354	0.084	0.109
辽中南	-0.087	0.019	0.116	0.014
山东半岛	0.004	-0.045	0.116	-0.076
长江中游	-0.022	-0.052	0.060	-0.046
中原	-0.074	-0.037	-0.099	0.063
北部湾	0.118	0.299	0.257	0.415
成渝	-0.093	-0.061	0.250	-0.050
关中平原	-0.170	0.023	0.054	0.113
哈长	-0.216	0.025	0.015	0.178

续表

城市群	制造业	生产性服务业	消费性服务业	公共性服务业
海峡西岸	0.133	− 0.094	0.013	− 0.184
非城市群	− 0.090	− 0.024	− 0.281	0.089

资料来源：根据《中国城市统计年鉴》（2004～2013 年）中不同行业从业人员数据计算而得。

三、城市群内部产业分布格局的演变

从 2003～2012 年各城市群内部不同行业区位商变动情况看，可以发现：首先，就制造业而言，绝大部分城市群中心城市的制造业集聚程度都有一定程度的下降，其中，部分城市群的中心城市制造业区位商在下降的同时，非中心城市的制造业区位商在上升，比如，在长三角城市群，作为中心城市的上海、南京、合肥的制造业区位商分别下降 0.075、0.044、0.104，而非中心城市的制造业区位商则上升 0.097；在珠三角城市群，作为中心城市的广州和深圳的制造业区位商分别下降 0.026 和 0.008，而非中心城市的制造业区位商则上升 0.172；在北部湾城市群，作为中心城市的南宁、海口、湛江的制造业区位商分别下降 0.076、0.139、0.028，而非中心城市的制造业区位商则上升 0.074；在海峡西岸城市群，作为中心城市的福州、厦门的制造业区位商分别下降 0.068 和 0.243，而非中心城市的制造业区位商则上升 0.061；在山东半岛城市群，作为中心城市的济南、青岛的制造业区位商分别下降 0.251 和 0.013，而非中心城市的制造业区位商则上升 0.052；在长江中游城市群，作为中心城市的南昌、武汉的制造业区位商分别下降 0.169 和 0.298，而非中心城市的制造业区位商则上升 0.010，这说明这些城市群的制造业在由中心城市向周边城市扩散。与此同时，另一部分城市群的中心城市制造业区位商在下降的同时，非中心城市的制造业区位商也在下降，比如，在中原城市群，作为中心城市的郑州的制造业区位商下降 0.083，而非中心城市的制造业区位商也下降 0.068；在京津冀城市群，作为中心城市的北京、天津的制造业区位商分别下降 0.122 和 0.112，而非中心城市的制造业区位商也下降 0.071；在成渝城市群，作为中心城市的重庆、成都的制造业区位商分别下降 0.130 和 0.062，而非中心城市的制造业区位商也下降 0.097；在关中平原城市群，作为中心城市的西安的制造业区位商下降 0.211，而非中心城市的制造业区位商也下降 0.178；在哈长城市群，作为中心城市的长春、哈尔滨的制造业区位商分别下降 0.157 和 0.346，而非中心城市的制造业区位商也下降 0.090，这说明上述城市群的制造业整体在向外转移。

其次，就生产性服务业而言，在一些成熟城市群，主要中心城市的生产性服务业在集聚，而非中心城市的生产性服务业在日益流失，比如，在长三角城市群，作为核心城市的上海的生产性服务业区位商上升了 0.013，而南京、杭州、合肥等副中心城市的生产性服务业区位商则下降了 0.064、0.234、0.163，非中心城市的生产性服务业区位商也下降了 0.125；在珠三角城市群也出现类似情况，作为中心城市的广州、深圳的生产性服务业区位商上升了 0.033 和 0.164，而非中心城市的生产性服务业区位商则下降了 0.153。另外，在关中平原城市群，作为中心城市的西安的生产性服务业区位商上升了 0.050，而非中心城市的生产性服务业区位商则下降了 0.032；在哈长城市群，作为中心城市的哈尔滨、长春的生产性服务业区位商上升了 0.202 和 0.017，而非中心城市的生产性服务业区位商则下降了 0.142，这说明在这些城市群，周边城市的生产性服务有向中心城市集聚的趋势。与此同时，一些城市群的生产性服务业区位商整体在下降，比如，在中原城市群，作为中心城市的郑州的生产性服务业区位商下降了 0.093，而非中心城市的生产性服务业区位商也下降了 0.031。同样，在成渝城市群，作为中心城市的重庆、成都的生产性服务业区位商下降了 0.128 和 0.065，而非中心城市的生产性服务业区位商也下降了 0.015，这说明这些城市群的生产性服务业整体在流失。

再次，就消费性服务业而言，在部分城市群，中心城市的消费性服务业集聚程度在上升，而非中心城市的消费性服务业集聚度则相应下降，表现为消费性服务业由非中心城市向中心城市转移。比如，在长三角城市群，作为中心城市的上海、南京、杭州、合肥等城市的消费性服务业区位商分别上升 0.328、0.214、0.079、0.078，而非中心城市的消费性服务业区位商则下降 0.090；在珠三角城市群，作为中心城市的广州、深圳的消费性服务业区位商上升 0.222 和 0.269，而非中心城市的消费性服务业区位商则下降 0.016；在中原城市群，作为中心城市的郑州的消费性服务业区位商上升 0.065，而非中心城市的消费性服务业区位商则下降 0.147；在京津冀城市群，作为中心城市的北京、天津的消费性服务业区位商上升 0.113 和 0.373，而非中心城市的消费性服务业区位商则下降 0.044；在成渝城市群，作为中心城市的重庆、成都的消费性服务业区位商上升 0.430、0.177，而非中心城市的消费性服务业区位商则下降 0.044；在关中平原城市群，作为中心城市的西安的消费性服务业区位商上升 0.138，而非中心城市群的消费性服务业区位商则下降 0.022。与此同时，在另一部分城市群，中心城市和非中心城市均呈现消费性服务业流入的趋势，比如，在辽中南城市群，作为中心城市的沈阳、大连的消费性服务业区位商上升0.148和0.141，而非中心城市的消费性服务业区位商也上升0.101；在山东半岛城市群，作为中心城市的济南、青岛的消费性服务业区位商上升0.482和0.013，而非中心城市的消费性服务业区位商也上升0.050。

最后，就公共性服务业而言，在部分城市群，中心城市和非中心城市的公共性服务业区位商都在下降，比如，在长三角城市群，作为中心城市的上海、南京、杭州、合肥等的公共性服务业区位商分别下降0.053、0.025、0.349、0.163，而非中心城市的公共性服务业区位商也下降0.065，同样，在海峡西岸城市群、山东半岛城市群以及长江中游城市群也出现中心城市和非中心城市的公共性服务业区位商同时下降的态势。相反，在另一部分城市群，中心城市和非中心城市的公共性服务业都在集聚，比如，在哈长城市群，作为中心城市的长春、哈尔滨的公共性服务业区位商上升了0.040、0.276，而非中心城市的公共性服务业区位商也上升了0.164，类似的情况也发生在关中平原城市群和中原城市群。当然，还有部分城市群的公共性服务业由中心城市向非中心城市扩散，比如，在成渝城市群，作为中心城市的重庆、成都的公共性服务业区位商下降了0.062和0.041，而非中心城市群的公共性服务业区位商则上升0.061（见表4－4）。

表4－4　2003～2012年各城市群内部不同行业区位商变动情况

城市群	城市	制造业	生产性服务业	消费性服务业	公共性服务业
长三角	全部城市	0.076	− 0.123	− 0.049	− 0.078
	上海	− 0.075	0.013	0.328	− 0.053
	南京	− 0.044	− 0.064	0.214	− 0.025
	杭州	0.072	− 0.234	0.079	− 0.349
	合肥	− 0.104	− 0.163	0.078	− 0.163
	非中心城市	0.097	− 0.125	− 0.090	− 0.065
珠三角	全部城市	0.145	− 0.117	0.021	− 0.057
	广州	− 0.026	0.033	0.222	0.003
	深圳	− 0.008	0.164	0.269	− 0.106
	非中心城市	0.172	− 0.153	− 0.016	− 0.057
辽中南	全部城市	− 0.085	0.008	0.111	0.036
	沈阳	− 0.112	0.108	0.148	0.013
	大连	0.019	− 0.139	0.141	− 0.025
	非中心城市	− 0.096	0.015	0.101	0.048

城市群	城市	制造业	生产性服务业	消费性服务业	公共性服务业
中原	全部城市	− 0.068	− 0.034	− 0.139	0.067
	郑州	− 0.083	− 0.093	0.065	0.045
	非中心城市	− 0.068	− 0.031	− 0.147	0.068
北部湾	全部城市	0.027	− 0.020	0.040	0.123
	南宁	− 0.076	0.141	0.122	− 0.017
	海口	− 0.139	0.013	0.535	− 0.098
	湛江	− 0.028	− 0.127	− 0.071	0.090
	非中心城市	0.074	− 0.033	− 0.027	0.179
海峡西岸	全部城市	0.056	− 0.048	− 0.005	− 0.090
	福州	− 0.068	0.042	0.123	− 0.107
	厦门	− 0.243	− 0.056	0.408	− 0.003
	温州	0.390	− 0.201	− 0.184	− 0.241
	泉州	0.082	− 0.140	− 0.029	− 0.245
	非中心城市	0.061	− 0.035	− 0.031	− 0.072
京津冀	全部城市	− 0.080	0.093	0.013	0.033
	北京	− 0.122	0.756	0.113	0.182
	天津	− 0.112	− 0.018	0.373	− 0.048
	非中心城市	− 0.071	0.024	− 0.044	0.024
山东半岛	全部城市	0.024	− 0.031	0.080	− 0.056
	济南	− 0.251	0.039	0.482	− 0.133
	青岛	− 0.013	− 0.087	0.013	− 0.015
	非中心城市	0.052	− 0.033	0.050	− 0.053
长江中游	全部城市	− 0.003	− 0.082	− 0.003	− 0.016
	南昌	− 0.169	0.011	− 0.123	− 0.046
	武汉	− 0.298	0.052	0.142	− 0.079
	长沙	0.130	− 0.208	0.439	− 0.214
	非中心城市	0.010	− 0.086	− 0.022	− 0.004
成渝	全部城市	− 0.097	− 0.025	0.000	0.047
	重庆	− 0.130	− 0.128	0.430	− 0.062
	成都	− 0.062	− 0.065	0.177	− 0.041
	非中心城市	− 0.097	− 0.015	− 0.044	0.061

续表

城市群	城市	制造业	生产性服务业	消费性服务业	公共性服务业
关中平原	全部城市	-0.181	-0.025	-0.008	0.195
	西安	-0.211	0.050	0.138	0.053
	非中心城市	-0.178	-0.032	-0.022	0.209
哈长	全部城市	-0.122	-0.091	-0.009	0.162
	长春	-0.157	0.017	0.222	0.040
	哈尔滨	-0.346	0.202	-0.065	0.276
	非中心城市	-0.090	-0.142	-0.031	0.164
非城市群	全部城市	-0.089	-0.026	-0.137	0.095

注：非中心城市是指各城市群内除中心城市外的其他城市。

资料来源：根据《中国城市统计年鉴》（2004～2013年）中不同行业从业人员数据计算而得。

第四节　2013年以来中国国内产业分布格局及其演变历程

一、区域之间产业分布格局的演变

自2013年以来，中国经济的高速增长阶段告一段落，标志着中国经济进入新常态，中国开始进入增长速度换挡期、结构调整阵痛期、前期刺激政策消化期。在新的经济形势下，中国的地区产业分布格局也引来了新的变化趋势。2013～2016年，虽然中西部地区的工业总产值比重依旧在上升，但是其上升趋势开始变缓，中部地区的工业总产值比重由2013年的19.93%上升到2016年的22.06%，西部地区的工业总产值比重则由2013年的14.21%上升到2016年的15.06%，与此同时，东部地区的工业总产值比重在2013年前后到达最低点后开始触底反弹，到2016年，该比重已经回升到58.06%，特别需要说明的是，东北地区的工业总产值比重结束长达十年的平缓增长态势，开始进入断崖式下跌状态，2013～2016年，东北地区的工业总产值比重从8.52%下降到4.82%。以上现象说明虽然中西部地区的工业增长态势依旧，但总的来说，过去十年由东部地区向内陆地区进行大规模产业转移的现象开始一段落，同时，东北地区工业进入断崖式下跌阶段，需要进一步的产业重整。

从四大区域的工业增加值变化趋势看，东部地区的工业增加值比重在 2013 年达到最低点（50.21%），之后开始缓慢回升，一直上升到 2016 年的 53.77%。中西部地区的工业增加值比重走势颇为相近，中部地区的工业增加值比重在 2013 年达到顶点后基本停止上升势头，由 2013 年的 21.64% 微升到 2016 年的 21.87%，同样，西部地区的工业增加值比重也在经历了十年的增长之后开始进入缓慢下降期，由 2013 年的 19.31% 下降到 2016 年的 18.55%，另外，东北地区的工业增加值比重则进入了断崖式滑坡阶段，其工业增加值比重由 2013 年的 8.84% 快速下降到 2016 年的 5.8%。上述现象再次说明过去十年由东部地区向内陆地区进行大规模产业转移的现象已经告一段落，中西部地区特别是东北地区的工业开始出现停滞甚至倒退现象。

从劳动密集型制造业的发展趋势来看，中西部地区的劳动密集型制造业总产值比重依旧有所提升，其中，中部地区的劳动密集型制造业总产值比重由 2013 年的 22.52% 上升到 2016 年的 26.10%，西部地区的劳动密集型制造业总产值比重由 2013 年的 12.77% 上升到 2016 年的 14.20%，但是总的来看，东部地区的劳动密集型制造业在经历了一波向内地转移的浪潮之后开始趋于稳定，2013~2016 年，东部地区的劳动密集型制造业总产值比重仅由 54.89% 微降到 53.98%，总体趋于平缓，另外，东北地区的劳动密集型制造业开始趋向断崖式下跌，其劳动密集型制造业总产值比重由 2013 年的 9.82% 下滑到 2016 年的 5.72%。以上现象说明劳动密集型制造业由沿海到内陆的空间转移趋于平缓，同时，东北地区的劳动密集型制造业趋向急速减少。虽然东部沿海地区的劳动密集型制造业区位商依旧在下降，但是许多中西部省份的劳动密集型制造业区位商并未明显上升，甚至还有所下降，这一时期承接劳动密集型制造业最多的省份主要是新疆、云南、贵州等边疆省份，这也进一步证明了劳动密集型制造业的空间转移趋势已经趋于平缓这一结论。

从资本密集型制造业的发展趋势来看，东部地区的资本密集型制造业开始出现回流趋势，其资本密集型制造业总产值比重由 2013 年的 54.96% 微升到 2016 年的 56.74%，与此同时，中西部地区的资本密集型制造业总产值比重的上升趋势开始变缓，其中，中部地区的资本密集型制造业总产值比重由 2013 年的 21.58% 微升到 2016 年的 24.14%，西部地区的资本密集型制造业总产值比重则由 2013 年的 14.31% 微升到 2016 年的 14.84%，另外，东北地区的资本密集型制造业出现断崖式下跌的趋势，其资本密集型制造业总产值比重由 2013 年的

9.14%下降到 2016 年的 4.28%。以上现象说明资本密集型制造业由沿海到内陆的空间转移逐步趋于平缓，同时，东北地区陷入资本密集型制造业大幅衰退的困境。东部地区特别是山东、江苏、福建等省份的资本密集型制造业区位商有了明显的上升，而中西部地区以及东北地区特别是湖北、江西、陕西、黑龙江等省份的资本密集型制造业区位商明显下降，这也进一步证明了上述的结论。

从技术密集型制造业的发展趋势来看，中西部地区的技术密集型制造业依旧在不断流入，其中，中部地区的技术密集型制造业总产值比重由 2013 年的 15.8%上升到 2016 年的 18.43%，西部地区的技术密集型制造业总产值比重则由 2013 年的 10.85%上升到 2016 年的 12.26%，但是与此同时，我们也发现东部地区的技术密集型制造业总产值比重的下降趋于平缓，由 2013 年的 66.41%微降到 2016 年的 64.65%，另外，东北地区的技术密集型制造业总产值比重遭遇明显下降，由 2013 年的 6.93 下降到 2016 年的 4.65%，这说明技术密集型制造业的空间转移也出现趋缓的态势，而东北地区的技术密集型制造业下降格外明显。另外，东部地区的技术密集型制造业区位商虽然在下降，但是中西部地区许多省份的技术密集型制造业区位商也在下降，只有个别省份的技术密集型制造业区位商有所上升。

此外，再观察第三产业增加值占比的发展趋势，我们还可以发现，2013～2016 年，东部地区的第三产业增加值占比稍微有所下降，由 2013 年的 56.94%微降到 2016 年的 56.23%，与此同时，中西部地区的第三产业增加值占比则有所提升，中部地区由 2013 年的 17.27%上升到 2016 年的 18.56%，西部地区则由 2013 年的 17.87%上升到 2016 年的 18.39%，另外，东北地区的第三产业增加值占比出现一定程度的下降，由 2013 年的 7.92%下降到 6.82%，这说明中西部地区在经历了一波工业大发展浪潮之后开始进入服务业发展的新阶段，东部地区的第三产业发展则趋于平稳，而东北地区的服务业受累于整体经济走势呈现萎靡不振的态势。

二、城市群之间产业分布格局的演变

表 4-5 报告了 2013～2016 年不同城市群不同行业区位商的变动趋势。首先，就制造业分布而言，长三角城市群、京津冀城市群、辽中南城市群、北部湾城市群、哈长城市群、海峡西岸城市群的制造业区位商下降明显，分别下降 0.023、0.047、0.031、0.029、0.017、0.076，与此同时，山东半岛城市群、长江中游城市群、中原城市群、成渝城市群、关中平原城市群的制造业区位商则有

不同程度的提升，分别提高 0.017、0.028、0.075、0.020、0.007，另外，非城市群的制造业区位商下降 0.003，这说明长三角城市群、京津冀城市群、辽中南城市群、北部湾城市群、哈长城市群、海峡西岸城市群的制造业集聚度在下降，而山东半岛城市群、长江中游城市群、中原城市群、成渝城市群、关中平原城市群的制造业集聚度则在提升，同时，非城市群的制造业在向城市群转移集聚。

其次，就生产性服务业分布而言，长三角城市群、长江中游城市群、北部湾城市群、关中平原城市群、哈长城市群、海峡西岸城市群的生产性服务业区位商分别下降 0.084、0.004、0.023、0.075、0.102、0.021，而珠三角城市群、京津冀城市群、辽中南城市群、山东半岛城市群、中原城市群、成渝城市群的生产性服务业区位商分别上升 0.026、0.051、0.034、0.029、0.002、0.095，另外，非城市群城市的生产性服务业区位商上升 0.027，这说明珠三角城市群、京津冀城市群、辽中南城市群、山东半岛城市群、中原城市群、成渝城市群的生产性服务业集聚程度在提升，而长三角城市群、长江中游城市群、北部湾城市群、关中平原城市群、哈长城市群、海峡西岸城市群的生产性服务业集聚程度在下降，同时，生产性服务业还出现了由城市群内城市向城市群外城市扩散的迹象。

再次，就消费性服务业分布而言，长三角城市群、珠三角城市群、京津冀城市群、辽中南城市群、中原城市群、关中平原城市群、哈长城市群、海峡西岸城市群的消费性服务业区位商分别提升 0.141、0.043、0.010、0.005、0.103、0.113、0.151、0.063，而山东半岛城市群、长江中游城市群、北部湾城市群、成渝城市群的消费性服务业区位商分别下降 0.006、0.047、0.151、0.439，另外，非城市群城市的消费性服务业区位商也上升了 0.061，这说明长三角城市群、珠三角城市群、京津冀城市群、辽中南城市群、中原城市群、关中平原城市群、哈长城市群、海峡西岸城市群的消费性服务业集聚度在提升，而山东半岛城市群、长江中游城市群、北部湾城市群、成渝城市群的消费性服务业集聚度则有不同程度的下降，同时，消费性服务业还出现了由城市群内城市向城市群外城市扩散的迹象。

最后，就公共性服务业而言，长三角城市群、京津冀城市群、长江中游城市群、中原城市群、北部湾城市群、关中平原城市群、哈长城市群、海峡西岸城市群的公共性服务业区位商分别下降 0.014、0.032、0.042、0.060、0.051、0.051、0.009、0.003，而珠三角城市群、辽中南城市群、山东半岛城市群、成渝城市群的公共性服务业区位商分别提升 0.023、0.044、0.017、0.116，另外，非城市群城市的公共性服务业区位商下降 0.001，这说明珠三角城市群、辽中南城市群、山东半岛城市群、成渝城市群的公共性服务业集聚度有所提升，而长三角城市群、京津冀城市群、长江中游城市群、中原城市群、北部湾城市群、关中平原城市群、哈长城市群、海峡西岸城市群的公共性服务业集聚度在下降，另外，公共性服务业还出现了由城市群外城市向城市群内城市集聚的迹象。

表 4 - 5　2013 ~ 2016 年不同城市群不同行业区位商变动

城市群	制造业	生产性服务业	消费性服务业	公共性服务业
长三角	− 0.023	− 0.084	0.141	− 0.014
珠三角	0.000	0.026	0.043	0.023
京津冀	− 0.047	0.051	0.010	− 0.032
辽中南	− 0.031	0.034	0.005	0.044
山东半岛	0.017	0.029	− 0.006	0.017
长江中游	0.028	− 0.004	− 0.047	− 0.042
中原	0.075	0.002	0.103	− 0.060
北部湾	− 0.029	− 0.023	− 0.151	− 0.051
成渝	0.020	0.095	− 0.439	0.116
关中平原	0.007	− 0.075	0.113	− 0.051
哈长	− 0.017	− 0.102	0.151	− 0.009
海峡西岸	− 0.076	− 0.021	0.063	− 0.003
非城市群	− 0.003	0.027	0.061	− 0.001

资料来源：根据《中国城市统计年鉴》（2014 ~ 2017 年）中不同行业从业人员数据计算而得。

三、城市群内部产业分布格局的演变

表 4 - 6 报告了 2013 ~ 2016 年各城市群内部不同行业区位商变动情况。首先，就制造业而言，一些沿海城市群出现制造业由中心城市向非中心城市转移的趋势，比如，在长三角城市群，作为中心城市的上海、南京、杭州的制造业区位商分别下降 0.144、0.068、0.051，而非中心城市的制造业区位商则上升 0.046，同样，在珠三角城市群，作为中心城市的广州、深圳的制造业区位商分别下降 0.092、0.007，而非中心城市的制造业区位商则上升 0.040，类似的情况也出现在辽中南城市群、海峡西岸城市群等。一些内陆城市群则出现中心城市和非中心城市的制造业都在流入的趋势，比如，在中原城市群，作为中心城市的郑州的制造区位商提升 0.019，而非中心城市的制造业区位商也提升了 0.082，同样的

情况也发生在关中平原城市群。一些西部城市群则出现制造业由非中心城市向中心城市集聚的趋势，比如，在成渝城市群，作为中心城市的重庆、成都的制造业区位商上升0.053、0.047，而非中心城市的制造业区位商则降低0.054。还有一些城市群则正在面临制造业全面流失的困境，比如，在京津冀城市群，作为中心城市的北京、天津的制造业区位商分别下降0.051、0.062，同时，非中心城市的制造业区位商也下降了0.010，类似的情况也出现在北部湾城市群。

其次，就生产性服务业而言，一些沿海城市群出现生产性服务业外溢与集聚并存的趋势，比如，在长三角城市群，作为核心城市的上海的生产性服务业区位商下降了0.453，而作为次中心城市的南京、杭州、合肥的生产性服务业区位商则上升0.059、0.008、0.038，此外，非中心城市的生产性服务业区位商则下降0.039，这一方面说明核心城市的生产性服务业在向次中心城市扩散，另一方面也说明非中心城市的生产性服务业同时也在向中心城市集聚。另一些沿海城市群的生产性服务业则由中心城市向非中心城市扩散，比如，在京津冀城市群，作为核心城市的北京的生产性服务业区位商下降0.022，而非中心城市的生产性服务业区位商则上升0.036，同样，在珠三角城市群，作为核心城市的广州的生产性服务业区位商下降0.055，而非中心城市的生产性服务业区位商则上升0.002。一些内陆城市群面临着生产性服务业全面流失的困境，比如，在关中平原城市群，作为中心城市的西安的生产性服务业区位商下降了0.137，同时，非中心城市的生产性服务业区位商也下降了0.019，类似的情况还发生在哈长城市群。另一些城市群则出现生产性服务业全面流入的局面。比如，在山东半岛城市群，作为中心城市的济南和青岛的生产性服务业区位商上升0.097和0.014，同时，非中心城市的生产性服务业区位商也上升0.015。同样的情况也出现在成渝城市群。还有一些城市群出现生产性服务业由非中心城市向中心城市集聚的趋势，比如，在中原城市群，作为中心城市的郑州的生产性服务业区位商上升0.119，而非中心城市的生产性服务业区位商则下降0.008。

再次，就消费性服务业而言，一些城市群的消费性服务业正在由非中心城市向中心城市集聚。比如，在长三角城市群，作为中心城市的上海、杭州、合肥的消费性服务业区位商上升0.887、0.026、0.015，同时，非中心城市的消费性服务业区位商则下降0.081，类似的情况还发生在辽中南城市群和山东半岛城市群。另一些城市群的消费性服务业则正在由中心城市向非中心城市扩散。比如，在成渝城市群，作为中心城市的重庆、成都的消费性服务业区位商下降了0.659、0.754，而非中心城市的消费性服务业区位商则上升了0.054。再有一些城市群的消费性服务业正在全面流入。比如,在珠三角城市群,作为中心城市的广州、深圳的消费性服务业区位商上升 0.012 和 0.100,同时,非中心城市的消费性服务业区位商也上升 0.045,类似的例子还包括中原城市群、关中平原城市群、哈长城市群。

最后,就公共性服务业而言,在一些城市群中,非中心城市的公共性服务业集聚度在下降,但是中心城市的公共性服务业发展出现不同趋势。比如,在长三角城市群,非中心城市的公共性服务业区位商下降 0.014,但是中心城市的公共性服务业区位商变化并不一致,上海、杭州、合肥的公共性服务业区位商也下降 0.002、0.019、0.010,而南京的公共性服务业区位商则上升 0.085,同样的情况也发生在珠三角城市群、海峡西岸城市群、长江中游城市群等。再有一些城市群的公共性服务业出现全面下降的趋势。比如,在中原城市群,作为中心城市的郑州的公共性服务业区位商下降 0.025,同时,非中心城市的公共性服务业区位商也下降 0.069,类似的情况也发生在京津冀城市群、关中平原城市群。另有一些城市群的公共性服务业由非中心城市向中心城市集聚。比如,在成渝城市群,作为中心城市的重庆、成都的公共性服务业区位商上升 0.174、0.154,而非中心城市的公共性服务业区位商则下降 0.016。还有一些城市群的公共性服务业则出于全面增长的局面,比如,在山东半岛城市群,作为中心城市的济南、青岛的公共性服务业区位商上升 0.007 和 0.051,同时,非中心城市的公共性服务业区位商也上升 0.002。

表 4-6 2013~2016 年各城市群内部不同行业区位商变动情况

城市群	城市	制造业	生产性服务业	消费性服务业	公共性服务业
长三角	全部城市	0.031	-0.046	-0.035	-0.010
	上海	-0.144	-0.453	0.887	-0.002
	南京	-0.068	0.059	-0.073	0.085
	杭州	-0.051	0.008	0.026	-0.019
	合肥	0.063	0.038	0.015	-0.010
	非中心城市	0.046	-0.039	-0.081	-0.014
珠三角	全部城市	0.027	0.005	0.046	-0.010
	广州	-0.092	-0.055	0.012	0.120
	深圳	-0.007	0.104	0.100	-0.008
	非中心城市	0.040	0.002	0.045	-0.021

续表

城市群	城市	制造业	生产性服务业	消费性服务业	公共性服务业
辽中南	全部城市	0.001	0.021	−0.001	0.057
	沈阳	−0.057	−0.034	0.014	−0.005
	大连	−0.065	0.199	0.026	0.078
	非中心城市	0.019	0.003	−0.007	0.064
中原	全部城市	0.079	−0.003	0.073	−0.068
	郑州	0.019	0.119	0.040	−0.025
	非中心城市	0.082	−0.008	0.075	−0.069
北部湾	全部城市	−0.029	−0.037	−0.103	−0.024
	南宁	−0.071	−0.082	−0.040	−0.098
	海口	−0.025	0.168	−1.097	0.017
	湛江	−0.034	−0.014	0.021	−0.070
	非中心城市	−0.023	−0.063	0.013	−0.013
海峡西岸	全部城市	−0.027	−0.045	0.068	−0.016
	福州	−0.145	−0.084	−0.037	−0.030
	厦门	−0.153	0.115	0.120	0.024
	温州	−0.083	−0.012	0.037	0.007
	泉州	−0.142	0.003	0.022	0.039
	非中心城市	0.005	−0.061	0.078	−0.023
京津冀	全部城市	−0.019	0.041	0.011	−0.023
	北京	−0.051	−0.022	0.011	−0.044
	天津	−0.062	0.148	−0.044	−0.009
	非中心城市	−0.010	0.036	0.017	−0.022
山东半岛	全部城市	0.012	0.021	0.005	0.006
	济南	0.016	0.097	0.023	0.007
	青岛	−0.064	0.014	0.099	0.051
	非中心城市	0.018	0.015	−0.005	0.002
长江中游	全部城市	0.045	0.002	−0.069	−0.038
	南昌	0.024	−0.286	0.087	0.044
	武汉	−0.005	0.021	−0.009	−0.040
	长沙	−0.016	−0.021	−0.113	−0.001
	非中心城市	0.050	0.014	−0.076	−0.042

续表

城市群	城市	制造业	生产性服务业	消费性服务业	公共性服务业
成渝	全部城市	-0.041	0.038	-0.041	0.007
	重庆	0.053	0.083	-0.659	0.174
	成都	0.047	0.227	-0.754	0.154
	非中心城市	-0.054	0.021	0.054	-0.016
关中平原	全部城市	0.007	-0.029	0.055	-0.084
	西安	0.027	-0.137	0.258	-0.013
	非中心城市	0.006	-0.019	0.035	-0.092
哈长	全部城市	0.002	-0.076	0.079	0.007
	长春	-0.014	-0.011	0.081	-0.045
	哈尔滨	-0.059	-0.304	0.450	0.020
	非中心城市	0.012	-0.056	0.033	0.012
非城市群	全部城市	-0.003	-0.004	0.037	0.019

注：非中心城市是指各城市群内除中心城市外的其他城市。

资料来源：根据《中国城市统计年鉴》（2014～2017年）中不同行业从业人员数据计算而得。

第五节 本章小结

本书对中华人民共和国成立以来中国国内产业分布格局及其演变历程进行了详细的分析和梳理。

第一阶段是1952～1978年，由于中国实行计划经济体制和均衡发展战略，中国区域产业分布受国内外政治形势和计划经济的影响较大，工业布局总体向中西部地区倾斜缓和了工业空间布局极不平衡的局面。1952～1957年，工业空间布局呈现向广大内陆地区倾斜的特征，中西部地区的工业发展迎来了一波小高潮，一定程度缓解了工业空间分布极不平衡的局面，但是工业主要集中于东部沿海地区的局面并没有根本上的改变。1958～1964年，中国进入了"大跃进"式独立发展阶段，西部地区的工业投资有所减缓，中部地区工业投资则明显增加，这进一步缓解了工业空间分布极不平衡的局面。1965～1970年，中国将中西部地区作为工业建设的重中之重，开启了"三线建设"，同时，东北地区的工业投资进入下降通道。1971～1978 年，随着中美关系的缓和，工业投资逐步向沿海地区回流。

第二阶段是 1978～2002 年，中国开始实行非均衡发展战略，区域产业格局发生重大改变。1978～1992 年，沿海地区开放开发战略使工业投资向沿海地区集聚，进一步加剧了工业布局主要集中于东部沿海地区的局面，内陆地区尤其是东北地区则面临着明显的衰落，区域发展不平衡的态势日益明显。1992～1997年，随着改革开放战略的不断深入以及协调发展战略的实施，沿海地区和内陆地区不断扩大的差距得到有效遏制，1997～2002 年，工业项目开始加速向沿海地区集中，沿海地区和内陆地区的差距开始急速扩大，特别是中部地区陷入"塌陷"困境。

第三阶段是 2003～2012 年，加入世界贸易组织意味着中国正式与全球经济体系接轨，中国的出口导向型战略开始发挥巨大的威力，由此，中国的产业空间布局发生新的变化。东部地区的制造业开始向内陆地区转移，特别是劳动密集型制造业，同时，非城市群的制造业在向城市群转移，特别是沿海城市群的制造业依旧在不断集聚，而内陆城市群的发展相对滞后。沿海城市群中心城市的制造业开始向周边城市扩散，而生产性服务业和消费性服务业则开始向中心城市集聚。内陆城市群的制造业以及生产性服务业的集聚度均有所下降。

第四个阶段是 2013 年至今，中国经济增长速度由两位数增长下降到个位数增长，中国经济进入增速换挡、动能转化阶段，这一时期的区域产业布局呈现出新的特点。由沿海地区向内陆地区的大规模产业转移浪潮开始减缓，沿海地区的制造业比重趋于稳定，中西部地区的制造业发展势头趋缓，而东北地区则陷入断崖式下跌危机。城市群外的制造业在加速向城市群内转移，生产性服务业和消费性服务业出现由城市群内城市向城市群外城市扩散的迹象，而公共性服务业则由城市群外城市向城市群内城市集聚。

第五章　电子商务与产业区位分布

第一节　引言

近20年来，作为以互联网为载体的新兴业态，我国电子商务[①]取得了长足的进步，电子商务交易额获得了爆发式的增长，业已成为拉动国民经济持续稳定增长的"新增长点"。目前，中国互联网普及率达到55.8%，相比2003年的6.2%，整整提升了49.6%[②]。与此同时，基于互联网的电子商务也在高速发展。2017年，中国电子商务交易额已经达到29.16万亿元，网上零售额也再创历史新高，达到7.18万亿元，其中，网上实物商品零售额达5.48万亿元，占全社会消费品零售总额的15%，实物商品网络零售额对社会消费品零售总额增长的贡献率达到37.9%。此外，全国网络购物用户达到5.33亿，占全国总人口的38.3%，非银支付机构发生网络支付金额达143.26万亿元，快递企业完成业务量达400.6亿件，电子商务直接和间接从业人员达4250万[③]，这些数据表明，电子商务已经在中国经济中发挥越来越重要的作用。伴随着电子商务的日益普及和快速发展，电子商务也在深刻地改变着地区制造业格局，最为典型的案例就是全

---

　　① 根据《中华人民共和国电子商务法》中的定义，电子商务是指通过互联网等信息网络销售商品或者提供服务的经营活动。

　　② 数据来源：中经网统计数据库和年度宏观经济数据库。

　　③ 数据来源：商务部电子商务和信息化司于2018年发布的《中国电子商务报告2017》和中国互联网络信息中心于2018年1月发布的《第41次中国互联网络发展状况统计报告》。

国各地大量"淘宝镇""淘宝村"① 的涌现，2018 年，全国"淘宝镇"和"淘宝村"分别达到 363 个和 3202 个，是 2014 年的 15 倍和 21 倍②。从空间分布来看，"淘宝镇"和"淘宝村"高度集聚于东部沿海地区，其空间分布与中国"东中西部"经济地理梯度相吻合，呈现由东部沿海地区向中西部内陆地区梯度递减的特征（浩飞龙等，2016；朱邦耀等，2016；千庆兰等，2017；马海涛等，2017；徐智邦等，2017）。由此可见，电子商务已经开始在促进制造业集聚中发挥不可忽视的作用，成为影响区域制造业分布的一股重要力量。然而，上述宏观事实以及对现实个案的观察只是直观印象，并不能使我们直接判断电子商务对制造业集聚的促进作用及其作用大小，我们也无法得知电子商务影响制造业分布的具体作用机制，因此，本章认为有必要对这些问题进行深入细致的考察。

由于互联网最常被外贸企业利用以便利企业的进出口贸易，因此，电子商务或互联网使用对地区出口会产生十分明显的作用，进而对地区制造业分布产生十分重要的影响。从宏观国家层面来看，互联网的使用明显有助于提升一个国家的出口（Freund & Weinhold，2004；Clarke et al.，2006；Wheatley & Roe，2008；Vemuri & Siddiqi，2009；Bojnec & Ferto，2010；Lin，2015；Mallick，2014）。其中，Freund 和 Weinhold（2004）发现互联网的使用对国际贸易产生了越来越明显的正向作用。Clarke 等（2006）和 Meijers（2014）进一步验证了互联网使用对发展中国家出口的促进作用，特别是对高收入国家的出口。Wheatley 和 Roe（2008）则从农业产品的视角研究了互联网使用的影响，结果表明互联网使用对农产品贸易具有十分积极的作用。Bojnec 和 Ferto（2010）进一步发现了互联网使用可以通过降低食品行业的特定市场进入成本来促进贸易。Mallick（2014）考察了互联网使用对服务贸易的影响，发现互联网使用对服务贸易的促进作用更大。而从微观企业层面来看，互联网使用或电子商务有利于降低信息交流成本和搜寻成本，促进知识、信息的有效传播，提升市场主体之间的资源配置效率，从而有助于企业提升出口可能性和出口密集度（Anderson & Wincoop，2004；茹玉骢、李燕，2014；李兵、李柔，2017；施炳展，2016）。其中，互联网更容易被创业型企业和生产率高的企业掌握和利用从而提升出口能力（Mostafa et al.，

---

① 根据阿里研究院的定义，"淘宝村"是以淘宝网等为主要交易平台形成的年交易额达 1000 万元以上、活跃网店数量超过 100 家或者占当地家庭户数 10% 以上的农村电子商务集聚区；"淘宝镇"则是指一个乡镇或街道所拥有的"淘宝村"等于或大于 3 个的电子商务集聚区。

② 数据来源：南京大学空间规划研究中心和阿里新乡村研究中心联合发布的《中国淘宝村发展报告（2014—2018）》。

2005；Ricci & Trionfetti，2012；施炳展，2016），具体来看，互联网和电子邮箱这两大渠道非常有助于提升企业的出口可能性（Ferro，2011；Ricci & Trionfetti，2012；Yadav，2014）。

电子商务或互联网使用也会对地区经济增长产生促进作用，进而影响地区制造业分布。首先，互联网有助于促进一个国家或地区的经济增长（Czernich et al.，2011；Choi & Yi，2009；张越、李琪，2008；Koutroumpis，2009；Chu，2013；韩宝国、朱平芳，2014；张红历等，2010；刘姿均、陈文俊，2017）。其中，Czernich 等（2011）、Koutroumpis（2009）、Chu（2013）分别使用 OECD 国家、欧洲国家以及全球 201 个国家和地区的数据进行实证研究，均发现互联网对经济增长有明显的促进作用，但促进作用的大小在不同国家和地区有所不同。韩宝国和朱平芳（2014）、张越和李琪（2008）、刘姿均和陈文俊（2017）则采用中国省际面板数据进行实证研究后发现，中国互联网渗透率的提高有助于带动地区人均 GDP 的增长，张红历等（2010）在论证信息技术发展对我国省域经济增长具有显著促进作用的基础上，进一步论证了信息技术对省域间经济增长也有显著的空间溢出效应。其次，互联网对经济增长的促进作用具有地区异质性（Jung，2014；韩宝国和朱平芳，2014）。Jung（2014）利用巴西的数据发现互联网对落后地区经济的促进作用更加明显，这可能是因为互联网弥补了落后地区要素资源禀赋先天不足的劣势，而韩宝国和朱平芳（2014）利用中国省级面板数据则发现互联网对西部欠发达地区经济的推动作用并不明显，这可能是由于中国西部地区互联网应用水平较低，导致互联网的作用无法得到充分发挥。最后，互联网对经济增长的影响具有非线性网络效应。Koutroumpis（2009）、韩宝国和朱平芳（2014）根据互联网普及率对互联网的网络效应进行了考察，他们选择 10% 为关键普及率水平，进而得出互联网存在着网络效应的结论。

电子商务或互联网使用也会对地区生产率产生一定的影响，进而影响该地区的制造业发展。从国家或地区层面来看，以互联网为代表的信息技术的使用确实有助于提升一个国家或地区的生产效率。Jorgenson 等（2008）、Oliner 等（2008）、Van Ark 等（2008）认为以互联网为代表的信息技术是 20 世纪 90 年代美国生产效率提升的主要原因。Forero（2013）使用跨国面板数据进一步证实互联网技术的应用有助于提升一个国家的技术效率。郭家堂和骆品亮（2016）则使用中国省级面板数据分析论证互联网确实能够促进技术进步，并提高地区全要素生产率。从企业层面来看，Mouelhi（2009）对突尼斯企业进行实证分析发现，信息通信技术的使用有助于促进制造业企业的生产效率。Clarke 等（2015）对

100 多个发展中国家的企业进行研究后发现，企业更大程度或更频繁地使用互联网时，企业的生产率将得到明显提升。王可和李连燕（2018）利用中国企业的数据证实了互联网使用有助于提升制造业企业的创新活动，提高供应链上下游企业之间的信息分享意愿，并且提升商品销售效率，最终带来制造业绩效的提升。

电子商务或互联网使用对制造业分布的直接影响则比较复杂。一部分学者认为互联网的广泛使用将使制造业分布在空间上趋于分散（Graham & Marvin，1996；Cairncross，2001）。伴随着互联网基础设施的不断升级，经济社会将摆脱地理距离的束缚，制造业分布将分散化，城市也会逐渐消解，导致这一现象的主要原因在于信息交流成本的下降使企业可以分解各部门并按照利益最大化的原则进行空间分散布局，从而避免集聚带来的负外部性（Kutay，1988），而互联网所带来的交易成本的下降也使面对面交流的重要性大大下降，使企业无须集聚在一个地区以获得丰富的中间产品从而加剧了产业链的分散，另外，电子商务又使企业不再受制于当地市场规模的影响。总之，互联网的普及使市场通达性大大增强、信息交流和搜寻成本大大下降，企业对空间集聚的需求也随之大大下降，制造业分散化成为一种趋势。一部分学者则持相反观点，认为互联网的发展并不能降低企业集聚的重要性，恰恰相反，制造业将向信息中心城市集聚，这主要是因为互联网使用在空间上的分布是不均衡的，既存在空间上的数字鸿沟，那些互联网设施发达的城市的优势将进一步得到强化（Sassen，1994；Zook，2004）。另外，市场邻近性依然在制造业分布中发挥着主导性作用，互联网与面对面交流两者是相辅相成的，互联网使用其实有助于企业的集聚（Kaufmann，2003；Eng，2004；Carbonara，2005）。另外一些学者则综合了上述两种观点，认为互联网对制造业分布的影响既存在集聚力又存在分散力，而集聚力和分散力孰强孰弱，则取决于不同产业、不同企业以及不同生产环节的特性（Audirac，2005）。吴婵丹（2015）进一步研究了互联网通过对市场潜能的作用进而影响产业分布的具体机制，总结了互联网的广泛普及对产业分布的五大效应即对市场规模的实体分散与虚拟集聚效应、对供应链的整体分散与环节集聚效应、对市场关联成本的地理距离衰减效应、对企业布局的知识开放累积循环效应、对城市体系的网络流协同发展效应，并且对于不同的制造业和服务业，互联网的空间集聚效应也不尽相同。

总之，从研究对象来看，现有文献多集中讨论电子商务或互联网使用对出口、经济增长、生产效率等方面，对其在制造业分布方面的影响讨论相对不多，有限的文献也主要集中在理论机制方面，对中国电子商务实际作用的量化研究较为欠缺。伴随着互联网与国民经济的深入融合，电子商务已经日益改变着整个中国经济的运行规则以及各地区制造业的分布，特别是电子商务对地区市场一体化产生了十分积极的作用，因此，本章在现有文献的基础上，利用省级层面的面板数据，围绕电子商务如何促进地区制造业集聚这一主题进行了探讨，针对电子商务通过对地方保护主义引发的市场分割的作用进而影响地区制造业分布这一渠道进行了深入分析，得出了有意义的结论，为中国经济的市场一体化改革提供了有益的启示。

第二节 具体理论机理

一、电子商务对制造业分布的影响及机制分析

首先，电子商务有助于产业链的分散化，进而促进同一生产环节企业的空间集聚。伴随着电子商务在制造业企业中的深度应用，传统产业链得到了重新组合的机会。由于互联网技术的日益发展，信息交换效率的提升大大增强了异地企业之间的供应链协同能力（Malhotra et al.，2007；Wu et al.，2014；王可和李连燕，2018），同一产业的上下游生产环节允许在空间上分离，由此，为了追求利益最大化，产业链的不同环节将得到进一步细分并被解构，不同企业的同一生产环节基于不同地区的要素成本优势而在空间上集聚，比如，资源依赖型生产环节将趋向于集聚到资源密集型地区，劳动密集型生产环节则倾向于聚集到劳动密集型地区，而知识密集型生产环节则倾向于聚集到拥有良好信息基础设施的知识密集型和创新密集型区域。可以说，电子商务的发展为企业整合不同地区的优势资源创造了条件，这大大扩大了企业的市场资源利用范围，使因地理阻隔而引起的地区间市场分割现象得到有效弱化（吴婵丹，2015）。总之，电子商务与传统产业链的有机融合带来了产业的空间重构和空间集聚，使制造业分布由局部地区大而全的布局变为全球分散、局部集聚的布局，从而造就更大范围的产业聚集效应。

其次，电子商务有助于实现市场规模的"虚拟集聚"。在过去，由于受制于地理空间、行政区划等因素的约束，区域间的交易成本相对较高，实体市场需求被地理空间及地方保护等因素分割。但是，电子商务的发展大大降低了地理距离对市场边界的分割效应。电子商务平台将分散在不同区域的消费需求集聚在网络

虚拟平台，使企业可以通过网上营销平台打破时空界限，触达更多的消费者，从而获得更大的市场范围（Hamidi & Safabakhsh，2011；Ivanov，2012；Chen et al.，2013），这一方面便利了消费者的购物行为，另一方面也简化了销售流程，降低了企业成本（Dan et al.，2014；Venables，2001），另外，企业还可以通过互联网对消费者的购物行为进行大数据分析，对消费者进行"精准画像"和"精准营销"，从而有效提升交易成功率，降低交易成本，提升企业利润。总之，电子商务可以帮助企业摆脱仅为了占领市场而选择不具有比较成本优势的地区进行生产的麻烦，进而使制造业企业可以根据各地区的比较成本优势进行选址，从而促进相应产业在空间上的集聚。

最后，电子商务有助于加强市场关联成本的"地理距离衰减"效应，进而影响市场潜能规模，促进制造业集聚。将空间因素引入经济学意味着我们必须从空间距离的视角来审视经济活动，其中，从不同区位之间的交易成本角度出发研究空间经济活动是最基本的法则。一般而言，随着地理距离的增加，区位间的经济联系会逐渐减弱，与地理距离相关的市场关联成本则会相应增加，这里的市场关联成本既包括产品在物理空间运输过程中所产生的交通运输成本，也包括进入其他市场所引发的交易成本，如信息交流成本、决策风险成本、分销代理成本以及由地方保护、文化制度差异等引起的其他成本。随着电子商务应用的不断普及，因地理距离所引发的市场关联成本随之下降（Garcia – Dastugua & Lambert，2003；Venables，2001），从抽象空间来看，表现为地理距离的有效缩减（汪明峰，2004），即增加了市场关联成本的"地理距离衰减"效应。市场关联成本的下降会进一步增加地区产业的市场潜能规模，从而加强产业的空间集聚程度。

二、电子商务通过削弱地方保护引发的市场分割现象进而促进制造业空间集聚

在中央和地方财政分权体制的激励以及政治锦标赛的压力下，为了保护本地区的资源、税基和市场（沈立人和戴园晨，1990；Young，2000；银温泉和才婉如，2001），同时也为了实现主政官员自身的晋升（周黎安，2004，2007），地方政府往往采取一系列地方保护政策，采取不合理的干预措施，人为设置贸易壁垒，限制地区间的自由贸易，导致市场分割现象非常严重（杨家林和王迅，1991；白重恩等，2004；刘培林，2005；胡向婷和张璐，2005；沈立等，2018）。一般而言，地方保护主要有如下类型：一是贸易保护，如直接限制外地产品的数量、价格限制和地方补贴、工商质监等方面的"技术歧视"以及阻止外地产品进入的其他无形壁垒;二是与商业性存在相关的地方保护措施,如对外地企业原材料投入的干预、对劳动力市场的干预、对投融资方面的干预以及对技术方面的干预(杨家林和王迅,1991;李善同等,2004);三是司法地方保护主义(龙小宁和王俊,2014),即地方执法机关为了保护地方利益而超越法律权限、滥用司法权力的行为,它是地方保护主义在司法领域的延伸(马怀德,2003)。虽然近年来地方保护现象在不断减弱,市场分割现象有所缓解(Naughton,1999;Xu,2002;白重恩,2004;李善同等,2004;Fan & Wei,2006;桂琦寒等,2006;陆铭和陈钊,2006,2009;蔡宏波,2015),但是,地方保护现象依旧存在,并且其危害不容小觑,其对制造业分布的负面影响也十分深远,严重制约了要素资源的空间合理配置,阻碍了市场一体化以及各地区的专业化分工,限制了产业集聚效应的充分释放(白重恩等,2004)。地方保护对地区制造业分布的影响渠道主要有如下几个方面:首先,地方保护割裂了全国统一市场,减弱了国内市场潜能,从而无法发挥市场规模效应,最终抑制制造业的空间集聚。一般而言,国内市场潜能对制造业集聚具有显著的直接促进作用(刘修岩等,2007;孙军,2009;刘修岩和张学良,2010;周伟林等,2011;汪浩瀚和徐建军,2018),由于规模收益递增以及地区间运输成本的存在,企业一般会选择市场规模最大的地方进行生产,同样,其他企业也会选择类似的策略,由此,就会形成制造业空间集聚的正外部性,进而通过累积循环机制巩固已有的优势,最终在该地区形成制造业集聚态势(Krugman,1991;Krugman & Venables,1995;Fujita et al.,1999),而地方保护恰恰减弱了国内市场潜能的发挥,从而间接抑制制造业的空间集聚。其次,地方保护抑制了生产要素的空间流动,进而抑制了制造业的空间集聚。就劳动力而言,劳动力在空间的流动和集聚是制造业集聚的前提条件,如果制造业集聚区域无法从其他区域吸引更多的劳动力,那么制造业也就不可能在空间上集聚,因此,可以说,限制劳动力流动的地方保护措施是抑制制造业空间集聚的重要原因(Puga,1998)。另外,地方保护对国内市场潜能的影响还体现为对专业化劳动力、中间投入品和服务等要素市场的分割作用,通过影响其空间外部性来影响制造业的空间分布。具体而言,地方保护明显降低了专业化劳动力和中间投入品的可得性以及区际人际沟通的技术溢出作用(韩峰和柯善咨,2012)。

电子商务的发展有助于削弱地方保护,进而减弱地方保护所引发的对制造业空间集聚的抑制作用。首先,电子商务有助于减弱市场分割,扩大地区市场潜能。由于电子商务平台可以将不同区域的供求双方聚集在网络平台进行实时交易,打破了时空的界限,大大增强了企业对潜在消费者的渗透力度,同时也在一定程度上取代了传统贸易,由于电子商务平台具有开放性的天然特点,使地方保护难以有所作为,从而有力地削弱了基于传统贸易的地方保护措施对线下市场的扭曲(李秦等,2014;李骏阳,2016)。例如,在电子商务平台上,企业可以缩短销售流程直接面对消费者,有效避免地方政府的地域销售限制,使地方政府难以通过限制消费的措施来干预市场。另外,电子商务方便消费者实时比价,从而拉平了同一商品在不同区域之间的价格(李秦等,2014),有效遏制了地方政府使用价格限制的措施来干预市场。其次,电子商务有助于降低交易成本,减弱地方保护主义带来的负面影响。在传统线下贸易中,由于信息滞后性及不完全性较为严重,导致信息交流成本、决策风险成本、分销代理成本等成本较高,同时地方政府借此进一步"修筑"市场壁垒,但是,电子商务的实时性、开放性、共享性特点大大减弱了这些成本,进而削弱地方保护程度,有助于市场的一体化。再次,电子商务有助于削弱限制生产要素流动之类的地方保护主义壁垒。电子商务的发展使各生产要素的流动性大大增强,特别是知识、技术类无形资产的流动性大幅增强,地方政府已经很难完全控制各种生产要素的流动,因而,相应的地方保护措施也就形同虚设,另外,由于地方政府往往通过干预劳动力、资本、技术等生产要素的流动来扶植本地企业的发展,但是,电子商务平台使消费者有更多样化的选择,市场竞争更加激烈,地方政府对本地企业的扶植效果也就大打折扣。最后,电子商务的发展大大超出了现有法律的框架,使现有法律难以有效处理网络交易所产生的纠纷,地方法院的管辖权受到互联网的极大冲击,地方政府想通过地方法院实施地方保护的难度将大大增强。例如,一旦发生电子商务纠纷,消费者可以采取协议管辖的方式,选择对自己有利的管辖地,从而有效避免司法地方保护(李秦等,2014)。图5-1为电子商务对制造业空间分布的影响机制示意。

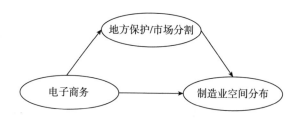

图5-1 电子商务对制造业空间分布的影响机制示意

资料来源:笔者自绘。

因此，本章基于上述分析提出如下研究假设：

假设1：一个地区电子商务的发展有助于促进该地区制造业集聚。

假设2：电子商务可以通过削弱地方保护、减弱市场分割来促进制造业空间集聚。

第三节　实证模型与识别策略

一、计量模型的设定与数据来源

针对本章上述研究假设，本章计量模型的设定主要着眼于检验中国各省份地区电子商务的发展是否会对地区制造业分布造成差异性影响。本章基本计量模型设定如下：

$$industryagg_{it} = \alpha_0 + \alpha_1 ecindex_{it} + \eta \cdot Z_{it} + \varepsilon_{it} \qquad (5-1)$$

为了检验电子商务能否通过削弱地方保护或市场分割来影响地区制造业分布，本章根据基本计量模型，设置了电子商务发展指数与市场分割指数的交互项，具体计量模型如下：

$$industryagg_{it} = \alpha_0 + \alpha_1 ecindex_{it} \times \ln mkseg_{it} + \eta \cdot Z_{it} + \varepsilon_{it} \qquad (5-2)$$

在计量模型方程（5-1）和方程（5-2）中，被解释变量 $industryagg_{it}$ 表示 i 省份在 t 年份的制造业集聚程度，目前，国外学术界所使用的产业集聚度的衡量方法相对较多，主要包括空间基尼系数、艾萨德指数、赫芬达尔指数、泰尔指数等方法，但由于数据可得性限制等原因，我们一般难以使用这些方法测度各地区的产业集聚水平，多数学者通常使用绝对份额指标（郑鑫和陈耀，2012；樊士德等，2015）、区位商（范剑勇，2004；刘修岩等，2007；韩峰和柯善咨，2013；汪浩瀚和徐建军，2018）以及相对份额指标（Koo，2007；韩峰和柯善咨，2012）来衡量产业集聚程度。在借鉴既有文献的基础上，本章使用多种代理变量来衡量制造业的空间集聚程度。

首先，我们使用区位商指标来衡量制造业集聚水平，具体公式如下：

$$LQ_{ij} = \left(\frac{E_{ij}}{E_i}\right) \Big/ \left(\frac{E_{kj}}{E_k}\right) \qquad (5-3)$$

其中，LQ_{ij} 表示 i 省份 j 行业的区位商；E_{ij} 表示 i 省份 j 行业的工业增加值；

E_i 表示 i 省份所有行业的工业增加值；E_{kj} 表示全国范围内 j 行业的工业增加值；E_k 表示全国范围内所有行业的工业增加值。

其次，我们又使用绝对份额指标来衡量制造业的空间集聚程度，即使用某一地区的工业增加值占全国的比重来表示。以上所使用的数据均来自 2004～2017 年的《中国工业经济统计年鉴》以及《中国统计年鉴》。

本章的核心解释变量是电子商务发展指数 ecindex。由于电子商务在中国发展时间较短，当前尚未有统一权威长期的衡量电子商务发展程度的单一指标，虽然近年来，部分研究机构开始发布电子商务发展指数，比如阿里巴巴研究院发布的电子商务发展指数 aEDI，由清华大学电子商务交易技术国家工程实验室、中央财经大学中国互联网经济研究院、中国社会科学院、中国国际电子商务研究中心研究院、亿邦动力研究院联合编制的《中国电子商务发展指数报告》，但是其均存在覆盖时间较短的问题，难以匹配较长的面板数据，因此，本章借鉴王子敏和李婵娟（2016）、李旭洋等（2018）的做法，使用多个维度的指标来合成电子商务发展指数（ecindex）。根据全面性、动态性和可获得性原则，我们最终选择互联网普及率、互联网用户数、万维网网站数、移动电话年末用户数、长途光缆线路长度、快递包裹数六个指标衡量电子商务发展水平，其中，移动电话年末用户数、长途光缆线路长度、快递包裹数三个指标来源于 EPS 数据库，互联网普及率、互联网用户数、万维网网站数三个指标来源于中国互联网信息中心发布的历年《中国互联网络发展状况统计报告》。由于电子商务具有明显的网络效应和规模效应，因此，我们主要使用总量指标，相关变量说明如表 5-1 所示。

表 5-1 电子商务发展指数构成指标说明

变量名	Variable	单位	说明
互联网普及率	netrate	%	用于衡量互联网普及程度或渗透率
互联网用户数	netuser	万人	用于衡量互联网发展规模
万维网网站数	website	个	用于衡量互联网信息的丰富程度
移动电话年末用户数	mobileuser	万户	用于衡量移动互联网的发展状况
长途光缆线路长度	opticalcable	千米	用于衡量互联网基础设施水平
快递包裹数	express	万件	用于衡量网上销售的发展状况

资料来源：笔者制作。

上述六个方面从不同角度反映了电子商务的发展水平，为了将这些指标合并成统一的电子商务发展指数，我们用多种方法来进行加总：第一种方法是将六个指标分别标准化然后相加得到电子商务发展指数 *ecindex*1；第二种方法是在六个指标分别标准化的基础上使用主成分分析法，以第一主成分确定各指标权重后进行加权加总，得到电子商务发展指数 *ecindex*2；第三种方法是将六个指标分别取对数后直接相加得到电子商务发展指数 *ecindex*3；第四种方法是在六个指标分别取对数的基础上使用主成分分析法，以第一主成分确定各指标权重后进行加权加总，得到电子商务发展指数 *ecindex*4。

本章的中间解释变量是市场分割指数（ln*mkseg*）：许多学者已经证明地方保护对制造业的空间分布具有十分重要的作用（白重恩等，2004；韩峰和柯善咨，2012），因此，地方保护是研究制造业空间分布绕不开的关键变量。由于中国的市场分割很大程度上源于改革开放以来长期存在的地方保护主义（李善同等，2004；李杰和孙群燕，2004），在现有文献中，地方保护与市场分割几乎成了一对可以互换的概念（黄玖立和周璇，2018），并且地方保护往往难以直接衡量（余东华和刘运，2009），因此，本章使用市场分割指数来衡量地方保护程度。关于市场分割指数的计算，目前常用的测度方法包括生产法（Young，2000；白重恩等，2004；郑毓盛和李崇高，2003）、贸易法（Naughton，1999；Poncet，2002，2003）、价格法（Parsley & Wei，2001a，2001b；桂琦寒等，2006；陆铭和陈钊，2009）、经济周期法（Mody & Wang，1997；Tang，1998；Xu，2002）以及调查问卷法（李善同等，2004）。鉴于现有文献，本章选择最常用的价格法，具体地，我们借鉴桂琦寒等（2006）、陆铭和陈钊（2009）、赵奇伟和熊性美（2009）、曹春方等（2015）的方法，选取分省份的居民消费价格指数的相对价格变动方差来测算消费品市场的分割程度。该方法以冰川成本模型（Samuelson，1954）为基础，由于运输和交易成本的存在，即使两地市场整合度再高，两地商品价格也不可能完全相等，而是在无套利区间内波动，因此，应该用商品相对价格来衡量区域市场间的整合程度（Parsley & Wei，2001b）。如果两地商品相对价格方差缩小，则意味着两地市场的整合程度加强。与桂琦寒等（2006）、陆铭和陈钊（2009）一样，市场分割指数的具体计算公式如下：

$$\Delta Q_{ijt}^{k} = \ln(P_{it}^{k}/P_{jt}^{k}) - \ln(P_{it-1}^{k}/P_{jt-1}^{k}) = \ln(P_{it}^{k}/P_{it-1}^{k}) - \ln(P_{jt}^{k}/P_{jt-1}^{k})$$
$$= \ln(PI_{it}^{k}) - \ln(PI_{jt}^{k}) \tag{5-4}$$

$$\mathrm{Var}(q_{ijt}^{k}) = \mathrm{Var}(|\Delta Q_{ijt}^{k}| - \overline{|\Delta Q_{t}^{k}|}) \tag{5-5}$$

其中，i、j 表示不同地区，t 表示第 t 期，k 表示第 k 种商品，P 表示商品价格，PI 表示商品环比价格指数，$\overline{\Delta Q_{t}^{k}}$ 表示 t 期内第 k 种商品的相对价格均值。

但与桂琦寒等（2006）、陆铭和陈钊（2009）不同的是：第一，本章基于《中国统计年鉴》中 2003～2016 年 30 个省级区域消费品市场的环比价格指数（西藏因部分年度数据缺失而予以剔除），选取了八类居民消费价格分类指数即食品类、烟酒及用品类、衣着类、家用设备及其用品类、医疗保健用品类、交通及通信工具类、娱乐教育文化用品类、与居住相关的产品和服务类①。第二，上述方法其实暗含一个假设，即一个地区对相邻地区设置市场壁垒则必然也会对不相邻地区设置市场壁垒，但从现实情况来看，由于交通工具的不断改进，交通运输成本大为下降，非相邻地区之间的经济交流日益密切，只考虑相邻地区的市场分割已经不合时宜（宋冬林等，2014），因此，本章在构建相对价格指标时计算了一个省份与其他所有省份之间的相对价格差异，而并非仅仅与相邻省份之间的相对价格差异。如图 5 - 2 所示，中国商品市场分割程度总体呈现下降趋势，分地区来看，市场分割程度也基本上都在下降的，市场一体化程度有所增强，这与桂琦寒等（2006）等学者的结论基本一致。

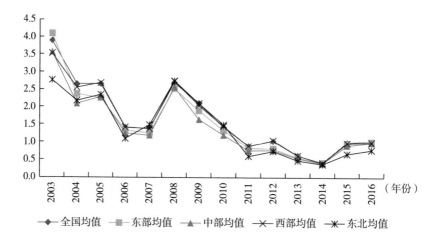

图 5 - 2　2003～2016 年中国商品市场分割程度变化趋势

注：笔者根据历年《中国统计年鉴》相关数据计算得到市场分割指数，为了更好地观察变化趋势，笔者将该数值乘以 10000。

---

① 由于 2016 年统计口径发生改变，我们选取类似的八类居民消费价格分类指数即食品烟酒类、衣着类、居住类、生活用品及服务类、交通和通信类、教育文化和娱乐类、医疗保健类、其他用品和服务类来代替。

为了尽可能地解决计量模型中由于遗漏变量造成的估计偏误问题，我们设置了如下控制变量：

（1）国内市场潜能（lndmp）：关于市场潜能，最为常见的衡量方法包括Harris（1954）提出的"市场潜能指数"及Redding和Venables（2004）提出的基于双边贸易流数据构建的每个出口国的市场准入指标（MA）和每个进口国的供应商准入指标（SA），相比较而言，MA指标和SA指标更有微观基础，但是由于一个国家内部人口是流动的，区分MA指标和SA指标没有太大意义（Ottaviano et al.，2006），因此，本章与黄玖立（2006，2008）、刘修岩等（2007）、孙军（2009）、汪浩瀚和徐建军（2018）一样，对于国内市场潜能的计算采用Harris（1954）的定义，即一个地区的潜在市场容量与该地区及邻近地区的收入成正比，与该地区到邻近地区的距离成反比。具体计算公式如下：

$$dmp = \sum_{j \neq i} \frac{Y_j}{D_{ij}} + \frac{Y_i}{D_{ii}} \qquad (5-6)$$

其中，Y_j表示j省份的实际GDP（以2003年为基期），D_{ij}为i、j两地之间的距离，我们使用省会城市之间的距离来表示，具体数据来自Yu（2009），$D_{ii} = (2/3) \cdot \sqrt{S_i/\pi}$，$S_i$表示$i$省份的陆地面积。以上数据主要来自《中国统计年鉴》和全国行政区划信息查询平台[①]。

（2）国外市场潜能（lnfmp）：关于国外市场潜能的计算，我们借鉴周犀行等（2013）、汪浩瀚和徐建军（2018）的做法，使用如下计算公式：

$$fmp_{it} = \sum_{k=1}^{M} (Dem_{kt} \times exrate_{it})/Dis_i \qquad (5-7)$$

其中，Dem_{kt}表示中国的贸易伙伴国k在t年的市场规模，我们使用经过该年度平均汇率转化的实际GDP来表示，这里的贸易伙伴国是指2010年中国出口额最大的30个国家或地区[②]。Dis_i表示i省份的省会城市离海岸线的距离，表示各省对国外市场的接近度。$exrate_{it}$表示i省份t年出口额占全国出口额的比重，上述数据主要来自EIU国别数据库以及EPS数据库，另外，各省会城市距离海岸线的距离通过ArcGis计算而得。

（3）交通运输条件（ln$traffic$）：由于企业在选址过程中，交通运输条件是一个很重要的考虑因素，直接左右着企业的最终选址，在新经济地理学理论中，交

---

① 全国行政区划信息查询平台归属于中华人民共和国民政部官方网站，具体网址为：http://202.108.98.30/map。

② 我们以2010年为例，根据《中国统计年鉴2011》中国大陆地区对其他国家或地区海关货物出口总额的多少排序，前30位的国家或地区的出口额占全部出口额的85%，基本可以代表中国出口市场。

通运输成本也是影响制造业集聚的十分重要的变量,因此,本章使用交通运输密度来表示,具体由铁路营业里程和公路里程之和除以各省国土面积得到,以上数据主要来自 EPS 数据库。

(4) 相对劳动生产率(*labprogap*):劳动生产率同样也是影响企业选址的重要因素(汪浩瀚和徐建军,2018),一般情况下,企业往往会选择向劳动生产率相对较高的地区集聚,因此,本章将相对劳动生产率作为控制变量加以控制。我们先计算各省的劳动生产率,用人均实际工业增加值来表示,由工业增加值除以第二产业的就业人数后经以 2003 年为基期的 CPI 价格指数调整得到,在此基础上,我们用各省劳动生产率除以全国平均劳动生产率计算得出各省的相对劳动生产率。上述数据主要来自 EPS 数据库,部分缺失数据主要通过查找各省统计年鉴进行补充。

(5) 对外开放水平(*eximrate*):对外开放能够通过市场力量对地区集聚程度产生直接作用(Fujita et al.,1999)。例如,随着对外开放的深化,部分劳动力丰富的地区可以依据自身的比较优势参与国际分工,劳动密集型产业将获得很大的发展,从而增强该地区优势产业专业化水平(马光荣等,2010)。因此,我们选取进出口贸易总额占 GDP 的比重来表示对外开放水平。需要说明的是,进出口总额均用当年的美元兑人民币的平均汇率折合为人民币。这些数据主要来自 EPS 数据库。

(6) 政府消费水平(*gov*):地方政府行为历来是影响企业选址的关键因素,如果地方政府消费支出占 GDP 的比重较高,则意味着地方政府非常有动力去参与或干预本地的经济活动,比如,努力招商引资、保护本地企业等。我们借鉴孙军(2009)、陈敏等(2008)的做法,使用地方政府消费支出占 GDP 的比重来表示政府消费水平。此处的地方政府消费支出由财政支出扣除科教支出得到。以上数据均来自 EPS 数据库。

(7) 国有化程度(*guoyou1*):一个地区的市场化程度在相当程度上也会影响该地区的不同产业集聚水平(孙军,2009;马光荣等,2010;汪浩瀚和徐建军,2018),在国有企业比重较高的地区,重工业的集聚水平相对会较高,而在私营企业比重较高的地区,其轻工业的发展相对较有优势。因此,本章使用各省的国有或集体单位职工人数占城镇总职工人数的比重来表示国有化程度。同时,这一指标也是市场化程度的反向指标。上述数据也来自 EPS 数据库。

(8) 哑变量(*Dum08*):2008 年既是国际金融危机肆虐之年,同时也是全球互联网由 PC 时代向移动时代过渡之年。自 2009 年 1 月 7 日工信部正式向中国移

动、中国电信和中国联通三家运营商颁发第三代移动通信牌照后，中国正式进入
3G 时代，"互联网＋"行动开始深入到几乎所有产业，对地区产业发展产生了深
远的影响。因此，我们将 2008 年作为分界之年，2008 年及之前的年份设定为 0，
2008 年之后的年份设定为 1。

二、内生性问题的讨论以及工具变量的设定

从影响机制来看，电子商务发展程度与地区制造业分布之间存在一定的内生
性问题。首先，电子商务发展程度与地区制造业分布之间存在联立性导致的内生
性问题。通常而言，在那些制造业比较发达、生产产品种类繁多的地区，其对扩
大市场规模尤其是国际国内市场也有非常大的渴望，因此，该地区企业也就有非
常大的动力去利用一切有利于开拓市场的手段或工具，包括电子商务方式，从而
也就导致经济发达的制造业集聚地往往也是电子商务繁荣之地。其次，电子商务
发展程度对地区制造业分布的影响还会遇到重要遗漏变量导致的内生性问题。例
如，中国不同省份地方政府基于本地区的经济发展阶段差异而实施有差异性的
"互联网＋"战略，既有可能对本地区的制造业发展造成影响，也有可能对本地
区的电子商务发展程度造成影响。事实上，在我们收集的各省份数据中，地方政
府的"互联网＋"战略行动很难用数据进行精确界定和衡量。尽管我们已经尽
量在计量模型方程中控制了一系列与地区制造业分布相关的省级层面特征变量，
例如，我们考虑到地区市场潜能差异以及生产率差异是造成地区间产业差异的重
要影响因素，因此，我们在计量模型中控制了地区市场潜能变量和相对劳动生产
率变量，这在一定程度上可以缓解遗漏变量带来的内生性问题。但是，在理论
上，我们依旧难以完全解决这个问题，针对这两类可能导致内生性问题的原因，
本章尝试通过寻找电子商务发展程度的工具变量来缓解计量模型方程中可能存在
的内生性问题带来的估计偏误。

按照构建工具变量的基本思路和逻辑，我们需要寻找到一个只与中国各省份
电子商务发展程度有内在联系，但与各省份制造业分布没有直接联系的外生变量
作为相应的工具变量。我们认为，1919 年教会初高级小学注册人数是各省份电
子商务发展程度的合适工具变量。理由如下：全球互联网的发展大致可以分为三
个阶段，即 1961～1974 年的创新阶段、1975～1995 年的机构化阶段以及 1995 年
至今的商业化阶段，而美国作为互联网的发源地，对全球互联网的发展起到了主
导作用，因而，电子商务模式也最先在美国产生并且开始发展起来，1994 年 10
月 Hotwired. Com 上的广告标志着电子商务的诞生，次年，Jeff Bezos 和 Pierre

Omidyar 分别建立了 Amazon 和 eBay 网站，标志着电子商务正式拉开如火如荼的发展序幕，因此，1995 年可以看成是世界电子商务发展的元年（Laudon & Traver，2014）。正是在美国互联网发展浪潮的影响下，一大批以张朝阳、李彦宏为代表的海外留学生以及以马云、马化腾、丁磊为代表的本土互联网先锋纷纷开始将国外的互联网发展模式引入中国，1998 年是中国第一代互联网公司的爆发之年，以腾讯、阿里巴巴、百度为代表的互联网公司纷纷成立。上述事实充分说明美国电子商务发展对中国电子商务的起步和发展具有十分重大而关键的影响。因此，中国各省份能否发展起电子商务，首先取决于是否有接触互联网的机会，其次是电子商务是否为企业和居民所需要，最后就是当地企业和居民能否积极拥抱电子商务并应用于商业实践。

由于互联网基础设施具有公共性，因此，每一个省份拥有互联网基础设施的机会相对来说都是均等的，虽然由于居民收入水平的不同，不同地区居民拥有互联网入口（比如电脑）的机会相对来说会有差异，但是总的来说，这种差异并不至于十分严重。这主要是因为电脑价格在 20 世纪 90 年代远远超过绝大多数中国居民的承受范围，极少有家庭能独自拥有电脑，这一状况在各省份均是如此，因此，那时的人们上网主要通过公共机构，如网吧、单位等，根据 1998 年 7 月发布的《中国互联网络发展状况统计报告》，在所有接受问卷调查的网民中，75% 是在单位上网，并且家庭人均月收入低于 1000 元的网民占 65%，有理由相信这部分人群最有可能通过公共机构上网，而非自己去购买电脑，如此就大大缩小了不同省份由于收入差异导致的接触互联网的差异。事实上，就互联网用户区域分布而言，在 1998 年 7 月，除北京等个别地区以外，其他大部分省份的互联网用户比例相差并不大，而到了 2003 年 1 月，不同省份之间的差异进一步缩小（见表 5 - 2），这就进一步证明了上述结论。而进入 21 世纪之后，伴随着中国居民收入的持续增长以及电脑价格的持续下降，几乎大部分居民都可以拥有自己的电脑，上述差异更是被逐渐抹平。据此，我们认为各省份居民拥有互联网入口并接触电子商务的机会和可能性是差异不大的。当然，电子商务是否为企业所需要也是影响电子商务能否落地的一个重要原因，由于电子商务最先开始被应用于对外贸易，因此，一个地区的经济外向度确实会影响电子商务的应用，出口企业越多的地区越有积极性使用电子商务。事实上，沿海地区确实比内陆地区有更强的出口需求，但是从贸易绝对额来讲，内陆地区也存在很大的出口需求，另外，东北地区的辽宁有很大的出口需求（见表 5 - 3），但是其并没有发展出电子商务，因此，可以说，出口需求只是引致电子商务发展的一个必要而非充分条件。因此，能否积极接受美国互联网的影响特别是电子商务模式并应用于商业实践就成为该地区能否让电子商务落地生根并发展壮大的关键原因。由于电子商务具有"看不见、摸不着"的特点，并且作为一种"舶来品"天然不易被人信任，正如阿里巴巴公司最先在中国开始推广电子商务模式时，其员工往往被当作"骗子"一样，几乎很少有人信任这种模式，即使是内部的员工也不太抱有信心①。因此，那些在互联网浪潮中最先拥抱电子商务者往往更有可能占据先机，而一个地区能否信任从国外传来的电子商务并且拥抱电子商务，在很大程度上受"历史积淀"的影响，即一个地区历史上受到西方影响的程度越深，那么该地区接受电子商务模式并应用商业实践的可能性就越高。通过人际和代际之间的传播或潜移默化的影响，"历史积淀"的这种影响具有很强的韧性和持续性，甚至可以内化为一个地区深层的文化和社会风尚，尽管在一段时期中，这种"历史积淀"可能受计划体制的抑制，但当改革开放以后，这种潜在的文化风尚又会"春风吹又生"，重新发挥其社会作用，从而影响该地区的经济社会发展（方颖和赵扬，2011）。因此，我们认为19世纪以来中国各省份受西方影响程度的大小可以作为一个地区能否最先普遍接受和信任电子商务进而发展电子商务的工具变量。那么，如何才能衡量中国各个地区历史上受西方影响的程度呢？我们借鉴方颖和赵扬（2011）的研究中选取工具变量的方法，采用1919年不同地区基督教教会初高级小学注册人数作为对该地区历史上受西方影响程度的测度。

表5-2　互联网用户地域分布　　　　　　　　　　　单位:%

省份	1998 年 7 月	2003 年 1 月	省份	1998 年 7 月	2003 年 1 月
北京	25.3	6.6	河南	3.4	2.8
天津	2.4	2.3	湖北	4.1	5.4
河北	2.7	3.7	湖南	1.6	2.9
山西	0.8	1.6	广东	11.5	9.5
内蒙古	0.4	1.2	广西	1.6	2
辽宁	5	4.8	海南	0.4	0.4
吉林	2	2.4	重庆	0.6	2.5
黑龙江	2.6	3.8	四川	2.8	5.2

---

①　此类现象在阿里巴巴的官方纪录片《Dream Maker》以及马云和其他阿里巴巴员工的许多公开访谈中多次被提及。

省份	1998 年 7 月	2003 年 1 月	省份	1998 年 7 月	2003 年 1 月
上海	7.8	7.1	贵州	0.3	0.8
江苏	6.1	8.1	云南	0.5	1.7
浙江	3.9	5.5	陕西	1.4	2.2
安徽	2.6	1.9	甘肃	0.4	1.2
福建	3.1	3.8	青海	0.2	0.3
江西	1.8	2	宁夏	0.1	0.3
山东	4	6.5	新疆	0.6	1.4

资料来源：中国互联网络信息中心。

表 5 - 3　1998 年中国各省份出口状况

省份	出口（亿美元）	出口比重（%）	省份	出口（亿美元）	出口比重（%）
北京	105.13	43.27	河南	11.87	2.26
天津	54.99	34.07	湖北	17.08	3.82
河北	31.16	6.06	湖南	12.83	3.31
山西	8.93	4.62	广东	756.18	79.06
内蒙古	5.26	3.65	广西	18.04	7.85
辽宁	80.55	17.18	海南	7.65	14.43
吉林	7.48	3.98	重庆	5.14	2.98
黑龙江	9.09	2.66	四川	11.71	2.71
上海	159.47	35.80	贵州	3.88	3.81
江苏	156.20	17.96	云南	11.22	5.18
浙江	108.63	18.03	陕西	11.76	7.05
安徽	15.12	4.46	甘肃	3.45	3.28
福建	99.58	24.76	青海	1.04	3.91
江西	10.17	4.55	宁夏	2.10	7.66
山东	104.44	12.07	新疆	7.48	5.54

注：出口比重是指该地区出口额用当年美元对人民币汇率平均汇率转化为人民币后再除以当地 GDP。

资料来源：根据《中国统计年鉴1999》计算整理而得。

　　另外，基督教在中国的传教活动并不能通过其他途径来影响制造业的空间分布。首先，虽然各地到沿海的距离是一个地理变量，但是它会影响一个地区的外商直接投资、对外贸易，进而影响一个地区的制造业分布。如果本章的工具变量与距海距离有关，那么，该工具变量就不是一个合格的工具变量。但从基督教在华传教的历史来看，虽然早期传播确实从沿海地区开始，但是自从1860年以后，基督教的传播范围发生了很大的改变，几乎绝大多数城市和乡镇都出现了基督教的传教活动（方颖和赵扬，2011）。到了1919年，基督教传教活动在地理上的分布几乎与各地距海距离没什么关系。其次，教会学校的选址与各地区的经济和交通条件也没有什么必然的关系，由于宗教的特殊性，教会学校的选址更多取决于传教士的布道热情，而与各地区的经济和交通条件并没有直接关系。最后，教会学校也不可能通过影响当时的人力资本或者经济发展进而影响现在的制造业分布。在当时的中国，基督教初级小学注册学生人数占当时国立小学人数的4%左右（Feuwerker，1983），应该不足以影响当时的人力资本和经济发展。

因此，基于上述事实的分析，我们认为使用1919年中国各省份基督教教会初高级小学注册人数是各省份电子商务发展程度的合适工具变量。该数据主要来自中国社会科学出版社出版的《1901～1920年中国基督教调查资料》并经过笔者手工归并整理而成。自晚清以来，中国省一级行政区划虽有变动，但总体变动并不大，因此，这也就为我们搜集数据提供了相当的便利，对于部分行政区划有所变动的省份，我们根据现有行政区划所涵盖的范围对1919年的数据进行了适当的调整，最后我们搜集到了除西藏、新疆和内蒙古以外的28个省级行政区的数据。

第四节　实证分析

一、基准回归

表5-4报告了电子商务对制造业空间集聚影响效应的检验结果。模型1和模型2是我们采用OLS估计方法分别对制造业区位商和制造业绝对份额进行回归。模型1的估计结果显示，在控制一系列相关影响因素的前提下，各地区电子商务发展程度对制造业区位商的影响效应在1%的显著性水平上显著为正，其系数为0.311；模型2的结果也显示，各地区电子商务发展程度对制造业绝对份额的影响效应在1%的显著性水平上显著为正，其系数则为0.657。这两列结果初

步表明，一个地区电子商务的快速发展在一定程度上能够促进制造业的发展和集聚。模型3和模型4是我们采用上文设定的工具变量以及2SLS估计方法分别对制造业区位商和制造业绝对份额进行回归。模型3的估计结果显示，在控制一系列相关影响因素的前提下，各地区电子商务发展程度对制造业区位商的影响效应在1%的显著性水平上显著为正，其系数为0.810，模型4的结果也显示，各地区电子商务发展程度对制造业绝对份额的影响效应在1%的显著性水平上显著为正，其系数则为0.775，并且采用2SLS估计方法估计的回归系数要明显大于采用OLS估计方法的结果，这就更进一步说明中国各地区电子商务的快速发展确实在一定程度上能够促进该地区制造业的发展和集聚，可以说，上述一系列的检验结果从不同角度为本章的研究假说提供了支持。

表5-4　电子商务对制造业集聚影响效应的检验结果

	模型1	模型2	模型3	模型4
被解释变量	lq_ind	jd_ind	lq_ind	jd_ind
估计方法	OLS		2SLS	
$ecindex1$	0.311 ***	0.657 ***	0.810 ***	0.775 ***
	(4.18)	(8.17)	(3.57)	(5.63)
lndmp	0.602 ***	0.165 ***	0.874 ***	0.200 **
	(5.22)	(2.60)	(7.41)	(2.49)
lnfmp	0.315 **	0.436 ***	0.214	0.407 ***
	(2.05)	(5.49)	(1.54)	(5.34)
ln$traffic$	−0.288 ***	0.010	−0.484 ***	0.010
	(−2.87)	(0.18)	(−5.62)	(0.19)
$labprogap$	0.337 ***	0.031	0.580 ***	0.064
	(6.05)	(0.94)	(8.08)	(1.44)
$eximrate$	−0.772 ***	−0.243 **	−1.090 ***	−0.310 ***
	(−5.51)	(−2.47)	(−7.31)	(−2.83)
gov	0.019	−0.092	0.142	−0.040
	(0.17)	(−1.30)	(1.21)	(−0.48)
$guoyou1$	−0.141	0.078	−0.157 *	0.063
	(−1.47)	(1.15)	(−1.76)	(0.98)
$dum08$	−0.849 ***	−0.700 ***	−1.613 ***	−0.913 ***
	(−4.14)	(−4.97)	(−4.41)	(−3.84)

续表

	模型 1	模型 2	模型 3	模型 4
被解释变量	lq_ind	jd_ind	lq_ind	jd_ind
估计方法	OLS		2SLS	
地区固定效应	NO	NO	NO	NO
年份固定效应	YES	YES	YES	YES
DWH Chi²/F 值			45.893	45.893
P – value			(0.000)	(0.000)
第一阶段 F 值			34.351	34.351
adj. R²	0.316	0.650	0.335	0.641
N	420	420	392	392

注：括号内是标准误，***、**、*分别表示在1%、5%与10%的统计水平上显著。

从本章设定的工具变量有效性来看，在模型3和模型4中，DWH检验结果在1%的显著性水平上拒绝了不存在内生性的假设，因而可以确定电子商务发展程度确实与地区制造业集聚度存在内生性问题。另外，在2SLS两阶段工具变量估计过程中，模型3和模型4中第一阶段估计的F值均大于Stock和Yogo（2002）设定的F值在10%显著性水平上的16.38的临界值，因此，可以证明使用本章设定的工具变量是适当的，并不存在弱工具变量的问题。

表5-5报告了电子商务通过地方保护对制造业空间集聚影响效应的检验结果。模型1和模型2是我们采用OLS估计方法分别对制造业区位商和制造业绝对份额进行回归。模型1的估计结果显示，在控制一系列相关因素的条件下，各地区电子商务发展指数与市场分割指数的交互项$\ln mkseg \times ecindex1$对制造业区位商的影响效应在1%的显著性水平上显著为负，其系数为-0.296；模型2的结果也显示，各地区电子商务发展指数与市场分割指数的交互项$\ln mkseg \times ecindex1$对制造业绝对份额的影响效应在1%的显著性水平上显著为负，并且其系数为-0.611。这两个结果初步表明，电子商务发展越快的地区，市场分割对制造业集聚产生的抑制作用就越小，也就是说，电子商务有助于减弱市场分割对制造业集聚的负面影响。模型3和模型4是我们采用上文设定的工具变量以及2SLS估计方法分别对制造业区位商和制造业绝对份额进行回归。模型3的估计结果显示，在控制一系列相关因素的条件下，各地区电子商务发展指数与市场分割指数的交互项$\ln mkseg \times ecindex1$对制造业区位商的影响效应在1%的显著性水平上显著为负，

其系数为 -1.011；模型 4 的结果也显示，各地区电子商务发展指数与市场分割指数的交互项 $\ln mkseg \times ecindex1$ 对制造业绝对份额的影响效应在 1% 的显著性水平上显著为负，其系数为 -0.955，并且采用 2SLS 估计方法估计的回归系数的绝对值要明显大于采用 OLS 估计方法的结果，这更进一步证明电子商务有助于减弱市场分割对制造业集聚的负面影响这一结论。总之，上述一系列检验结果从不同角度为本章的研究假说提供了支持。事实上，地方保护以及市场分割在很大程度上降低了制造业的专业化分工水平，抑制了制造业在空间上的集聚，而电子商务的产生则在一定程度上减弱了地区间的市场分割，强化了制造业的空间集聚。

表 5-5　电子商务通过地方保护对制造业集聚影响效应的检验结果

	模型 1	模型 2	模型 3	模型 4
被解释变量	lq_ind	jd_ind	lq_ind	jd_ind
估计方法	OLS		2SLS	
$\ln mkseg \times ecindex1$	-0.296 ***	-0.611 ***	-1.011 ***	-0.955 ***
	(-4.30)	(-8.22)	(-4.60)	(-6.66)
$\ln dmp$	0.605 ***	0.171 ***	0.909 ***	0.233 ***
	(5.21)	(2.65)	(7.40)	(2.64)
$\ln fmp$	0.317 **	0.442 ***	0.194	0.389 ***
	(2.06)	(5.47)	(1.41)	(5.01)
$lntraffic$	-0.293 ***	-0.005	-0.428 ***	0.061
	(-2.90)	(-0.09)	(-4.77)	(1.02)
$labprogap$	0.334 ***	0.023	0.629 ***	0.107 **
	(6.04)	(0.70)	(8.96)	(2.34)
$eximrate$	-0.766 ***	-0.226 **	-1.166 ***	-0.377 ***
	(-5.43)	(-2.26)	(-7.62)	(-3.42)
gov	0.014	-0.110	0.247 **	0.054
	(0.12)	(-1.57)	(2.09)	(0.65)
$guoyou1$	-0.140	0.079	-0.133	0.085
	(-1.45)	(1.14)	(-1.39)	(1.26)
$dum08$	-0.813 ***	-0.605 ***	-1.859 ***	-1.132 ***
	(-4.07)	(-4.37)	(-5.37)	(-4.72)
地区固定效应	NO	NO	NO	NO
年份固定效应	YES	YES	YES	YES

续表

	模型1	模型2	模型3	模型4
被解释变量	lq_ind	jd_ind	lq_ind	jd_ind
估计方法	OLS		2SLS	
DWH Chi^2/F 值			44.502	44.502
P – value			(0.000)	(0.000)
第一阶段 F 值			36.638	36.638
adj. R^2	0.315	0.640	0.249	0.596
N	420	420	392	392

注：括号内是标准误，***、**、* 分别表示在1%、5%与10%的统计水平上显著。

二、替换计量方法的稳健性检验

考虑到本章所设计的工具变量未必完全合理以致上述结论未必稳健。因此，为了进一步确保本章主要结论的可靠性，我们做了替换计量方法的稳健性检验。首先，我们使用两步系统 GMM 方法来对研究假设进行重新估计。具体计量方程设定如下：

$$industryagg_{it} = \alpha_0 + \alpha_1 industryagg_{it-1} + \alpha_2 ecindex_{it} + \eta \cdot Z_{it} + \varepsilon_{it} \tag{5-8}$$

$$industryagg_{it} = \alpha_0 + \alpha_1 industryagg_{it-1} + \alpha_2 ecindex_{it} \times \ln mkseg_{it} + \eta \cdot Z_{it} + \varepsilon_{it}$$
$$\tag{5-9}$$

与之前的基准计量方程模型不同的是，我们增加被解释变量的滞后一期变量，其原因主要是考虑到中国各地区制造业分布具有一定的动态延续性。针对计量方程（5-8）和方程（5-9），在运用系统 GMM 估计方法时，要达到无偏估计和一致性，就必须要求处理滞后因变量引起的内生性问题。一般而言，利用差分和水平变量信息来构造工具变量的系统 GMM 估计法可以较好地处理动态面板数据（Arellano & Bover，1995；Blundell & Bond，1998），这一估计方法在一阶差分方程的基础上引入水平方程，水平方程的引入不仅有效增加了差分方程的工具变量，而且其本身变量的差分滞后项也被作为水平方程相应变量的工具变量。因此，系统 GMM 估计方法在不采用额外工具变量的情形下，可以有效地解决弱工具变量问题。另外，运用两步系统 GMM 估计方法的另外一个优势是可以尽可能保证得到本章主要发现的无偏和一致性估计结果。因此，本章采用两步系统 GMM 估计法进行估计。为增强回归结果的可靠性，我们对模型设定的合理性和工具变量的有效性进行相应检验：AR（1）和 AR（2）检验均通过了差分方程中误差项一阶序列相关、二阶序列不相关的原假设，而 Hansen 过度识别检验表明在 1% 的显著性水平上不能拒绝工具变量有效的原假设，由此也说明选择 GMM 估计方法具有一定的合理性。

表 5-6 报告了使用系统 GMM 方法估计电子商务对制造业集聚影响效应的检验结果。模型 1 和模型 2 报告了电子商务发展程度对制造业区位商和制造业绝对份额的影响效应，结果显示，在控制一系列影响因素的前提下，虽然电子商务发展指数对制造业区位商的影响效应并不显著，但是电子商务发展指数对制造业绝对份额的影响效应在 1% 显著性水平上显著为正，其回归系数为 0.982，这也在一定程度上支持了之前的结论，即地区电子商务的快速发展在一定程度上能够促进制造业的发展和集聚。模型 3 和模型 4 则报告了电子商务发展指数和市场分割指数的交互项 $\ln mkseg \times ecindex1$ 对制造业区位商和制造业绝对份额的影响效果，结果显示，在控制一系列影响因素的前提下，虽然电子商务发展指数和市场分割指数的交互项 $\ln mkseg \times ecindex1$ 对制造业区位商的影响效应并不显著，但是其对制造业绝对份额的影响效应在 1% 显著性水平上显著为负，其回归系数为 -0.019，这同样在一定程度上支持了上述结论，即电子商务有助于减弱市场分割对制造业集聚的抑制效应。

表 5-6　电子商务对制造业集聚影响效应的检验结果（系统 GMM 方法）

被解释变量	模型 1 lq_ind	模型 2 jd_ind	模型 3 lq_ind	模型 4 jd_ind
L. lq_ind	0.790 *** (0.00)		0.776 *** (0.00)	
L. jd_ind		0.982 *** (0.00)		0.985 *** (0.00)
$ecindex1$	0.035 (1.15)	0.020 *** (3.11)		
$\ln mkseg \times ecindex1$			-0.035 (-1.21)	-0.019 *** (-3.43)
$\ln dmp$	0.077 (1.12)	-0.001 (-0.05)	0.077 (0.88)	0.001 (0.10)

续表

	模型1	模型2	模型3	模型4
被解释变量	lq_ind	jd_ind	lq_ind	jd_ind
lnfmp	0.037	0.005	0.064	0.003
	(0.37)	(0.41)	(0.54)	(0.17)
ln$traffic$	−0.014	0.011	−0.035	0.010
	(−0.21)	(1.04)	(−0.39)	(0.82)
$labprogap$	0.082	0.010*	0.061	0.009*
	(1.62)	(1.94)	(1.35)	(1.65)
$eximrate$	−0.157*	−0.022**	−0.170**	−0.020***
	(−1.87)	(−2.35)	(−2.20)	(−2.68)
gov	−0.076	0.002	−0.048	0.002
	(−1.08)	(0.23)	(−0.55)	(0.24)
$guoyou1$	0.012	0.001	0.027	0.005
	(0.36)	(0.13)	(0.60)	(0.48)
$dum08$	−0.037	−0.013*	−0.032	−0.012*
	(−1.49)	(−1.88)	(−1.23)	(−1.83)
地区固定效应	YES	YES	YES	YES
时间固定效应	NO	NO	NO	NO
AR（1）−test	0.006	0.008	0.008	0.008
AR（2）−test	0.828	0.972	0.768	0.965
Hansen−test	19.59	23.16	20.34	21.29
N	390	390	390	390

注：括号内是标准误，***、**、*分别表示在1%、5%与10%的统计水平上显著。

上述计量模型初步探究了电子商务发展程度对制造业集聚的影响机制，但是电子商务发展指数与市场分割指数的交互项的回归系数显著为负的估计结果很可能只是揭示了两者之间存在一定的互动关系，其未必能有效识别电子商务通过削弱地方保护从而促进制造业集聚这样一种传导机制。为了能够有效识别该传导机制，我们借鉴 Baron 和 Kenny（1986）以及温忠麟和叶宝娟（2014）提出的中介效应检验方法，构建如下依次递归模型来检验如图 5 - 1 所示的电子商务→地方保护→制造业集聚的传导机制。具体计量方程如下：

$$industryagg_{it} = \alpha_0 + \alpha_1 ecindex_{it} + \eta \cdot Z_{it} + \varepsilon_{it} \qquad (5-10)$$

$$\ln mkseg_{it} = \beta_0 + \beta_1 ecindex_{it} + \phi \cdot Z_{it} + \mu_{it} \tag{5-11}$$

$$industryagg_{it} = \lambda_0 + \lambda_1 ecindex_{it} + \lambda_2 \ln mkseg_{it} + \theta \cdot Z_{it} + \nu_{it} \tag{5-12}$$

第一步是对计量模型方程（5-10）进行回归，检验电子商务发展指数的回归系数是否显著为正，如果该系数显著为正，说明电子商务的快速发展有助于促进制造业的集聚，同时进行下一步的回归。第二步是对计量模型方程（5-11）进行回归，主要检验电子商务发展指数是否对市场分割指数产生负向作用，如果回归系数显著为负，说明电子商务的快速发展确实有助于减弱地区间的地方保护主义或市场分割现象。第三步是对计量模型方程（5-12）进行回归，如果电子商务发展指数的回归系数依旧显著为正，并且其值相对有所下降，而市场分割指数的回归系数显著为负，这就说明存在部分中介效应，如果电子商务发展指数的回归系数不显著，并且市场分割指数的回归系数显著为负，则说明存在完全中介效应。

表5-7报告了我们利用依次递归模型就电子商务发展通过削弱地方保护这一中介传导机制对地区制造业集聚影响效应的检验结果。我们针对被解释变量分别为制造业区位商和制造业绝对份额这两种情况进行检验。当被解释变量为制造业区位商时，模型1的结果显示，各地区电子商务发展指数的回归系数在1%的显著性水平上显著为正，其值为0.311，模型2的结果显示，各地区电子商务发展指数对市场分割指数的回归系数在10%的显著性水平上显著为负，其值为-0.063，而模型3的结果则显示，电子商务发展指数的回归系数依旧显著为正，其值为0.294，比模型1中的相应回归系数要低，而市场分割指数的回归系数则显著为负，其值为-0.274，上述结果验证了市场分割或者地方保护起到了部分中介效应的作用，从而说明电子商务的快速发展可以通过削弱地方保护和市场分割进而加剧制造业集聚。类似地，当被解释变量为制造业绝对份额时，模型4的结果显示，各地区电子商务发展指数的回归系数在1%的显著性水平上显著为正，其值为0.657，模型5的结果显示，各地区电子商务发展指数对市场分割指数的回归系数在10%的显著性水平上显著为负，其值为-0.063，而模型3的结果则显示，电子商务发展指数的回归系数依旧显著为正，其值为0.639，比模型1中的相应回归系数要低，而市场分割指数的回归系数则显著为负，其值为-0.273，这就再次验证了市场分割或者地方保护起到了部分中介效应的作用，也再次证明电子商务的快速发展可以通过削弱地方保护和市场分割进而加剧制造业集聚这一结论。

表5-7　电子商务通过地方保护对制造业集聚影响效应的检验结果（中介效应模型）

	模型1	模型2	模型3	模型4	模型5	模型6
集聚形式	lq_ ind			jd_ ind		
回归步骤	第一步骤	第二步骤	第三步骤	第一步骤	第二步骤	第三步骤
被解释变量	lq_ ind	lnmkseg	lq_ ind	jd_ ind	lnmkseg	jd_ ind
*ecindex*1	0.311***	-0.063*	0.294***	0.657***	-0.063*	0.639***
	(4.18)	(-1.80)	(4.00)	(8.17)	(-1.80)	(8.04)
ln*mkseg*			-0.274***			-0.273***
			(-2.65)			(-4.06)
ln*dmp*	0.602***	-0.050	0.589***	0.165***	-0.050	0.152**
	(5.22)	(-0.82)	(5.17)	(2.60)	(-0.82)	(2.44)
ln*fmp*	0.315**	-0.024	0.308**	0.436***	-0.024	0.429***
	(2.05)	(-0.38)	(2.03)	(5.49)	(-0.38)	(5.44)
ln*traffic*	-0.288***	0.034	-0.279***	0.010	0.034	0.020
	(-2.87)	(0.58)	(-2.78)	(0.18)	(0.58)	(0.34)
labprogap	0.337***	0.050*	0.350***	0.031	0.050*	0.044
	(6.05)	(1.79)	(6.30)	(0.94)	(1.79)	(1.40)
eximrate	-0.772***	0.035	-0.763***	-0.243**	0.035	-0.233**
	(-5.51)	(0.62)	(-5.47)	(-2.47)	(0.62)	(-2.40)
gov	0.019	0.283***	0.097	-0.092	0.283***	-0.015
	(0.17)	(5.06)	(0.89)	(-1.30)	(5.06)	(-0.22)
*guoyou*1	-0.141	-0.259***	-0.212**	0.078	-0.259***	0.007
	(-1.47)	(-4.23)	(-2.19)	(1.15)	(-4.23)	(0.10)
*dum*08	-0.849***	-1.210***	-1.181***	-0.700***	-1.210***	-1.030***
	(-4.14)	(-10.65)	(-5.33)	(-4.97)	(-10.65)	(-6.79)
地区固定效应	NO	NO	NO	NO	NO	NO
年份固定效应	YES	YES	YES	YES	YES	YES
adj. R^2	0.316	0.779	0.331	0.650	0.779	0.666
N	420	420	420	420	420	420

注：括号内是标准误，***、**、*分别表示在1%、5%与10%的统计水平上显著。

三、替换主要解释变量的稳健性检验

为了进一步检验上述结论的可靠性，本章又使用替换主要解释变量的方法来进行稳健性检验。表5-8报告了我们通过替换主要解释变量的方法估计电子商务对制造业集聚影响效应的检验结果。我们分别使用了OLS和2SLS这两种估计方法进行检验，并且在使用每一种方法时，我们选用了三个表征电子商务发展程度的新指标 *ecindex*2 、*ecindex*3 、*ecindex*4 作为核心解释变量来进行回归。在模型1至模型3中，无论使用哪一种电子商务发展指标进行OLS估计，其结果均显示电子商务发展指数的回归系数在1%的显著性水平上显著为正，*ecindex*2 、*ecindex*3 、*ecindex*4 的回归系数分别为0.274、0.801和0.809，这也再次说明电子商务的快速发展有助于促进当地的制造业集聚。同样，在模型4至模型6中，无论使用哪一种电子商务发展指标进行2SLS估计，其结果均显示电子商务发展指数的回归系数在1%的显著性水平上显著为正，*ecindex*2 、*ecindex*3 、*ecindex*4 的回归系数分别为1.098、0.462和0.520，这又进一步说明电子商务的快速发展有助于促进当地的制造业集聚这一结论。

表5-8　电子商务对制造业集聚影响效应的检验结果（替换主要解释变量）

	模型1	模型2	模型3	模型4	模型5	模型6
被解释变量	*lq_ ind*	*lq_ ind*	*lq_ ind*	*lq_ ind*	*lq_ ind*	*lq_ ind*
估计方法	OLS			2SLS		
*ecindex*2	0.274***			1.098***		
	(3.66)			(3.39)		
*ecindex*3		0.801***			0.462***	
		(5.75)			(3.60)	
*ecindex*4			0.809***			0.520***
			(5.00)			(3.53)
ln*dmp*	0.604***	0.555***	0.568***	0.888***	0.763***	0.766***
	(5.17)	(5.85)	(5.81)	(6.86)	(7.61)	(7.50)
ln*fmp*	0.321**	0.330**	0.328**	0.196	0.295**	0.294**
	(2.06)	(2.48)	(2.36)	(1.32)	(2.28)	(2.23)
ln*traffic*	-0.321***	-0.312***	-0.367***	-0.439***	-0.662***	-0.685***
	(-3.13)	(-3.56)	(-4.05)	(-4.35)	(-8.79)	(-8.69)
labprogap	0.328***	0.368***	0.355***	0.626***	0.450***	0.448***
	(5.79)	(7.53)	(7.14)	(7.29)	(9.04)	(8.90)
eximrate	-0.762***	-0.884***	-0.899***	-1.205***	-0.904***	-0.928***
	(-5.31)	(-6.86)	(-6.67)	(-6.95)	(-6.75)	(-6.80)

续表

被解释变量	模型1	模型2	模型3	模型4	模型5	模型6
	lq_ind	lq_ind	lq_ind	lq_ind	lq_ind	lq_ind
估计方法	OLS			2SLS		
gov	-0.006	0.296***	0.276**	0.266*	-0.007	0.010
	(-0.06)	(2.77)	(2.45)	(1.74)	(-0.07)	(0.10)
$guoyou1$	-0.132	-0.171**	-0.161*	-0.090	-0.219***	-0.212**
	(-1.37)	(-1.98)	(-1.81)	(-0.91)	(-2.58)	(-2.48)
$dum08$	-0.765***	-1.536***	-1.507***	-1.920***	-1.064***	-1.120***
	(-3.80)	(-6.20)	(-5.54)	(-4.09)	(-4.59)	(-4.51)
地区固定效应	NO	NO	NO	NO	NO	NO
时间固定效应	YES	YES	YES	YES	YES	YES
DWH Chi²/F 值				33.095	65.173	64.246
P-value				(0.00)	(0.00)	(0.00)
第一阶段 F 值				19.151	413.140	437.981
adj. R^2	0.307	0.383	0.361	0.199	0.437	0.423
N	420	420	420	392	392	392

注: 括号内是标准误, ***、**、*分别表示在1%、5%与10%的统计水平上显著。

表5-9报告了我们通过替换主要解释变量的方法估计电子商务通过地方保护对制造业集聚影响效应的检验结果。我们同样使用 OLS 和 2SLS 这两种估计方法来检验电子商务发展指数和市场分割指数的交互项对制造业集聚的影响，并且在使用每一种方法时，我们选用三个表征电子商务发展程度和市场分割程度的交互项的新指标 $\ln mkseg \times ecindex2$、$\ln mkseg \times ecindex3$、$\ln mkseg \times ecindex4$ 作为核心解释变量来进行回归。在模型1至模型3中，无论使用哪一种交互项指标进行 OLS 估计，其结果均显示电子商务发展指数和市场分割指数的交互项的回归系数在1%的显著性水平上显著为负，$\ln mkseg \times ecindex2$、$\ln mkseg \times ecindex3$、$\ln mkseg \times ecindex4$ 的回归系数分别为 -0.262、-0.880 和 -0.896，这也再次说明电子商务的快速发展可以通过削弱地方保护和减弱市场分割来促进当地的制造业集聚。同样，在模型4至模型6中，无论使用哪一种交互项指标进行 2SLS 估计，其结果均显示电子商务发展指数和市场分割指数的交互项的回归系数在1%的显著性水平上显著为负，$\ln mkseg \times ecindex2$、$\ln mkseg \times ecindex3$、$\ln mkseg \times ecindex4$ 的回归系数分别为 -1.321、-0.661 和 -0.719，这又进一步说明电子商务的快速发展可以通过削弱地方保护和减弱市场分割来促进当地的制造业集聚这一结论。

表5－9　电子商务通过地方保护对制造业集聚影响效应的检验结果（替换主要解释变量）

	模型1	模型2	模型3	模型4	模型5	模型6
被解释变量	lq_ind	lq_ind	lq_ind	lq_ind	lq_ind	lq_ind
估计方法	OLS			2SLS		
$lnmkse \times ecindex2$	-0.262***			-1.321***		
	(-3.81)			(-4.25)		
$lnmkseg \times ecindex3$		-0.880***			-0.661***	
		(-6.18)			(-4.85)	
$lnmkseg \times ecindex4$			-0.896***			-0.719***
			(-5.72)			(-4.77)
$lndmp$	0.607***	0.552***	0.562***	0.926***	0.771***	0.773***
	(5.17)	(5.63)	(5.63)	(6.66)	(7.82)	(7.71)
$lnfmp$	0.323**	0.331**	0.331**	0.176	0.294**	0.294**
	(2.07)	(2.44)	(2.37)	(1.18)	(2.33)	(2.29)
$lntraffic$	-0.323***	-0.301***	-0.340***	-0.379***	-0.652***	-0.672***
	(-3.14)	(-3.29)	(-3.65)	(-3.57)	(-8.53)	(-8.51)
$labprogap$	0.327***	0.376***	0.370***	0.679***	0.480***	0.479***
	(5.81)	(7.56)	(7.37)	(8.12)	(9.80)	(9.65)
$eximrate$	-0.757***	-0.834***	-0.856***	-1.287***	-0.913***	-0.939***
	(-5.26)	(-6.46)	(-6.42)	(-7.24)	(-6.85)	(-6.92)
gov	-0.010	0.327***	0.324***	0.383**	0.093	0.115
	(-0.09)	(3.02)	(2.89)	(2.50)	(1.00)	(1.20)
$guoyou1$	-0.131	-0.252***	-0.236**	-0.053	-0.278***	-0.270***
	(-1.35)	(-2.81)	(-2.57)	(-0.49)	(-3.20)	(-3.08)
$dum08$	-0.737***	-1.733***	-1.727***	-2.166***	-1.409***	-1.472***
	(-3.75)	(-6.71)	(-6.30)	(-4.93)	(-5.76)	(-5.68)
地区固定效应	NO	NO	NO	NO	NO	NO
时间固定效应	YES	YES	YES	YES	YES	YES
DWH Chi^2/F值				32.672	86.581	86.199
P－value				(0.00)	(0.00)	(0.00)
第一阶段F值				21.752	422.012	444.503
adj. R^2	0.307	0.386	0.371	0.047	0.459	0.446
N	420	420	420	392	392	392

注：括号内是标准误，***、**、*分别表示在1%、5%与10%的统计水平上显著。

第五节　本章小结

伴随电子商务在中国的高速发展，其对中国地区经济发展正在产生日益深远的影响，特别是对地区制造业发展和布局更是造成了显著而深刻的影响。由于电子商务具有超越地理空间的突出特点，对地区市场规模的变化具有十分重要的影响，进而在很大程度上会改变地区的产业布局，同时再考虑到中国地区间存在较为严重的地方保护主义和市场分割现状，因而，深入研究电子商务对制造业空间分布的影响以及具体的影响机制就显得尤为重要而迫切。基于此，本章利用中国省级层面的面板数据，采用 OLS 回归分析、工具变量法、系统 GMM 估计法、中介效应模型等多种计量方法进行细致分析，得到了如下有意义的发现：第一，各地区电子商务的快速发展对当地制造业空间分布产生了显著的影响，主要表现为电子商务发展程度越高，该地区制造业集聚度也就越高。第二，电子商务的快速发展有助于削弱普遍存在的地方保护，降低市场分割程度，进而促进当地制造业的集聚，具体表现为在那些电子商务发展迅速的地区，由于电子商务的使用大大削弱了之前一直存在的进入外地市场壁垒，扩展了当地企业的国内市场需求，使该地区的制造业企业的发展大大增强，制造业集聚程度也明显提高。中介效应模型也验证了电子商务快速发展→地方保护削弱或市场分割降低→制造业集聚度增强这一传导机制。

第六章 银行信贷与产业区位分布

第一节 引言

习近平总书记指出"金融是现代经济的血液，血脉通，增长才有力"。[①] 同样，金融也是工业发展的血液，对一个地区的工业发展和经济增长起着至关重要的作用。自 2001 年中国加入世界贸易组织（WTO）以来，中国金融体系进入了改革加速期，特别是 2003 年中国银监会的成立，标志着以"一行三会"为基本架构的监管体系基本成型，金融市场化改革步伐从此明显加快，整个金融行业也进入了高速发展期，全社会融资规模由 2004 年的 28629 亿元增长到 2016 年的 178022 亿元，增长了 522%，其中，人民币贷款由 2004 年的 22673 亿元增加到 2016 年的 124372 亿元，增长了 449%，企业债券发行额由 2004 年的 467 亿元增加到 29993 亿元，增长了 63 倍，非金融企业境内股票融资由 2004 年的 673 亿元增加到 2016 年的 12416 亿元，增长了 17 倍。另外，上市公司由 2004 年的 1377 家增长到 3052 家，增长了 122%，银行业金融机构资产由 2004 年的 315990 亿元增长到 2322532 亿元，增长了 635%，非银行业金融机构资产由 2004 年的 8727 亿元增长到 79311 亿元，增长了 808%（见图 6 - 1）[②]。毫无疑问，中国金融行业的飞速发展对推动中国经济持续增长方面具有不可忽视的作用，那么，金融又是如何影响工业发展和经济增长的呢？由此，不同学者纷纷从不同的视角来探究金

---

① 参见习近平总书记 2017 年 5 月 14 日在"一带一路"国际合作高峰论坛上的讲话《携手推进"一带一路"建设》，具体网址：http://china. cnr. cn/gdgg/20170514/t20170514_ 523753936. shtml。
② 以上数据均来自历年《中国金融年鉴》及 EPS 数据库。

融发展与经济发展之间的关系（谈儒勇，1999；韩廷春，2001；周立和王子明，2002；袁云峰和曹旭华，2007；中国经济增长与宏观稳定课题组，2007；陆静，2012；邵宜航等，2015）。事实上，在以间接融资特别是银行信贷为主体的国家或地区，对微观经济主体的投资决策、地区产业的发展以及宏观经济的增长影响最大的因素往往就是金融机构的信贷行为，由于中国幅员辽阔，各地区经济发展水平参差不齐，区域金融发展水平也是差距很大（崔光庆和王景武，2006），最明显的就是由于经济发展水平、金融发展水平、政府行为、制度安排等因素的影响，各地区的银行信贷行为存在巨大差异（曹凤岐和杨乐，2014），在一系列银行信贷特征中，信贷期限结构是其中非常重要的一项特征，因此，在区域协调发展提升为国家战略的当下，深入讨论银行信贷特别是银行信贷期限结构对地区经济增长和工业发展的作用也就具有十分重要的现实意义。

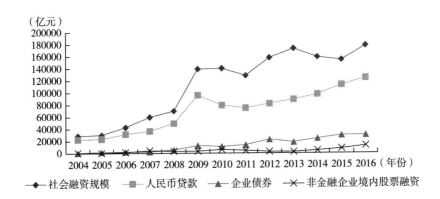

图 6 – 1　2004～2016 年中国金融市场发展趋势

资料来源：笔者根据历年《中国金融年鉴》相关数据绘制而成。

目前，讨论金融发展与经济增长和工业发展之间关系的文献相对来说较多，特别是自 20 世纪 90 年代以来，相关研究不断涌现，但是关于金融发展与经济增长的关系直至目前依然存在争议。一般而言，在 2008 年全球金融危机之前，主流观点认为金融发展有助于促进经济增长（Gurley & Shaw，1955；Goldsmith，1969；Mckinnon，1973；Shaw，1973；King & Levine，1993；谈儒勇，1999；周立和王子明，2002；王志强和孙刚，2003；艾洪德等，2004；陈刚等，2006；陈伟国和张红伟，2008；陆静，2012），但是，在 2008 年之后，越来越多的学者意识到过度的金融发展可能会抑制经济增长（王勋和赵珍，2011；胡海峰和王爱萍，2016）。目前，关于这一问题的解释大致可以分为三类观点，即金融发展促进经济增长论、金融发展抑制经济增长论以及金融发展和经济增长关系不确定论。虽然既有文献已经对金融发展与经济增长和工业发展的关系进行了深入研究，也取得了丰硕的成果，为研究中国不同地区金融发展与经济增长以及工业发展的关系及其具体机制奠定了扎实的基础。但是，事实上，在中国金融行业突飞猛进的同时，间接融资依旧占据中国金融市场的主导地位。2004 年，银行信贷占全社会融资规模的比重为 79%，但是到了 2016 年，该比重依旧高达 70%[①]。鉴于现阶段中国金融体系的最大特点就是以银行特别是大型银行为主的间接融资体系（龚强等，2014），银行信贷就成为货币当局和学界最关注的指标之一，特别是自 2008 年全球金融危机发生后，伴随积极的财政政策和宽松的货币政策的出台，银行信贷被大规模释放，这进一步引发了银行信贷对经济稳定和经济增长影响的讨论，不同学者纷纷从不同的视角来探究银行信贷与经济增长之间的关系（范从来等，2012；曹凤岐和杨乐，2014；张晓玫和罗鹏，2015；李炳和袁威，2015；张杰和居杨雯，2017）。总之，要探讨金融发展与地区经济增长和工业发展的关系及其具体机制，最好的切入口就是从银行信贷入手来深入研究两者之间的关系以及其中可能存在的传导机制。但是如果我们单纯研究信贷总量未免过于简单，难以揭示深层次的原理。因此，我们必须更进一步地从银行信贷结构入手来进行研究。目前，已有国外文献从银行信贷的持有部门结构来分析银行信贷对经济增长的关系，例如，区分公司贷款和个人贷款（Safaei & Cameron，2003；Pereira，2008），区分工商业贷款、消费类贷款和房地产贷款（Ludvigson，1998；De Haan et al.，2007），而至于国内相关文献，也有部分学者开始研究银行信贷结构与地区经济增长和工业发展之间的关系，张军（2006）从信贷投放对象的所有制结构来解释银行信贷对地区经济增长促进作用不显著的原因。曹凤岐和杨乐（2014）从存贷比的视角研究了银行信贷调配对区域经济增长的影响。考虑到长期以来短期贷款余额和中长期贷款余额[②]的总和一直占总贷款余额的 90%（范从来等，2012），并且不同期限的银行贷款在实际经济运行过程中具有显著的使用范围差异[③]，对地区经济增长和工业发展也会有截然不同的影响，因此，又有少

---

① 该数据是笔者根据《中国金融年鉴》相关数据计算而得。

② 短期贷款是指期限在一年以下（含一年）的贷款，而中长期贷款则是指贷款期限在一年以上（不含一年）的贷款。

③ 一般而言，短期贷款主要用于借款人生产经营中的流动资金需要，而中长期贷款则主要用于基础设施建设项目、新建固定资产项目、技术改造项目等。

数学者更进一步地从银行信贷的期限结构来研究银行信贷对地区经济增长和工业发展的作用机制，比如，范从来等（2012）、张晓玫和罗鹏（2013）、李炳和袁威（2015）、张杰和居杨雯（2017）从信贷期限结构出发来研究贷款期限结构对地区经济增长的影响。张晓玫和罗鹏（2015）也从信贷期限结构角度来研究金融发展对不同类型产业空间集聚的影响。本章在上述文献的基础上，尝试从中国的银行信贷行为逻辑出发来探究银行信贷期限结构对地区不同产业发展的影响效应及其内在作用机制。一般而言，银行信贷行为特别是信贷期限结构对工业发展和经济增长的影响渠道有许多种，而企业研发创新是其中非常重要的一种影响渠道。因此，本章更进一步地从企业研发创新的视角来揭示银行信贷期限结构对工业发展和经济增长的作用效果，这也是本章创新之所在。通过这项研究，我们可以更好地观察中国金融体系运行的基本特征以及对不同地区实际经济运行深刻而又复杂的影响，从而使相关经验发现更具有典型现实意义，并对政府决策具有一定的参考价值。

第二节　具体理论机制

一、信贷期限结构对地区工业发展和经济增长的影响

信贷期限结构对地区工业发展和经济增长具有十分重要的影响。在许多文献中，当研究中国地区金融发展时往往使用笼统的贷款总量概念来衡量一个地区的金融发展水平（孙力军和张立军，2008；李苗苗等，2015；钟腾和汪昌云，2017），但事实上，由于贷款期限的不同导致其适用范围往往迥然不同，真正能够支持企业用于固定资产投资、技术改进、研发创新等方面的往往是长期贷款，虽然也有部分企业通过"短贷长用"的方式来使用银行资金，但是这一方式存在严重的"期限错配"风险，并不为大部分企业所选择，通常只是"无奈之举"。因此，我们在分析银行信贷对工业发展和经济增长的影响时不能笼统地分析银行信贷总量对工业发展和经济增长造成的影响，这容易造成对银行信贷作用效果的错误估计，我们可以进一步将银行信贷分为短期贷款和中长期贷款或使用银行信贷期限结构来进行深入的分析，才有可能正确认知银行信贷对工业发展和经济增长的作用。一般而言，银行信贷期限结构对工业发展和经济增长的作用渠

道有如下几种：第一，银行信贷期限结构会通过研发创新渠道来影响地区工业发展和实体经济增长。在大多数发展中国家，以间接融资特别是银行信贷为主要融资渠道的金融体系由于受到政府的不合理干预等多种因素的影响，会造成"金融抑制"现象的发生（Mckinnon，1973；Shaw，1973），从而造成一系列的后果，其中比较严重的问题就是，银行信贷期限结构与实体经济研发创新部门的资金期限需求不相匹配（林毅夫等，2008），最终对地区工业发展和宏观经济增长产生负面抑制作用。一般来说，企业使用短期资金来维持流动性的稳定而使用长期资金来进行技术改进、研发创新等长期投资项目，如果银行信贷中短期贷款比重过高而中长期贷款比重过低，则必然会导致企业用于技术改进、研发创新的资金不足，进而抑制产业的长远发展和实体经济的长期增长。第二，银行信贷期限结构会通过房地产行业固定资产投资渠道来影响地区工业发展和实体经济增长。在当前中国特殊的经济背景下，金融部门特别是银行业部门大量向房地产行业发放长期贷款已经成为不争的事实（张杰和居杨雯，2017），这主要是因为近20年来中国房地产行业高速发展导致房地产行业的银行长期贷款成为一种风险低、回报高的优质资产，从而商业银行纷纷做起房地产贷款业务，银行长期资金大量涌向房地产领域也就不足为奇了。但是，大量长期资金主要流向房地产领域，必然会挤压流向以制造业为主的实体经济领域的长期资金（张杰等，2016），推高实体经济领域的长期资金价格，遏制实体经济发展所需要的长期资金需求，造成"长期贷款虽在增长但实体经济却极度缺乏资金"的现象，最终扭曲产业发展、抑制实体经济增长。另外，房地产行业的高速发展又必然会不断推高房价，扭曲社会消费结构，形成"房地产行业高速发展而其他行业尤其是新兴产业和高技术产业发展不足"的困境，最终导致产业结构的扭曲，影响产业的长期发展和经济的可持续增长。如果银行信贷期限结构再趋向短期化的话，则会进一步加剧上述现象的发生。第三，银行信贷期限结构也会通过国有经济部门固定资产投资渠道来影响地区工业发展和经济增长。国有企业作为国民经济的支柱，在国民经济的关键领域和重要部门中占据支配地位，为确保国民经济持续健康发展发挥着重要作用，由此，国有企业也受到诸多特殊待遇，比如国家债务的隐性担保、预算软约束等所谓的"父爱主义"关照（解维敏和方红星，2011），表现在融资方面就是中国的金融体系特别是银行业尤其偏向于向国有企业发放长期贷款，从而对工业发展和经济增长产生十分重大的影响。由于跟民营企业相比，国有企业的生产效率相对较低，如果银行信贷过度偏向于国有企业，使国有企业过度获得利率较低的长期贷款，必然会挤压生产效率相对较高的民营企业所获得的长期贷款，从而造成自身生产效率的损失（胡一帆等，2006；周黎安等，2007），抑制民营经济较为集中产业的发展以及整体经济的增长，造成资源配置效率的下降（刘瑞明和石磊，2010；刘瑞明，2011）。如果银行信贷期限结构再趋向短期化的话，则会进一步加剧上述现象的发生。

二、信贷期限结构对企业技术改进和研发创新的影响

一般而言，相对于以金融市场为主要渠道的直接金融体系，以银行信贷为主要渠道的间接金融体系往往对一个国家或地区的创新研发能力促进作用不足（Chava et al.，2013；Hsu et al.，2014），这也说明融资约束会抑制企业研发创新（张璇等，2017），但是在缺乏资金渠道的发展中国家，由于金融体系的不完善，融资渠道极为欠缺，大部分企业主要依靠以银行为主的间接融资体系，与此同时，技术改造、研发创新等项目需要大量长期资金投入，外部融资就成为影响企业技术改进和研发创新的关键因素（解维敏和方红星，2011；马光荣等，2014），因此，在间接融资体系中，这些巨额融资项目只能更多依赖于大量的银行长期资金支持，在这种背景下，银行信贷的期限结构就对企业的研发创新具有举足轻重的影响。如果以银行为主的金融机构能为企业的技术改造和研发创新提供足够的长期资金支持，那么，企业的技术进步和研发创新就能取得长足的进步，相反，如果以银行为主的金融机构不能为企业的技术改造和研发创新提供足够的长期资金支持，那么，企业的技术进步和研发创新将停滞不前。就具体产业而言，在以银行信贷为主导的间接金融体系中，长期贷款的增加有助于促进外部融资依赖型产业的研发创新活动，而短期贷款的增长会在一定程度上抑制外部融资依赖型产业的研发创新活动（Xin et al.，2017）。事实上，目前中国的金融体系依旧是以银行体系为主导，而银行体系则依旧是以少数国有大型银行为主导，虽然经过多次市场化改革（巴曙松等，2005；田利辉，2005），但是以国有银行为主体的金融体系依旧没有发生改变，以国有银行为主导的金融体系依旧处于相对垄断地位。与此同时，由于一般商业银行主要以绩效为导向，按照利益最大化的原则来指导经营行为，这就使商业银行有更大的动力向实体企业发放风险更低、利润相对更高的短期贷款业务，而放弃风险较大、利润相对不高的长期贷款业务，而大型国有银行虽然由于政策上的需要也会发放一定量的长期贷款，但是受到1997年和2008年两次金融危机的经验教训以及作为上市公司应大多数股东的要求，为了严格控制坏账风险，也必然不敢像过去那样大规模发放长期贷款。另外，由于许多地方商业银行开始实施贷款终身负责制以及贷款审批权特别是长期贷款审批权逐层上收，使许多商业银行的基层支行无权发放长期贷款，只能发放短期担保抵押贷款。综合以上原因，中国银行业的信贷期限结构趋向短期化，将加剧银行信贷期限结构与实体经济特别是外部融资依赖型企业对长期贷款需要的不匹配性，从而在很大程度上抑制了许多企业的技术改进和研发创新。事实上，企业的技术改进和研发创新又包含多种形式，如新产品开发、专利开发、技术引进、技术消化吸收、购买国内技术、技术改造等，而信贷期限结构的变化对上述技术改进和创新研发行为的影响也并不一致。

三、技术改进和研发创新对地区工业发展和经济增长的影响

众所周知，劳动、资本和土地等要素是推动经济增长的主要动力（Harrod，1939），但是随着经济的发展，信息、技术正在成为驱动经济增长的要素（Krugman，1994；Young，2003），技术进步在经济增长中的决定性作用日益凸显（Solow，1957；Denison，1962；Romer，1990），经济增长也正在由要素驱动和投资驱动向创新驱动转变（Porter，1998；Habtay，2012）。总之，技术改进和研发创新对工业发展和经济增长存在显著的促进作用（Grossman & Helpman，1991；Aghion & Howitt，1992；严成樑和龚六堂，2013；Ljungwall & Tingvall，2015）。一般而言，研发创新大致可以分为基础研究、应用研究和试验发展三类，不同种类的研发活动对工业发展和经济增长的影响并不一致。首先，基础研究类研发创新活动主要是为了认识自然现象并获得相关的基本原理知识，因此，其对工业发展和经济增长的短期作用并不显著，其贡献主要体现在通过知识生产渠道来促进产业的长远发展和经济的长期增长。其次，应用研究类研发创新主要是出于解决实践过程中的各种问题、开辟各种可能途径而创造新知识，因此，此类研发活动的主要任务虽然也是创造新知识，但更偏向于实际应用，有利于推动技术进步，从而有助于提高企业生产效率、促进工业发展和经济增长，但在短期内其对现实经济的促进作用也不显著。最后，试验发展类研发创新则更多是出于获得新材料、新产品、新工艺、新服务的目的，它只是利用已有知识创造新的应用，此类研发创新主要包括水平创新（增加产品种类）和垂直创新（提升产品质量），企业的水平创新和垂直创新能够驱动产量的增加和推动生产成本的下降，从而提高资本和劳动的边际产出，促进工业发展和经济增长。另外，研发创新还能够通过技术转移等空间溢出效应来促进工业发展和经济增长（白俊红等，2017）。通过人力资本流动渠道、物质资本流动渠道以及文化传播交流渠道（熊义杰，2011），研发创新所获得的知识技术在空间内得以迁移，事实也证明，中国的技术进步存

在明显的空间扩散效应（潘文卿等，2017；符淼，2009），从而使研发创新通过空间溢出效应来推动整个地区的工业发展和经济增长。

基于上述分析，本章做出如下研究假设：

研究假设1：信贷期限结构长期化有助于促进地区工业发展，而信贷期限结构短期化则会抑制地区工业发展。

研究假设2：信贷期限结构短期化可以通过企业研发创新活动来抑制地区工业发展，并且不同类型研发创新活动的传导效应并不一致。

第三节　实证模型及识别策略

一、计量模型的设定及数据来源

根据上文所需证明的研究假设，同时在充分考虑中国现实情景的基础上，我们通过实证来进一步探究银行信贷期限结构对工业发展的影响以及银行信贷期限结构通过企业研发创新活动来影响工业发展的具体机制。

（一）银行信贷期限结构对工业发展影响效应的计量模型设定

我们借鉴 Barro & Sala – i – Martin（1995）和 Islam（1995）的宏观经济增长模型以及陆铭和陈钊（2009）、刘勇政和冯海波（2011）、郑世林等（2014）以及张杰和居杨雯（2017）的中国经济增长模型，采用了一个基于经济增长框架的实证模型，在此基础上分析中国各省份银行信贷期限结构对工业发展的影响，具体的计量模型设定如下：

$$industry\_gwth_{it} = \alpha_0 + \alpha_1 industry\_gwth_{it-1} + \alpha_2 loanstru\_1_{it}/loanstru\_2_{it}/long\text{-}loan\_gwth_{it}/shortloan\_gwth_{it} + \lambda \cdot Z_{it} + \varepsilon_{it} \tag{6-1}$$

其中，被解释变量 $industry\_gwth_{it}$ 表示 i 省份 t 年规模以上工业企业销售产值的增长速度，我们以 2003 年为基期，使用 CPI 指数计算得到中国各省级地区的实际规模以上工业企业销售产值，进而计算得到各省级地区的实际规模以上工业工业企业销售产值的增长率。该数据主要来自 2004～2017 年的《中国工业经济统计年鉴》。方程右边是一系列解释变量。由于中国各省级地区的规模以上工业企业销售产值具有延续动态效应，因此，我们在解释变量中纳入了各省级地区规模以上工业企业销售产值的滞后一期值 $industry\_gwth_{it-1}$。更进一步地，我们将制造业划分为三类：劳动密集型制造业、资本密集型制造业和技术密集型制造业，借鉴黄莉芳等（2013）、谢子远和张海波（2014）的分类法，劳动密集型制造业包括食品制造业，农副食品加工业，饮料制造业，纺织业，纺织服装、鞋、帽制造业，造纸及纸制品业。资本密集型制造业包括石油加工、炼焦及核燃料加工业，非金属矿物制品业，黑色金属冶炼及压延加工业，有色金属冶炼及压延加工业，金属制品业，通用设备制造业，专用设备制造业，仪器仪表及文化、办公用机械制造业，烟草制品业。技术密集型制造业包括化学原料及化学制品制造业，医药制造业，化学纤维制造业，交通运输设备制造业，电气、机械及器材制造业，通信设备、计算机及其他电子设备制造业。核心解释变量是长期贷款增速 $longloan\_gwth_{it}$、短期贷款增速 $shortloan\_gwth_{it}$ 以及两类银行信贷期限结构即长期贷款/短期贷款（$loanstru\_1_{it}$）和短期贷款/长期贷款（$loanstru\_2_{it}$）。一方面，我们使用长期贷款增速和短期贷款增速来表示有关长期贷款和短期贷款的代理变量；另一方面，我们同时采用长期贷款数量与短期贷款数量的比值（$loanstru\_1_{it}$）或者短期贷款数量与长期贷款数量的比值（$loanstru\_2_{it}$）来反映中国各省级地区的银行信贷期限结构。显而易见，$loanstru\_1_{it}$ 越大或者 $loanstru\_2_{it}$ 越小，说明该地区的银行信贷期限结构越偏向于长期贷款。以上数据均来自2004～2017 年的《中国金融年鉴》，部分缺失数据由各省统计年鉴补充。事实上，在中国现实环境中，中国各省级地区在要素禀赋和经济发展所处阶段存在明显的差异，同时，各省级地区的金融发展水平以及当地政府对金融体系的干预程度也存在显著差异，从而为本章的研究提供了一个非常好的"拟自然"环境。最后，Z_{it} 表示控制变量集合，根据已有的经济增长理论，我们控制了如下变量：劳动增长率（emp_gwth_{it}）、资本增长率（$rnewfai\_gwth_{it}$）、政府消费支出（gov_{it}）以及经济开放度（$eximrate_{it}$）。其中，劳动增长率由各省级地区的年底劳动就业人口增长率来衡量，劳动力优势是中国在过去几十年能够快速工业化、实现经济高速增长的最重要优势，因此，劳动增长率是引致工业发展和经济增长的重要因素，必须加以控制；资本增长率由各省级地区的新增固定资产投资增长率来衡量，资本积累对工业化的作用毋庸置疑，尤其是一个国家或地区在由农业社会向工业社会转型的过程中，大量资本投入是开启工业化实现经济快速增长的必要条件，因此，也必须控制资本增长率；至于政府消费支出，由于在中国情景下，地方政府在中国地区产业的高速发展中发挥着举足轻重的作用，是影响地区工业发展和经济增长的十分重要的因素，因此，也必须加以控制。同时，地区政府消费支出占比的差异在很大程度上反映了政府对经济发展的干预程度，因此，我们使用政府消费性支出占 GDP 的比重来表示政府消费支出水平，具体在计算政府消费支出时，我们借鉴陆铭和陈钊（2009）的做法，扣除了科技经费支出和教育经费支出这类具有较强公共属性的支出。经济开放度则由各省级地区的进出口总额占 GDP 的比重来表示，很显然，经济开放度是导致中国各省级地区经济发展出现巨大差异的关键因素。ε_{it} 则是随机扰动项。需要说明的是，我们计算各控制变量的数据均来源于中国 2004～2017 年的《中国统计年鉴》《中国科技统计年鉴》《中国人口统计年鉴》《中国劳动统计年鉴》，缺失数据由各省统计年鉴进行补充。

（二）银行信贷期限结构通过企业研发创新活动影响工业发展的计量模型设定

为了检验银行信贷通过不同类型研发创新进而影响工业发展的作用效应，我们设定了如下的计量模型进行检验：

$$industry\_gwth_{it} = \alpha_0 + \alpha_1 industry\_gwth_{it-1} + \alpha_2 innovation_{it} \times loanstru\_1/loanstru\_2 + \lambda \cdot Z_{it} + \varepsilon_{it} \tag{6-2}$$

其中，在计量模型方程（6-2）中，与计量模型方程（6-1）不同的是，我们加入了各种研发创新密集度与银行信贷期限结构变量（$loanstru\_1$ 或 $loanstru\_2$）的交互项，以此检验中国各省级地区银行信贷期限结构通过不同研发创新活动对工业发展造成的影响效应。由于企业的研发创新活动分为许多不同的类型，从大的方面来说，可以分为基础研究型、应用研究型以及实验发展型，但从中国实际情况出发，目前中国企业在基础研究领域的投入几乎是微不足道的，而在应用研究型领域的投入其实也非常少，相关的研发投入其实主要集中在试验发展型领域以及技术引进、消化、吸收等方面。因此，我们将中国企业的技术改进和研发活动细分为如下类型：新产品开发、专利开发、引进技术、消化吸收技术、购买国内技术、技术改造等，并使用规模以上工业企业内部研发支出、规模以上工业企业新产品开发数量、规模以上工业企业专利申请数量、规模以上工业企业引进技术经费支出、规模以上工业企业消化吸收技术经费支出、规模以上工业企业购买国内技术经费支出、规模以上工业企业技术改造经费支出来表示内部研发创新活动、新产品开发活动、专利开发活动、引进技术活动、消化吸收技术活动、购买国内技术活动和技术改造活动。进一步地，我们使用上述指标除以规模以上工业企业主营业务收入的比值来表示各自的研发创新密集度，最终得到内部研发支出密集度（$rdint_{it}$）、新产品开发密集度（$newprodint_{it}$）、专利申请密集度（$ptnappint_{it}$）、引进技术经费密集度（$yinjinint_{it}$）、消化吸收技术经费密集度（$xiaohuaint_{it}$）、购买国内技术经费密集度（$goumaint_{it}$）、技术改造经费密集度

（$gaizaoint_{it}$）。需要说明的是，以上关于研发创新和技术改进的数据均来自2004～2017年《中国科技统计年鉴》以及 EPS 数据库，部分缺失数据由省级统计年鉴补充完整，所有增长率变量均通过（本年变量－上年变量）/上年变量的方式计算而得。

二、内生性问题的讨论和处理

从作用逻辑来看，中国各省级地区的银行信贷期限结构与工业发展和经济增长之间可能存在特定的内生性问题。第一，一个地区银行信贷期限结构与工业发展和经济增长之间存在由联立性导致的内生性问题。一方面，各省级地区的银行信贷期限结构可以通过投资渠道对当地工业发展和经济增长产生影响；另一方面，当地的工业发展和经济增长也会影响金融机构的行为，金融机构出于盈利的目的在做出贷款决策时，往往将长期贷款投向经济发展状况较好的行业和地区，从而会影响本地区的银行信贷期限结构。第二，一个地区银行信贷期限结构与工业发展和经济增长之间还存在由遗漏变量导致的内生性问题。由于国家实行区域协调发展战略，对不同地区采取有差异性的政策，特别是对发展落后地区往往会出台诸多扶持政策，由此，中央政府对不同地区采取差异化政策，其中就包括金融方面的差异化政策，而这既会影响当地银行业机构的贷款期限结构，同时也会影响当地的工业发展和经济增长，从而造成由遗漏重要变量导致的内生性问题。对于遗漏重要变量所引起的内生性问题，我们尽量控制可以获得的相关省级地区信息，同时采用地区固定效应来控制一些表征地区差异的因素。但是，对于由联立性导致的内生性问题，我们借鉴张杰和居杨雯（2017）的做法，尝试通过寻找反映各省级地区银行信贷期限结构决策动机的外生变量，从而来缓解可能存在的内生性问题。主要思路是构建一个能够反映各省级地区的金融机构按照自身风险承受能力采取市场化运作方式来进行信贷期限结构决策的外生变量。换言之，就是构建一个排除国有经济部门、房地产部门、基础设施部门以及自然禀赋等因素所得到的相对干净的银行信贷期限结构代理变量。具体的估计方法如下所示：

$$loanstru\_ 1_{it}/loanstru\_ 2_{it} = \beta_0 + \beta_1 grfai\_ guoyou_{it} + \beta_2 grfai\_ mining_{it} +$$
$$\beta_3 grfai\_ infra_{it} + \beta_4 grrealest_{it} + v_{it} \qquad (6-3)$$

在中国现实情景下，房地产部门、国有经济部门、基础设施部门以及自然资源行业是影响银行业金融机构信贷期限结构的四个因素，因此，我们在计量模型方程（6-3）中将上述四个因素纳入进来，通过排除这四个因素获得相对干净的残差项来作为银行信贷期限结构的代理变量。其中，$grfai\_ guoyou_{it}$ 表示国有经济部门固定资产投资增长率，用来表示国有经济部门因素。在中国的现实情况下，以银行为主体的金融体系更倾向于将资金贷给国有经济部门，特别是将长期贷款投放给具有政府担保性质或具有行政垄断性质的国有经济部门，这能保证银行贷款的安全性，同时银行机构也能稳定地获得一定的利润回报。$grfai\_mining_{it}$表示采矿业固定资产投资增长率，用来表示自然资源部门因素。由于自然资源的开采往往需要长期巨额资金，开采自然资源通常需要借助于外部融资特别是银行长期贷款才能完成，同时由于不同省级地区的自然资源禀赋存在差异，导致在不同地区自然资源开采对当地银行信贷期限结构的扭曲性作用也有所不同，因此，很有必要排除自然资源因素对各省级地区银行信贷期限结构的干扰作用。$grfai\_infra_{it}$表示基础设施固定资产投资增长率，用来表示基础设施部门因素。在过去几十年，中国正处于大发展时期，以投资驱动经济增长是这一时期的最大特点，特别是基础设施投资更是突飞猛进，由于基础设施投资主要依赖于银行的长期资金，不同省级地区基础设施投资额的多少必然会影响该地区的银行信贷期限结构，因此，非常有必要排除基础设施部门对各省级地区银行信贷期限结构的干扰作用。$grrealest_{it}$表示房地产开发投资额增长率，用来表示房地产部门因素。过去20年是中国房地产行业发展的黄金时期，无论是房地产需求还是房地产供给，其所涉及的资金都具有典型的长周期特征，此外，又由于房地产行业具有强大的造富能力，吸引大量长期资金进入这一行业，从而使房地产行业对本地区的银行信贷期限结构具有十分重大的影响，因此，十分有必要排除房地产部门因素对各省级地区银行信贷期限结构的干扰作用。关于上述数据的来源，国有经济部门固定资产投资、采矿业固定资产投资、基础设施固定资产投资等数据主要来自2004～2017年《中国固定资产投资统计年鉴》及EPS数据库，而房地产开发投资额数据则主要来自2004～2017年《中国房地产统计年鉴》及EPS数据库，部分缺失数据由各省级年鉴补充。通过对计量模型方程（6-3）进行OLS回归后得到i省份t年的残差项v_{it}，也就是本章所要估计的排除房地产部门、国有经济部门、基础设施部门以及自然资源禀赋四大因素的干扰影响，能够反映中国各省级地区的金融机构根据自身风险承受能力采取市场化运作方式来进行银行信贷期限结构决策的相对较为干净的代理变量。因此，在对计量模型方程（6-1）和计量模型方程（6-2）进行估计时，我们均采用v_{it}来作为反映中国各省级地区银行信贷期限结构变化信息的代理变量。

三、估计方法

虽然我们使用计量模型方程（6-3）估计了残差项v_{it}来作为中国各省级地

区银行信贷期限结构的代理变量，但是，该方法并不能完全解决银行信贷期限结构与工业发展和经济增长之间的由联立性和遗漏重要变量引致的内生性问题。由于本章的计量模型纳入了被解释变量的滞后项，需要在构造动态面板数据的结构下开展实证研究。由于动态面板数据将滞后因变量作为自变量，会导致内生性问题，而一般适用于面板数据的固定效应模型或随机效应模型很难解决这种内生性问题。因此，为了得到无偏一致的估计量，一般文献通常使用工具变量法或广义矩估计法（GMM）来解决这一问题。但是，工具变量法存在难以选取合适工具变量的问题，并可能影响计量模型的稳健性（韩峰和柯善咨，2012；杨仁发，2013）。因此，本章采用 Arellano 和 Bond（1991）、Arellano 和 Bover（1995）以及 Blundell 和 Bond（1998）等提出的广义矩估计法（GMM）。一般而言，GMM 估计方法有差分广义矩估计法（DIF - GMM）和系统广义矩估计法（SYS - GMM）之分，其中，利用差分广义矩估计法得到的估计量的有限样本特性相对较差，特别是在滞后项与一阶差分项存在弱相关时，存在弱工具变量问题（Roodman，2009），导致适用性较差，因此，Arellano 和 Bover（1995）以及 Blundell 和 Bond（1998）出于有效解决滞后因变量引起的内生性问题以及面板数据不随时间变化的个体效应问题，提出了系统 GMM 估计法，通过利用差分和水平变量信息来构造工具变量，将差分方程和水平方程作为一个系统来进行估计，大大提高了估计量的有效性，总之，系统 GMM 方法可以很好地处理动态面板数据，该估计法的原理是在一阶差分方程基础上引入水平方程，从而构成一个两方程系统，通过引入水平方程，不仅增加了差分方程的工具变量，同时其自身变量的差分滞后项也被当作水平方程相应变量的工具变量，由此，两步系统 GMM 估计法可以有效解决弱工具变量问题。另外，系统 GMM 估计方法适合于"大 N 小 T"的情形，而本章的样本数据结构恰好符合这种特征。因此，本章对计量模型方程（1）和计量模型方程（2）采用两步系统 GMM 估计法。为增强回归结果的可靠性，在使用 GMM 估计方法进行估计时，我们均对模型设定的合理性和工具变量的有效性进行相应检验，发现所有模型的 AR（1）和 AR（2）检验均通过了差分方程中误差项一阶序列相关、二阶序列不相关的原假设，而 Hansen 过度识别检验表明在1%的显著性水平上不能拒绝工具变量有效的原假设，由此也说明选择 GMM 估计方法具有一定的合理性。

第四节　实证分析

一、银行信贷期限结构对工业发展的影响效应

表6－1报告了基于OLS模型下各省级地区的长期贷款、短期贷款以及信贷期限结构对整体工业发展影响的检验结果。其中，模型1的结果显示，各省级地区的银行长期贷款增速对本地区规模以上工业企业销售产值的作用效应在5%的统计水平上显著为正，这说明银行长期贷款的增加有助于促进工业发展，而模型2的估计结果则显示，各省级地区的银行短期贷款增速对本地区规模以上工业企业销售产值的作用效应在1%的统计水平上显著为负，这说明银行短期贷款的增加可能会抑制工业的发展。更重要的是模型3和模型4的结果，模型3的结果显示，各省级地区的银行信贷期限结构长期化趋势对本地区规模以上工业企业销售产值的作用效应在5%的统计水平上显著为正，这就说明银行信贷期限结构趋向长期化有助于促进工业发展，而模型4的估计结果则显示，各省级地区的银行信贷期限结构短期化趋势对本地区规模以上工业企业销售产值的作用效应在1%的统计水平上显著为负，这又说明银行信贷期限结构趋向短期化会抑制工业的发展。上述结论充分说明，一个地区的信贷期限结构越是倾向于长期化，其工业发展速度就越快；相反，一个地区的信贷期限结构越是倾向于短期化，其工业发展速度就会受到抑制，由此验证了长期贷款倾向的金融体系可以促进中国工业发展而短期贷款倾向的金融体系会抑制工业发展这一基本事实，从而为本章的研究假设1提供了支持证据。

表6－1　信贷数量和信贷期限结构对整体工业发展影响的检验结果（基于OLS模型）

被解释变量	模型1	模型2	模型3	模型4
	rindsale_ gwth	*rindsale_ gwth*	*rindsale_ gwth*	*rindsale_ gwth*
L. *rindsale_ gwth*	0.297***	0.320***	0.290***	0.288***
	(3.16)	(3.30)	(3.06)	(3.01)
longloan_ gwth	0.151**			
	(2.26)			

续表

被解释变量	模型 1 rindsale_ gwth	模型 2 rindsale_ gwth	模型 3 rindsale_ gwth	模型 4 rindsale_ gwth
shortloan_ gwth		-0.087*** (-2.76)		
loanstru_ 1			0.172** (2.23)	
loanstru_ 2				-0.184*** (-2.74)
emp_ gwth	0.035 (0.98)	0.037 (1.00)	0.030 (0.90)	0.037 (1.05)
rnewfai_ gwth	0.336** (2.42)	0.297** (2.05)	0.393*** (2.82)	0.345** (2.26)
eximrate	-0.175* (-1.85)	-0.149 (-1.62)	-0.174* (-1.86)	-0.185** (-1.98)
gov	0.065 (0.64)	0.141 (1.38)	0.112 (1.11)	0.153 (1.45)
adj. R^2	0.752	0.753	0.752	0.752
观测值	360	360	360	360

注：***、**、*分别表示在1%、5%、10%的统计水平上显著，括号中报告的是t值或z值。

表6-2报告了基于GMM模型下各省级地区的长期贷款、短期贷款以及信贷期限结构对整体工业发展影响的检验结果。其中，模型1的结果显示，各省级地区的银行长期贷款增速对本地区规模以上工业企业销售产值的作用效应在1%的统计水平上显著为正，这说明银行长期贷款的增加有助于促进工业发展，而模型2的估计结果则显示，各省级地区的银行短期贷款增速对本地区规模以上工业企业销售产值的作用效应为负，但并不显著，这与表6-1中的相应结果并不一致，这可能说明银行短期贷款增速对工业发展的抑制效应并不是很强。更重要的是模型3和模型4的结果，模型3的结果显示，各省级地区的银行信贷期限结构长期化趋势对本地区规模以上工业企业销售产值的作用效应在1%的统计水平上显著为正，这就说明银行信贷期限结构趋向长期化有助于促进工业发展，而模型4的估计结果则显示，各省级地区的银行信贷期限结构短期化趋势对本地区规模以上工业企业销售产值的作用效应在1%的统计水平上显著为负，这又说明银行信贷期限结构趋向短期化会抑制工业的发展。上述结论与使用OLS估计的结果基

本一致,说明一个地区的信贷期限结构越是倾向于长期化,其工业发展速度就越快;相反,一个地区的信贷期限结构越是倾向于短期化,其工业发展速度就会受到抑制,这进一步验证了长期贷款倾向的金融体系可以促进中国工业发展而短期贷款倾向的金融体系会抑制工业发展这一基本事实,再次为本章的研究假设1提供了支持证据。

表6-2 信贷数量和信贷期限结构对整体工业发展影响的检验结果 (基于 GMM 模型)

被解释变量	模型1	模型2	模型3	模型4
	rindsale_ gwth	*rindsale_ gwth*	*rindsale_ gwth*	*rindsale_ gwth*
L. *rindsale_ gwth*	0.252 ***	0.230 ***	0.233 ***	0.238 ***
	(3.45)	(2.81)	(2.93)	(3.09)
longloan_ gwth	0.121 ***			
	(3.57)			
shortloan_ gwth		−0.009		
		(−0.24)		
loanstru_ 1			0.183 ***	
			(2.69)	
loanstru_ 2				−0.198 ***
				(−2.60)
emp_ gwth	0.057	0.069	0.071	0.078
	(0.86)	(1.06)	(1.10)	(1.30)
rnewfai_ gwth	0.473 ***	0.501 ***	0.532 ***	0.525 ***
	(7.27)	(7.83)	(8.18)	(8.61)
eximrate	−0.253 ***	−0.276 ***	−0.307 ***	−0.319 ***
	(−3.59)	(−5.25)	(−6.06)	(−4.94)
gov	−0.088	−0.097	−0.172	−0.201 *
	(−0.56)	(−0.94)	(−1.40)	(−1.65)
地区固定效应	YES	YES	YES	YES
时间固定效应	NO	NO	NO	NO
AR (1) −test	0.000	0.001	0.000	0.000
AR (2) −test	0.952	0.543	0.843	0.890
Hansen test	29.5	28.3	29.7	28.5
观测值	360	360	360	360

注:***、**、*分别表示在1%、5%、10%的统计水平上显著,括号中报告的是 t 值或 z 值。

表6-3 报告了基于 OLS 模型下各省级地区银行信贷期限结构对不同类型制造业影响的检验结果。从模型1和模型2中可以发现，省级地区银行信贷期限结构长期化趋势对劳动密集型制造业的作用效应为正，但是不显著，同时银行信贷期限结构短期化趋势对劳动密集型制造业的作用效应为负，也不显著，这说明银行信贷期限结构对劳动密集型制造业的影响并不是非常明显，这可能与劳动密集型制造业的外部融资依赖性较弱有关。再看模型3和模型4，省级地区银行信贷期限结构长期化趋势对资本密集型制造业的作用效应为正，但是不显著，而银行信贷期限结构短期化趋势对资本密集型制造业的作用效应为负，并且在5%的统计水平上显著，这说明短期化的银行信贷期限结构对资本密集型制造业具有明显的抑制作用。进一步看模型5和模型6，我们发现，省级地区银行信贷期限结构长期化趋势对技术密集型制造业的作用效应在5%的统计水平上显著为正，而银行信贷期限结构短期化趋势对技术密集型制造业的作用效应在10%的统计水平上显著为负，这又说明长期化的银行信贷期限结构对技术密集型制造业具有促进作用，而短期化的银行信贷期限结构对技术密集型制造业则具有明显的抑制作用。以上结论表明，银行信贷期限结构对不同类型制造业的影响并不相同，其中对技术密集型制造业和资本密集型制造业的影响较大，银行信贷期限结构短期化将对资本密集型制造业和技术密集型制造业产生抑制作用。

表6-3 信贷期限结构对不同类型工业发展影响的检验结果（基于 OLS 模型）

被解释变量	模型1	模型2	模型3	模型4	模型5	模型6
	rlaborint_ gwth	*rlaborint_ gwth*	*rcapint_ gwth*	*rcapint_ gwth*	*rtechint_ gwth*	*rtechint_ gwth*
L. *rlaborint_ gwth*	0.231 ***	0.226 ***				
	(2.77)	(2.74)				
L. *rcapint_ gwth*			0.279	0.266		
			(0.97)	(0.94)		
L. *rtechint_ gwth*					0.047	0.053
					(0.70)	(0.77)
loanstru_ 1	0.027		0.107		0.269 **	
	(0.24)		(1.10)		(2.27)	
loanstru_ 2		−0.131		−0.321 **		−0.158 *
		(−1.31)		(−2.24)		(−1.80)

续表

被解释变量	模型 1	模型 2	模型 3	模型 4	模型 5	模型 6
	rlaborint_ gwth	rlaborint_ gwth	rcapint_ gwth	rcapint_ gwth	rtechint_ gwth	rtechint_ gwth
emp_ gwth	0.058	0.059	0.024	0.027	−0.011	−0.000
	(1.24)	(1.27)	(1.05)	(1.15)	(−0.23)	(−0.01)
rnewfai_ gwth	0.095	0.130	0.571**	0.633**	0.277	0.148
	(0.52)	(0.76)	(2.25)	(2.04)	(1.34)	(0.78)
eximrate	−0.356**	−0.364**	−0.082	−0.100	0.060	0.047
	(−2.54)	(−2.57)	(−1.04)	(−1.24)	(0.39)	(0.31)
gov	0.337	0.370	−0.027	0.048	−0.160	−0.123
	(1.28)	(1.38)	(−0.21)	(0.42)	(−0.77)	(−0.57)
adj. R^2	0.517	0.519	0.519	0.532	0.509	0.499
观测值	360	360	360	360	360	360

注：***、**、*分别表示在1%、5%、10%的统计水平上显著，括号中报告的是 t 值或 z 值。

表6-4报告了基于 GMM 模型下各省级地区银行信贷期限结构对不同类型制造业影响的检验结果。从模型1和模型2中可以发现，省级地区银行信贷期限结构长期化趋势对劳动密集型制造业的作用效应为正，但是不显著，同时，银行信贷期限结构短期化趋势对劳动密集型制造业的作用效应为负，也不显著，这说明银行信贷期限结构对劳动密集型制造业的影响并不是非常明显，与使用 OLS 模型估计的结果一致。再看模型3和模型4，省级地区银行信贷期限结构长期化趋势对资本密集型制造业的作用效应在1%的统计水平上显著为正，而银行信贷期限结构短期化趋势对资本密集型制造业的作用效应在10%的统计水平上显著为负，这说明长期化的银行信贷期限结构对资本密集型制造业具有促进作用，而短期化的银行信贷期限结构对资本密集型制造业则具有抑制作用，与使用 OLS 模型估计的结果类似。进一步看模型5和模型6，我们发现，省级地区银行信贷期限结构长期化趋势对技术密集型制造业的作用效应虽然为正，但不再显著，同样，银行信贷期限结构短期化趋势对技术密集型制造业的作用效应为负，也不再显著，这与使用 OLS 模型的估计结果有差异，这说明银行信贷期限结构对技术密集型制造业的影响效应并不十分稳健。以上结论再次表明，银行信贷期限结构对不同类型制造业的影响并不相同，同时，综合 OLS 和 GMM 两种模型的结果，可以明确的是，资本密集型制造业对银行信贷期限结构是最敏感的，银行信贷期限结构短期化将对资本密集型制造业产生抑制作用。

表6-4 信贷期限结构对不同类型工业发展影响的检验结果（基于 GMM 模型）

被解释变量	模型1 *rlaborint_ gwth*	模型2 *rlaborint_ gwth*	模型3 *rcapint_ gwth*	模型4 *rcapint_ gwth*	模型5 *rtechint_ gwth*	模型6 *rtechint_ gwth*
L. *rlaborint_ gwth*	0.395 *** (3.18)	0.393 *** (4.02)				
L. *rcapint_ gwth*			0.234 *** (3.83)	0.233 *** 3.81		
L. *rtechint_ gwth*					0.202 *** (2.86)	0.191 *** (2.65)
loanstru_ 1	0.053 (0.47)		0.234 *** (2.82)		0.136 (1.35)	
loanstru_ 2		-0.086 (-0.85)		-0.261 * (-1.91)		-0.134 (-1.24)
emp_ gwth	0.043 (0.92)	0.058 (0.82)	0.074 (1.60)	0.087 * (1.88)	0.020 (0.33)	0.036 (0.58)
rnewfai_ gwth	0.401 *** (8.89)	0.399 *** (10.35)	0.464 *** (6.34)	0.469 *** (6.29)	0.406 *** (5.24)	0.420 *** (5.43)
eximrate	-0.285 * (-1.70)	-0.334 *** (-5.02)	-0.247 ** (-2.29)	-0.267 *** (-3.23)	-0.270 *** (-3.34)	-0.308 *** (-4.34)
gov	0.083 (0.76)	0.032 (0.31)	-0.173 (-1.28)	-0.201 (-1.22)	-0.079 (-0.56)	-0.093 (-0.61)
地区固定效应	YES	YES	YES	YES	YES	YES
时间固定效应	NO	NO	NO	NO	NO	NO
AR（1）-test	0.007	0.006	0.002	0.003	0.001	0.001
AR（2）-test	0.160	0.149	0.330	0.340	0.136	0.134
Hansen test	27.43	25.85	29.01	28.77	28.36	29.14
观测值	360	360	360	360	360	360

注：*** 、** 、*分别表示在1%、5%、10%的统计水平上显著，括号中报告的是 t 值或 z 值。

二、银行信贷期限结构通过不同渠道影响工业发展的作用效果

（一）银行信贷期限结构通过内部研发支出渠道影响工业发展

表6-5报告了信贷期限结构长期化通过内部研发支出渠道影响工业发展的

检验结果。其中，模型 1 的估计结果显示，银行信贷期限结构长期化与内部研发支出密集度的交互项系数在 1% 的统计水平上显著为正，说明银行信贷期限结构长期化有助于增强内部研发对工业发展的促进作用，即一个地区的银行信贷越是倾向于长期化，则该地区企业内部研发对工业发展的促进作用也越显著。再看模型 2、模型 3 和模型 4 的结果，可以发现，只有模型 3 中，银行信贷期限结构长期化与内部研发支出密集度的交互项系数在 1% 的统计水平上显著为正，而在模型 2 和模型 4 中，该交互项系数虽然为正，但并不显著，这说明一个地区的银行信贷越是倾向于长期化，则该地区企业内部研发对资本密集型制造业发展的促进作用也越显著，与此同时，对劳动密集型制造业和技术密集型制造业的促进作用则并不明显。这可能是因为就内部研发而言，劳动密集型制造业的外部融资依赖性较弱，而技术密集型制造业虽然需要大量外部融资但其主要依赖于金融市场，而非银行贷款，只有资本密集型制造业需要大量融资并且主要依赖于银行贷款。

表 6 - 5 信贷期限结构长期化通过内部研发支出渠道影响工业发展的检验结果

被解释变量	模型 1 rindsale_ gwth	模型 2 rlaborint_ gwth	模型 3 rcapint_ gwth	模型 4 rtechint_ gwth
L. rindsale_ gwth	0.233 *** (2.93)			
L. rlaborint_ gwth		0.395 *** (3.18)		
L. rcapint_ gwthv			0.234 *** (3.83)	
L. rtechint_ gwth				0.202 *** (2.86)
loanstru_ 1 × rdint	0.183 *** (2.69)	0.053 (0.47)	0.234 *** (2.82)	0.136 (1.35)
emp_ gwth	0.071 (1.10)	0.043 (0.92)	0.074 (1.60)	0.020 (0.33)
rnewfai_ gwth	0.532 *** (8.18)	0.401 *** (8.89)	0.464 *** (6.34)	0.406 *** (5.24)
eximrate	- 0.307 *** (-6.06)	- 0.285 * (-1.70)	- 0.247 ** (-2.29)	- 0.270 *** (-3.34)

被解释变量	模型 1	模型 2	模型 3	模型 4
	rindsale_ gwth	*rlaborint_ gwth*	*rcapint_ gwth*	*rtechint_ gwth*
gov	−0.172	0.083	−0.173	−0.079
	(−1.40)	(0.76)	(−1.28)	(−0.56)
地区固定效应	YES	YES	YES	YES
时间固定效应	NO	NO	NO	NO
AR (1) −test	0.000	0.007	0.002	0.001
AR (2) −test	0.843	0.160	0.330	0.136
Hansen test	29.7	27.43	29.01	28.36
观测值	360	360	360	360

注：***、**、*分别表示在1%、5%、10%的统计水平上显著，括号中报告的是 t 值或 z 值。

表6−6 报告了信贷期限结构短期化通过内部研发支出渠道影响工业发展的检验结果。其中，模型1的估计结果显示，银行信贷期限结构短期化与内部研发支出密集度的交互项系数在1%的统计水平上显著为负，说明银行信贷期限结构短期化将会减弱内部研发对工业发展的促进作用，即一个地区的银行信贷越是倾向于短期化，则该地区企业内部研发对工业发展的促进作用也越弱。再看模型2、模型3和模型4的结果，可以发现，只有模型3中，银行信贷期限结构短期化与内部研发支出密集度的交互项系数在10%的统计水平上显著为负，在模型2和模型4中，该交互项系数虽然为负，但并不显著，这说明一个地区的银行信贷越是倾向于短期化，则该地区企业内部研发对资本密集型制造业发展的促进作用越弱，但这一效应对劳动密集型制造业和技术密集型制造业并不明显，上述结论也从另一个侧面间接证明了表6−5的结论。

表6−6　信贷期限结构短期化通过内部研发支出渠道影响工业发展的检验结果

被解释变量	模型 1	模型 2	模型 3	模型 4
	rindsale_ gwth	*rlaborint_ gwth*	*rcapint_ gwth*	*rtechint_ gwth*
L. *rindsale_ gwth*	0.238 ***			
	(3.09)			
L. *rlaborint_ gwth*		0.393 ***		
		(4.02)		

续表

	模型 1	模型 2	模型 3	模型 4
被解释变量	rindsale_ gwth	rlaborint_ gwth	rcapint_ gwth	rtechint_ gwth
L. rcapint_ gwthv			0.233 ***	
			(3.81)	
L. rtechint_ gwth				0.191 ***
				(2.65)
loanstru_ 2 × rdint	−0.198 ***	−0.086	−0.261 *	−0.134
	(−2.60)	(−0.85)	(−1.91)	(−1.24)
emp_ gwth	0.078	0.058	0.087 *	0.036
	(1.30)	(0.82)	(1.88)	(0.58)
rnewfai_ gwth	0.525 ***	0.399 ***	0.469 ***	0.420 ***
	(8.61)	(10.35)	(6.29)	(5.43)
eximrate	−0.319 ***	−0.334 ***	−0.267 ***	−0.308 ***
	(−4.94)	(−5.02)	(−3.23)	(−4.34)
gov	−0.201 *	0.032	−0.201	−0.093
	(−1.65)	(0.31)	(−1.22)	(−0.61)
地区固定效应	YES	YES	YES	YES
时间固定效应	NO	NO	NO	NO
AR（1）−test	0.000	0.006	0.003	0.001
AR（2）−test	0.890	0.149	0.340	0.134
Hansen test	28.55	25.85	28.77	29.14
观测值	360	360	360	360

注：***、**、*分别表示在1%、5%、10%的统计水平上显著，括号中报告的是t值或z值。

（二）银行信贷期限结构通过新产品开发渠道影响工业发展

表6-7报告了信贷期限结构长期化通过新产品开发渠道影响工业发展的检验结果。其中，模型1的估计结果显示，银行信贷期限结构长期化与新产品开发密集度的交互项系数在10%的统计水平上显著为正，这说明银行信贷期限结构长期化有助于增强新产品开发对工业发展的促进作用，即一个地区的银行信贷越是倾向于长期化，则该地区企业新产品开发对工业发展的促进作用也越显著。再看模型2、模型3和模型4的结果，可以发现，只有模型3中，银行信贷期限结构长期化与新产品开发密集度的交互项系数在1%的统计水平上显著为正，而在模型2和模型4中，该交互项系数虽然为正，但并不显著，这说明一个地区的银

行信贷越是倾向于长期化，则该地区企业新产品开发对资本密集型制造业发展的促进作用也越显著，但这一效应对劳动密集型制造业和技术密集型制造业并不明显。这可能是因为就新产品开发而言，劳动密集型制造业的外部融资依赖性较弱，而技术密集型制造业虽然需要大量外部融资但其主要依赖于金融市场，而非银行贷款，只有资本密集型制造业需要大量融资并且主要依赖于银行贷款。

表6-7 信贷期限结构长期化通过新产品开发渠道影响工业发展的检验结果

	模型1	模型2	模型3	模型4
被解释变量	rindsale_ gwth	rlaborint_ gwth	rcapint_ gwth	rtechint_ gwth
L. rindsale_ gwth	0. 242 ***			
	(2. 99)			
L. rlaborint_ gwth		0. 413 ***		
		(4. 02)		
L. rcapint_ gwthv			0. 226 ***	
			(3. 81)	
L. rtechint_ gwth				0. 209 ***
				(2. 81)
loanstru_ 1 × newprodint	0. 118 *	0. 069	0. 202 ***	0. 121
	(1. 71)	(1. 02)	(3. 91)	(1. 20)
emp_ gwth	0. 062	0. 059	0. 059	0. 011
	(1. 01)	(0. 84)	(1. 25)	(0. 23)
rnewfai_ gwth	0. 508 ***	0. 371 ***	0. 463 ***	0. 396 ***
	(8. 90)	(6. 83)	(7. 02)	(5. 55)
eximrate	− 0. 295 ***	− 0. 262 ***	− 0. 233 ***	− 0. 256 ***
	(− 5. 49)	(− 4. 12)	(− 3. 35)	(− 3. 74)
gov	− 0. 150	0. 121	− 0. 130	− 0. 060
	(− 1. 29)	(0. 87)	(− 0. 98)	(− 0. 44)
地区固定效应	YES	YES	YES	YES
时间固定效应	NO	NO	NO	NO
AR（1）– test	0. 000	0. 005	0. 002	0. 001
AR（2）– test	0. 667	0. 157	0. 312	0. 134
Hansen test	29. 43	21. 99	29. 31	26. 50
观测值	360	360	360	360

注：***、**、*分别表示在1%、5%、10%的统计水平上显著，括号中报告的是 t 值或 z 值。

表6-8报告了信贷期限结构短期化通过新产品开发渠道影响工业发展的检验结果。其中，模型1的估计结果显示，银行信贷期限结构短期化与新产品开发密集度的交互项系数在5%的统计水平上显著为负，说明银行信贷期限结构短期化将会减弱新产品开发对工业发展的促进作用，即一个地区的银行信贷越是倾向于短期化，则该地区企业新产品开发对工业发展的促进作用也越弱。再看模型2、模型3和模型4的结果，可以发现，只有在模型3中，银行信贷期限结构短期化与新产品开发密集度的交互项系数在10%的统计水平上显著为负，在模型2和模型4中，该交互项系数虽然为负，但并不显著，这又说明一个地区的银行信贷越是倾向于短期化，则该地区企业新产品开发对资本密集型制造业发展的促进作用越弱，但这一效应对劳动密集型制造业和技术密集型制造业并不明显，上述结论也从另一个侧面间接证明了表6-7的结论。

表6-8 信贷期限结构短期化通过新产品开发渠道影响工业发展的检验结果

被解释变量	模型1 *rindsale_ gwth*	模型2 *rlaborint_ gwth*	模型3 *rcapint_ gwth*	模型4 *rtechint_ gwth*
L. *rindsale_ gwth*	0.247 *** (3.26)			
L. *rlaborint_ gwth*		0.392 *** (3.01)		
L. *rcapint_ gwthv*			0.231 *** (3.97)	
L. *rtechint_ gwth*				0.192 ** (2.53)
loanstru_ 2 × newprodint	− 0.133 ** (− 2.07)	− 0.037 (− 0.53)	− 0.206 * (− 1.89)	− 0.104 (− 0.96)
emp_ gwth	0.074 (1.10)	0.033 (0.44)	0.078 (1.62)	0.031 (0.56)
rnewfai_ gwth	0.499 *** (8.19)	0.378 *** (6.97)	0.454 *** (6.75)	0.403 *** (5.51)
eximrate	− 0.298 *** (− 4.75)	− 0.303 *** (− 2.98)	− 0.245 *** (− 3.18)	− 0.298 *** (− 4.63)
gov	− 0.149 (− 1.04)	0.030 (0.27)	− 0.130 (− 0.90)	− 0.077 (− 0.52)

中国产业区位分布演变及其机制研究

续表

被解释变量	模型 1	模型 2	模型 3	模型 4
	rindsale_ gwth	*rlaborint_ gwth*	*rcapint_ gwth*	*rtechint_ gwth*
地区固定效应	YES	YES	YES	YES
时间固定效应	NO	NO	NO	NO
AR（1）- test	0.000	0.008	0.002	0.001
AR（2）- test	0.700	0.164	0.326	0.120
Hansen test	29.45	27.32	29.42	28.43
观测值	360	360	360	360

注：***、**、*分别表示在1%、5%、10%的统计水平上显著，括号中报告的是 t 值或 z 值。

（三）银行信贷期限结构通过专利开发渠道影响工业发展

表6-9报告了信贷期限结构长期化通过专利开发渠道影响工业发展的检验结果。其中，模型1的估计结果显示，银行信贷期限结构长期化与专利申请密集度的交互项系数在5%的统计水平上显著为正，这说明银行信贷期限结构长期化有助于增强专利开发对工业发展的促进作用，即一个地区的银行信贷越是倾向于长期化，则该地区专利开发对工业发展的促进作用也越显著。再看模型2、模型3和模型4的结果，可以发现，在模型3中，银行信贷期限结构长期化与专利申请密集度的交互项系数在1%的统计水平上显著为正，而在模型2和模型4中，该交互项系数虽然为正，但并不显著，这说明一个地区的银行信贷越是倾向于长期化，则该地区专利开发对资本密集型制造业发展的促进作用也越显著，但这一效应对劳动密集型制造业和技术密集型制造业并不明显，这可能是因为就专利开发而言，劳动密集型制造业的外部融资依赖性较弱，而技术密集型制造业虽然需要大量外部融资但其主要依赖于金融市场，而非银行贷款，只有资本密集型制造业需要大量融资并且主要依赖于银行贷款。

表6-9　信贷期限结构长期化通过专利开发渠道影响工业发展的检验结果

被解释变量	模型 1	模型 2	模型 3	模型 4
	rindsale_ gwth	*rlaborint_ gwth*	*rcapint_ gwth*	*rtechint_ gwth*
L. *rindsale_ gwth*	0.227 *** (2.81)			
L. *rlaborint_ gwth*		0.402 *** (3.94)		

· 122 ·

续表

被解释变量	模型 1	模型 2	模型 3	模型 4
	rindsale_ gwth	*rlaborint_ gwth*	*rcapint_ gwth*	*rtechint_ gwth*
L. *rcapint_ gwthv*			0.196***	
			(3.47)	
L. *rtechint_ gwth*				0.211***
				(2.79)
loanstru_ 1 × ptnappint	0.150**	0.053	0.270***	0.122
	(2.39)	(0.54)	(2.75)	(1.12)
emp_ gwth	0.065	0.032	0.060	0.013
	(1.03)	(0.66)	(1.25)	(0.24)
rnewfai_ gwth	0.506***	0.371***	0.471***	0.390***
	(7.77)	(6.60)	(5.49)	(5.67)
eximrate	−0.302***	−0.236**	−0.239**	−0.244***
	(−5.65)	(−2.26)	(−2.56)	(−3.07)
gov	−0.181	0.098	−0.165	−0.041
	(−1.38)	(0.87)	(−0.96)	(−0.30)
地区固定效应	YES	YES	YES	YES
时间固定效应	NO	NO	NO	NO
AR（1）– test	0.000	0.007	0.002	0.001
AR（2）– test	0.707	0.163	0.310	0.129
Hansen test	29.11	26.97	29.01	27.25
观测值	360	360	360	360

注：***、**、*分别表示在1%、5%、10%的统计水平上显著，括号中报告的是 t 值或 z 值。

表 6 – 10 报告了信贷期限结构短期化通过专利开发渠道影响工业发展的检验结果。其中，模型 1 的估计结果显示，银行信贷期限结构短期化与专利申请密集度的交互项系数在 5% 的统计水平上显著为负，说明银行信贷期限结构短期化将会减弱专利开发对工业发展的促进作用，即一个地区的银行信贷越是倾向于短期化，则该地区专利开发对工业发展的促进作用也越弱。再看模型 2、模型 3 和模型 4 的结果，可以发现，银行信贷期限结构短期化与专利申请密集度的交互项系数虽然都为负，但均不显著，这与表 6 – 9 中模型 3 的结果有所差别，说明银行信贷期限结构的短期化并不会明显抑制专利开发对劳动密集型制造业、资本密

型制造业和技术密集型制造业的促进作用。

表6-10 信贷期限结构短期化通过专利开发渠道影响工业发展的检验结果

	模型1	模型2	模型3	模型4
被解释变量	*rindsale_ gwth*	*rlaborint_ gwth*	*rcapint_ gwth*	*rtechint_ gwth*
L. *rindsale_ gwth*	0.227***			
	(2.91)			
L. *rlaborint_ gwth*		0.376***		
		(3.5)		
L. *rcapint_ gwthv*			0.192***	
			(3.85)	
L. *rtechint_ gwth*				0.187**
				(2.46)
loanstru_ 2 × ptnappint	-0.149**	-0.022	-0.268	-0.106
	(-2.17)	(-0.22)	(-1.63)	(-0.89)
emp_ gwth	0.071	0.052	0.073	0.023
	(1.19)	(0.91)	(1.55)	(0.42)
rnewfai_ gwth	0.507***	0.400***	0.467***	0.402***
	(8.49)	(9.33)	(5.94)	(5.68)
eximrate	-0.304***	-0.271***	-0.232**	-0.274***
	(-5.49)	(-3.79)	(-2.13)	(-3.82)
gov	-0.181	0.140	-0.158	-0.056
	(-1.63)	(1.12)	(-0.83)	(-0.41)
地区固定效应	YES	YES	YES	YES
时间固定效应	NO	NO	NO	NO
AR (1) -test	0.001	0.007	0.002	0.001
AR (2) -test	0.734	0.168	0.313	0.126
Hansen test	28.43	25.02	29.28	28.43
观测值	360	360	360	360

注：***、**、*分别表示在1%、5%、10%的统计水平上显著，括号中报告的是t值或z值。

（四）银行信贷期限结构通过引进技术渠道影响工业发展

表6-11报告了信贷期限结构长期化通过引进技术渠道影响工业发展的检验

结果。其中,模型 1 的估计结果显示,银行信贷期限结构长期化与引进技术经费密集度的交互项系数为负,但并不显著,交互项系数之所以为负,主要是因为长期贷款可得性的增加会增强企业自主研发的动力,从而降低外部技术引进的可能性。再看模型 2、模型 3 和模型 4 的结果,可以发现,银行信贷期限结构长期化和引进技术经费密集度的交互项系数均为负,并且都不显著,这说明银行信贷期限结构长期化通过引进技术渠道影响工业发展并不是非常明显,即使从不同要素密集度产业来看,这一效应也并不是很明显。这一现象的出现可能是因为技术引进往往伴随着外商直接投资,因而引进技术经费的融资渠道可能来自外商直接投资。

表 6-11 信贷期限结构长期化通过引进技术渠道影响工业发展的检验结果

	模型 1	模型 2	模型 3	模型 4
被解释变量	*rindsale_ gwth*	*rlaborint_ gwth*	*rcapint_ gwth*	*rtechint_ gwth*
L. *rindsale_ gwth*	0. 249 ***			
	(3. 42)			
L. *rlaborint_ gwth*		0. 407 ***		
		(3. 59)		
L. *rcapint_ gwthv*			0. 303 **	
			(2. 18)	
L. *rtechint_ gwth*				0. 176 **
				(2. 35)
loanstru_ 1 × yinjinint	− 0. 094	− 0. 028	− 0. 110	− 0. 169
	(− 1. 10)	(− 0. 41)	(− 0. 85)	(− 0. 97)
emp_ gwth	0. 076	0. 051	0. 071	0. 032
	(1. 06)	(0. 83)	(1. 48)	(0. 57)
rnewfai_ gwth	0. 480 ***	0. 365 ***	0. 396 ***	0. 408 ***
	(7. 94)	(6. 40)	(9. 50)	(6. 14)
eximrate	− 0. 278 ***	− 0. 257 ***	− 0. 183 ***	− 0. 277 ***
	(− 6. 51)	(− 3. 76)	(− 2. 84)	(− 4. 65)
gov	− 0. 109	0. 149	− 0. 031	− 0. 012
	(− 1. 09)	(1. 23)	(− 0. 34)	(− 0. 10)
地区固定效应	YES	YES	YES	YES
时间固定效应	NO	NO	NO	NO

续表

被解释变量	模型1	模型2	模型3	模型4
	rindsale_ gwth	*rlaborint_ gwth*	*rcapint_ gwth*	*rtechint_ gwth*
AR（1）–test	0.000	0.006	0.016	0.001
AR（2）–test	0.747	0.152	0.318	0.265
Hansen test	28.58	24.1	29.6	29.12
观测值	360	360	360	360

注：***、**、* 分别表示在1%、5%、10%的统计水平上显著，括号中报告的是 t 值或 z 值。

表6–12 报告了信贷期限结构短期化通过引进技术渠道影响工业发展的检验结果。其中，模型1的估计结果显示，银行信贷期限结构短期化与引进技术经费密集度的交互项系数为正，但并不显著。再看模型2、模型3和模型4的结果，可以发现，银行信贷期限结构短期化和引进技术经费密集度的交互项系数也均为正，并且都不显著，上述结果说明银行信贷期限结构短期化通过引进技术渠道从而影响工业发展并不是非常明显，即使从不同要素密集度产业来看，这一效应也并不是很显著。

表6–12 信贷期限结构短期化通过引进技术渠道影响工业发展的检验结果

被解释变量	模型1	模型2	模型3	模型4
	rindsale_ gwth	*rlaborint_ gwth*	*rcapint_ gwth*	*rtechint_ gwth*
L. *rindsale_ gwth*	0.251 ***			
	(3.20)			
L. *rlaborint_ gwth*		0.405 ***		
		(3.68)		
L. *rcapint_ gwthv*			0.317 **	
			(2.29)	
L. *rtechint_ gwth*				0.184 **
				(2.49)
*loanstru_* 2 × *yinjinint*	0.113	0.034	0.125	0.185
	(1.45)	(0.48)	(0.91)	(1.15)
emp_ gwth	0.077	0.053	0.073	0.037
	(1.17)	(0.84)	(1.56)	(0.68)

续表

被解释变量	模型1 *rindsale_gwth*	模型2 *rlaborint_gwth*	模型3 *rcapint_gwth*	模型4 *rtechint_gwth*
rnewfai_gwth	0.483 ***	0.369 ***	0.392 ***	0.408 ***
	(7.89)	(6.60)	(9.19)	(6.57)
eximrate	−0.263 ***	−0.255 ***	−0.181 ***	−0.277 ***
	(−5.41)	(−3.70)	(−2.81)	(−2.59)
gov	−0.081	0.161	−0.020	−0.016
	(−0.96)	(1.34)	(−0.24)	(−0.10)
地区固定效应	YES	YES	YES	YES
时间固定效应	NO	NO	NO	NO
AR（1）−test	0.001	0.006	0.015	0.000
AR（2）−test	0.812	0.150	0.326	0.312
Hansen test	28.63	24.24	29.61	28.90
观测值	360	360	360	360

注：＊＊＊、＊＊、＊分别表示在1%、5%、10%的统计水平上显著，括号中报告的是t值或z值。

（五）银行信贷期限结构通过消化吸收技术渠道影响工业发展

表6-13报告了信贷期限结构长期化通过消化吸收技术渠道影响工业发展的检验结果。其中，模型1的估计结果显示，银行信贷期限结构长期化与消化吸收技术经费密集度的交互项系数为正，但并不显著，这说明银行信贷期限结构长期化并不能明显增强消化吸收技术对工业发展的促进作用。再看模型2、模型3和模型4的结果，可以发现，在模型3中，银行信贷期限结构长期化与消化吸收技术经费密集度的交互项系数在1%的统计水平上显著为正，而在模型2和模型4中，该交互项系数并不显著，这说明一个地区的银行信贷越是倾向于长期化，则该地区技术消化吸收程度对资本密集型制造业发展的促进作用也越显著，但这一效应对劳动密集型制造业和技术密集型制造业并不明显。

表6-13　信贷期限结构长期化通过消化吸收技术渠道影响工业发展的检验结果

被解释变量	模型1 *rindsale_gwth*	模型2 *rlaborint_gwth*	模型3 *rcapint_gwth*	模型4 *rtechint_gwth*
L. *rindsale_gwth*	0.243 ***			
	(2.99)			

续表

被解释变量	模型1 rindsale_ gwth	模型2 rlaborint_ gwth	模型3 rcapint_ gwth	模型4 rtechint_ gwth
L. rlaborint_ gwth		0.426 ***		
		(4.05)		
L. rcapint_ gwthv			0.273 ***	
			(3.43)	
L. rtechint_ gwth				0.170 **
				(2.58)
loanstru_ 1 × xiaohuaint	0.050	−0.029	0.377 ***	−0.043
	(1.22)	(−1.13)	(28.32)	(−0.76)
emp_ gwth	0.066	0.032	0.060	0.013
	(1.05)	(0.54)	(1.35)	(0.25)
rnewfai_ gwth	0.485 ***	0.370 ***	0.383 ***	0.422 ***
	(7.66)	(6.60)	(9.10)	(6.59)
eximrate	−0.263 ***	−0.287 ***	−0.188 ***	−0.289 ***
	(−3.98)	(−3.53)	(−3.05)	(−2.77)
gov	−0.094	0.076	−0.081	−0.046
	(−0.84)	(0.70)	(−0.70)	(−0.28)
地区固定效应	YES	YES	YES	YES
时间固定效应	NO	NO	NO	NO
AR（1）−test	0.001	0.006	0.020	0.001
AR（2）−test	0.655	0.161	0.306	0.102
Hansen test	28.60	24.97	29.63	29.26
观测值	360	360	360	360

注：***、**、*分别表示在1%、5%、10%的统计水平上显著，括号中报告的是t值或z值。

表6-14 报告了信贷期限结构短期化通过消化吸收技术渠道影响工业发展的检验结果。其中，模型1的估计结果显示，银行信贷期限结构短期化与消化吸收技术经费密集度的交互项系数为负，但并不显著，这说明银行信贷期限结构短期化抑制消化吸收技术对工业发展促进作用的效应并不明显。再看模型2、模型3和模型4的结果，可以发现，在模型3中，银行信贷期限结构短期化与消化吸收技术经费密集度的交互项系数在1%的统计水平上显著为负，而在模型2和模

型4中，该交互项系数并不显著，这说明一个地区的银行信贷越是倾向于短期化，则该地区技术消化吸收程度对资本密集型制造业发展的促进作用也越弱，但这一效应对劳动密集型制造业和技术密集型制造业并不明显。

表6-14　信贷期限结构短期化通过消化吸收技术渠道影响工业发展的检验结果

被解释变量	模型1 *rindsale_ gwth*	模型2 *rlaborint_ gwth*	模型3 *rcapint_ gwth*	模型4 *rtechint_ gwth*
L. *rindsale_ gwth*	0. 244 *** (2. 94)			
L. *rlaborint_ gwth*		0. 424 *** (3. 84)		
L. *rcapint_ gwthv*			0. 269 *** (3. 32)	
L. *rtechint_ gwth*				0. 158 ** (2. 34)
loanstru_ 2 × xiaohuaint	- 0. 057 (- 1. 27)	0. 021 (0. 72)	- 0. 378 *** (- 24. 59)	0. 036 (0. 81)
emp_ gwth	0. 068 (1. 08)	0. 041 (0. 61)	0. 066 (1. 43)	0. 017 (0. 31)
rnewfai_ gwth	0. 484 *** (7. 57)	0. 375 *** (6. 57)	0. 380 *** (9. 07)	0. 427 *** (5. 83)
eximrate	- 0. 266 *** (- 3. 93)	- 0. 276 *** (- 3. 47)	- 0. 191 *** (- 2. 99)	- 0. 283 *** (- 4. 99)
gov	- 0. 094 (- 0. 84)	0. 154 (1. 08)	- 0. 109 (- 0. 96)	- 0. 020 (- 0. 14)
地区固定效应	YES	YES	YES	YES
时间固定效应	NO	NO	NO	NO
AR（1）- test	0. 001	0. 006	0. 021	0. 001
AR（2）- test	0. 683	0. 158	0. 322	0. 102
Hansen test	28. 51	22. 77	29. 36	29. 30
观测值	360	360	360	360

注：***、**、*分别表示在1%、5%、10%的统计水平上显著，括号中报告的是t值或z值。

（六）银行信贷期限结构通过购买国内技术渠道影响工业发展

表6-15报告了信贷期限结构长期化通过购买国内技术渠道影响工业发展的检验结果。模型1的估计结果显示，银行信贷期限结构长期化与购买国内技术经费密集度的交互项系数在10%的统计水平上显著为正，这说明银行信贷期限结构长期化有助于增强购买国内技术对工业发展的促进作用，即一个地区的银行信贷越是倾向于长期化，则企业购买国内技术对工业发展的促进作用也越显著。再看模型2、模型3和模型4的结果，可以发现，银行信贷期限结构长期化与购买国内技术经费密集度的交互项系数在10%、1%、5%的统计水平上分别显著为正，这说明一个地区的银行信贷越是倾向于长期化，则企业购买国内技术对劳动密集型制造业、资本密集型制造业和技术密集型制造业的促进作用也越显著。

表6-15 信贷期限结构长期化通过购买国内技术渠道影响工业发展的检验结果

	模型1	模型2	模型3	模型4
被解释变量	*rindsale_ gwth*	*rlaborint_ gwth*	*rcapint_ gwth*	*rtechint_ gwth*
L. *rindsale_ gwth*	0.246 ***			
	(3.23)			
L. *rlaborint_ gwth*		0.433 ***		
		(4.50)		
L. *rcapint_ gwthv*			0.226 ***	
			(4.04)	
L. *rtechint_ gwth*				0.224 ***
				(3.00)
*loanstru_* 1 × *goumaint*	0.134 **	0.089 *	0.165 ***	0.126 **
	(2.06)	(1.76)	(3.50)	(2.04)
emp_ gwth	0.057	0.028	0.057	-0.000
	(0.93)	(0.47)	(1.24)	(-0.00)
rnewfai_ gwth	0.487 ***	0.355 ***	0.464 ***	0.407 ***
	(7.60)	(8.82)	(7.94)	(5.94)
eximrate	-0.262 ***	-0.252 ***	-0.224 ***	-0.257 ***
	(-4.21)	(-3.68)	(-3.05)	(-4.12)
gov	-0.140	0.074	-0.065	-0.023
	(-0.89)	(0.90)	(-0.60)	(-0.18)
地区固定效应	YES	YES	YES	YES

续表

	模型 1	模型 2	模型 3	模型 4
被解释变量	*rindsale_ gwth*	*rlaborint_ gwth*	*rcapint_ gwth*	*rtechint_ gwth*
时间固定效应	NO	NO	NO	NO
AR（1）-test	0.000	0.006	0.005	0.001
AR（2）-test	0.871	0.163	0.318	0.207
Hansen test	28.45	23.93	29.68	25.87
观测值	360	360	360	360

注：***、**、*分别表示在 1%、5%、10% 的统计水平上显著，括号中报告的是 t 值或 z 值。

表 6-16 报告了信贷期限结构短期化通过购买国内技术渠道影响工业发展的检验结果。模型 1 的估计结果显示，银行信贷期限结构短期化与购买国内技术经费密集度的交互项系数在 5% 的统计水平上显著为负，这说明银行信贷期限结构短期化会抑制企业购买国内技术对工业发展的促进作用，即一个地区的银行信贷越是倾向于短期化，则企业购买国内技术对工业发展的促进作用也越弱。再看模型 2、模型 3 和模型 4 的结果，可以发现，在模型 3 中，银行信贷期限结构短期化与购买国内技术经费密集度的交互项系数在 5% 的统计水平上显著为负，而在模型 2 和模型 4 中，该交互项系数虽然为负，但并不显著，这说明一个地区的银行信贷越是倾向于短期化，则该地区企业购买国内技术对资本密集型制造业发展的促进作用就越弱，但这一效应对劳动密集型制造业和技术密集型制造业并不明显。

表 6-16 信贷期限结构短期化通过购买国内技术渠道影响工业发展的检验结果

	模型 1	模型 2	模型 3	模型 4
被解释变量	*rindsale_ gwth*	*rlaborint_ gwth*	*rcapint_ gwth*	*rtechint_ gwth*
L. *rindsale_ gwth*	0.244 *** (3.06)			
L. *rlaborint_ gwth*		0.410 *** (3.98)		
L. *rcapint_ gwthv*			0.216 *** (4.46)	

续表

被解释变量	模型 1 *rindsale_ gwth*	模型 2 *rlaborint_ gwth*	模型 3 *rcapint_ gwth*	模型 4 *rtechint_ gwth*
L. *rtechint_ gwth*				0.208 *** (2.88)
*loanstru_* 2 × *goumaint*	− 0.123 ** (− 2.12)	− 0.078 (− 1.26)	− 0.184 ** (− 1.96)	− 0.090 (− 1.57)
emp_ gwth	0.060 (0.97)	0.044 (0.49)	0.064 (1.42)	0.017 (0.31)
rnewfai_ gwth	0.494 *** (7.44)	0.375 *** (6.34)	0.460 *** (7.74)	0.420 *** (5.93)
eximrate	− 0.281 *** (− 4.31)	− 0.256 *** (− 3.52)	− 0.233 *** (− 3.45)	− 0.277 *** (− 4.78)
gov	− 0.152 (− 0.92)	0.085 (0.79)	− 0.107 (− 0.79)	− 0.006 (− 0.04)
地区固定效应	YES	YES	YES	YES
时间固定效应	NO	NO	NO	NO
AR (1) − test	0.000	0.006	0.003	0.001
AR (2) − test	0.774	0.147	0.314	0.169
Hansen test	29.43	25.40	29.69	27.82
观测值	360	360	360	360

注：***、**、*分别表示在1%、5%、10%的统计水平上显著，括号中报告的是 t 值或 z 值。

（七）银行信贷期限结构通过技术改造渠道影响工业发展

表 6 - 17 报告了信贷期限结构长期化通过技术改造渠道影响工业发展的检验结果。模型 1 的估计结果显示，银行信贷期限结构长期化与技术改造经费密集度的交互项系数为正，但并不显著，这说明银行信贷期限结构长期化并不能明显增强国内技术购买对工业发展的促进作用。再看模型 2、模型 3 和模型 4 的结果，可以发现，在模型 2 中，银行信贷期限结构长期化与技术改造经费密集度的交互项系数在 10% 的统计水平上显著为正，而在模型 3 和模型 4 中，该交互项系数均不显著，这说明一个地区的银行信贷越是倾向于长期化，则企业国内技术购买对劳动密集型制造业的促进作用也越显著，而对资本密集型制造业和技术密集型制造业这一效应并不明显。

表6－17 信贷期限结构长期化通过技术改造渠道影响工业发展的检验结果

	模型1	模型2	模型3	模型4
被解释变量	*rindsale_ gwth*	*rlaborint_ gwth*	*rcapint_ gwth*	*rtechint_ gwth*
L. *rindsale_ gwth*	0. 241 ***			
	(3. 01)			
L. *rlaborint_ gwth*		0. 364 ***		
		(3. 46)		
L. *rcapint_ gwthv*			0. 226 ***	
			(3. 53)	
L. *rtechint_ gwth*				0. 190 ***
				(2. 81)
loanstru_ 1 × gaizaoint	0. 071	0. 108 **	0. 081	0. 051
	(0. 73)	(1. 96)	(1. 23)	(0. 41)
emp_ gwth	0. 069	0. 040	0. 071	0. 011
	(1. 14)	(0. 73)	(1. 52)	(0. 23)
rnewfai_ gwth	0. 507 ***	0. 419 ***	0. 453 ***	0. 406 ***
	(8. 59)	(6. 00)	(9. 17)	(5. 87)
eximrate	− 0. 288 ***	− 0. 271 ***	− 0. 218 ***	− 0. 252 **
	(− 5. 01)	(− 3. 40)	(− 3. 21)	(− 2. 24)
gov	− 0. 129	0. 096	− 0. 078	− 0. 023
	(− 1. 09)	(0. 59)	(− 0. 71)	(− 0. 14)
地区固定效应	YES	YES	YES	YES
时间固定效应	NO	NO	NO	NO
AR（1） − test	0. 000	0. 006	0. 005	0. 001
AR（2） − test	0. 574	0. 156	0. 304	0. 116
Hansen test	29. 18	26. 94	29. 58	27. 17
观测值	360	360	360	360

注：***、**、*分别表示在1%、5%、10%的统计水平上显著，括号中报告的是t值或z值。

表6－18报告了信贷期限结构短期化通过技术改造渠道影响工业发展的检验结果。模型1的估计结果显示，银行信贷期限结构短期化与技术改造经费密集度的交互项系数为负，但并不显著，这说明银行信贷期限结构短期化抑制国内技术购买对工业发展促进作用的效应并不明显。再看模型2、模型3和模型4的结果，

中国产业区位分布演变及其机制研究

可以发现，银行信贷期限结构短期化与技术改造经费密集度的交互项系数虽然都为负，但都不显著，这说明一个地区短期化的银行信贷期限结构对劳动密集型制造业、资本密集型制造业和技术密集型制造业的影响效应并不明显，并不会明显抑制国内技术购买对这三类工业发展的促进作用。

表6-18 信贷期限结构短期化通过技术改造渠道影响工业发展的检验结果

被解释变量	模型1 rindsale_ gwth	模型2 rlaborint_ gwth	模型3 rcapint_ gwth	模型4 rtechint_ gwth
L. rindsale_ gwth	0.248 *** (3.22)			
L. rlaborint_ gwth		0.377 *** (3.46)		
L. rcapint_ gwthv			0.231 *** (3.67)	
L. rtechint_ gwth				0.186 *** (2.65)
loanstru_ 2 × gaizaoint	-0.061 (-0.81)	-0.074 (-1.21)	-0.069 (-1.12)	-0.049 (-0.38)
emp_ gwth	0.070 (1.00)	0.041 (0.71)	0.072 (1.57)	0.023 (0.46)
rnewfai_ gwth	0.499 *** (7.87)	0.396 *** (6.82)	0.444 *** (8.88)	0.406 *** (5.82)
eximrate	-0.282 *** (-4.87)	-0.282 *** (-3.51)	-0.212 *** (-3.04)	-0.287 *** (-2.92)
gov	-0.104 (-0.75)	0.084 (0.69)	-0.072 (-0.65)	-0.052 (-0.31)
地区固定效应	YES	YES	YES	YES
时间固定效应	NO	NO	NO	NO
AR (1) -test	0.000	0.006	0.004	0.001
AR (2) -test	0.574	0.153	0.301	0.117
Hansen test	29.55	27.05	29.61	28.24
观测值	360	360	360	360

注：***、**、*分别表示在1%、5%、10%的统计水平上显著，括号中报告的是t值或z值。

第五节　本章小结

虽然中国金融体系的市场化改革取得了重要进展，但是总体而言，以银行机构为主体的金融体系特征依旧没有发生很大改变，这在相当大程度上导致了金融抑制现象的发生，其中一个比较突出的现象就是银行信贷期限结构与整个制造业部门创新驱动发展战略的现实需求存在很大的不匹配性，这种不匹配在很大程度上抑制了整个工业的发展。因此，本章利用中国省级层面数据通过 OLS 估计法和系统 GMM 估计法研究了银行信贷期限结构对工业发展和经济增长的影响及其具体机制，得到如下结论：

第一，长期化倾向的银行信贷期限结构有助于促进工业的发展，而短期化倾向的银行信贷期限结构则会抑制工业的发展，并且银行信贷期限结构对不同类型制造业的影响并不相同，资本密集型制造业对银行信贷期限结构最敏感，银行信贷期限结构短期化将对资本密集型制造业产生抑制作用。

第二，银行信贷期限结构可以通过内部研发支出、新产品开发、专利开发渠道影响工业发展。银行信贷期限结构长期化有助于增强内部研发支出、新产品开发、专利开发对工业发展特别是资本密集型制造业发展的促进作用，而银行信贷期限结构短期化则将抑制内部研发支出、新产品开发、专利开发对工业发展的促进作用。

第三，银行信贷期限结构可以通过消化吸收技术渠道影响工业发展。银行信贷期限结构长期化有助于增强消化吸收技术对资本密集型制造业发展的促进作用，而银行信贷期限结构短期化则将抑制消化吸收技术对资本密集型制造业的促进作用。

第四，银行信贷期限结构可以通过购买国内技术渠道影响工业发展。银行信贷期限结构长期化有助于增强购买国内技术对整个工业以及劳动密集型、资本密集型、技术密集型制造业发展的促进作用，而银行信贷期限结构短期化则将抑制购买国内技术对整个工业特别是资本密集型制造业的促进作用。

第五，银行信贷期限结构可以通过技术改造渠道影响工业发展。银行信贷期限结构长期化有助于增强技术改造对劳动密集型制造业发展的促进作用。

第七章　科教支出与产业区位分布

第一节　引言

　　"我们必须把创新作为引领发展的第一动力，把人才作为支撑发展的第一资源，把创新摆在国家发展全局的核心位置"[①]，这是习近平总书记在党的十八届五中全会上发出的号召，由此，作为五大发展理论之首的"创新"再次被提到史无前例的高度。与此同时，随着中国经济进入新常态，过去的要素驱动模式已经难以为继，创新驱动模式成为必然选择。由于科教支出是地方政府培养人才和加强科技创新的重要杠杆，发挥着四两拨千斤的作用，因此，科教支出在促进地区经济发展方面的作用日趋重要。现有研究表明，对教育的直接投资能够显著提升整体教育水平，促进劳动生产率，增加资本积累，从而拉动经济可持续发展（Bloom et al.，2004），其中比较典型的案例就是美国，美国经济发展主要是通过不断提升信息技术和高等教育投资来实现的（Jorgenson et al.，2003）。而在发展中国家，教育在经济发展中的作用也同等重要，其对经济发展的积极作用得到大量实证分析的肯定（王士红，2017）。虽然不同层次的教育投资对经济发展的影响并不一致（Gemmell，1996），但是教育投资对经济发展的积极作用则是毋庸置疑的。与此同时，财政科技支出对经济发展也发挥着十分重要的作用。就中国而言，虽然科技支出对经济发展的影响在不同地区并不一致（范柏乃等，2013），同一地区科技支出的长短期经济增长效应也不尽相同（凌江怀等，2012），但是

---

　　①　2015 年 10 月 29 日，习近平总书记在党的十八届五中全会第二次全体会议上的讲话。

科技支出对经济发展具有积极的拉动作用也是毋庸置疑的（范柏乃等，2013）。总体而言，经济发展已经越来越多地依赖于知识的积累和技术的进步即全要素生产率，而提高全要素生产率的重要途径之一就是政府财政对科技和教育的经费投入（郭玉清等，2006）。

　　除了科教支出对经济发展的正面作用已经得到多数学者的认可外，科教支出还存在空间溢出效应。部分学者已经对科教支出的空间溢出效应有所研究，同时也得出了科教支出存在空间溢出效应，但在不同地区空间溢出效应存在差异的初步结论（骆永民，2008；范柏乃等，2013；董亚娟和孙敬水，2010；顾佳峰，2007），但是这些研究主要集中在省域层面，同时对科教支出的空间溢出效应的具体机制研究不足，此外，随着现代交通体系的发展，高铁等现代交通工具对经济社会的发展产生了巨大的影响，但在现代交通体系对科教支出空间溢出效应的影响方面的研究明显不足。因此，本章首先从城市层面出发重新检验了科教支出在促进经济发展方面的作用及其空间溢出效应；其次详细阐述了科教支出影响本地区及邻近地区经济发展的具体作用机制；最后则考虑了现代交通网络体系在科教支出空间溢出效应中的影响，有助于更加深入了解现代交通体系的作用。

第二节　具体理论机制

一、科教支出影响经济发展的渠道及其空间溢出机制

　　科教支出主要通过人力资本和知识技术两种渠道来影响经济发展。技术进步是经济发展的重要动力，如果不存在技术进步，经济将陷于停滞（孙超和谭伟，2004），技术知识的增长主要源于单独的研究开发活动（Romer，1990；Grossman & Helpman，1991；Aghion & Howitt，1992）。另外，人力资本也是地区经济发展的基本动力（Amitrajeet，2013）。随着收入的增长，人力资本积累逐步替代实物资本积累，成为经济发展的主要引擎（Galor & Weil，2000）。传统的人力资本影响经济发展的机制主要有两种：一种是直接影响，即人力资本通过增加劳动力供给直接促进经济增长，并通过提升劳动者的受教育程度来优化生产过程，进而改善劳动生产效率（Romer，1990；Teixeira & Fortuna，2010）；另一种是间接影响，即人力资本可通过技术创新这一中间介质，促进产业升级，间接拉动经济增长

(Teixeira & Queiròs，2016)。而科教支出作为人力资本投资的主要形式，对人力
资本具有很大的促进作用（姚先国和张海峰，2008；刘华和鄢圣鹏，2004），同
时，科教支出的增加也有助于扶持企业、大学和基础科研机构进行研发活动，增
加知识存量，推动技术进步（郭玉清等，2006）。因此，政府可以通过加大财政
科教支出来提高劳动者素质、生产能力和受教育水平，增加人力资本存量，促进
知识技术创新。

本地科教支出除了对本地经济发展具有积极作用外，同时也会通过人力资本
流动和知识技术迁移两个渠道对邻近地区的经济发展产生一定的影响，其主要表
现为两个方面，即正向空间溢出效应和反向空间溢出效应（见图 7-1）。

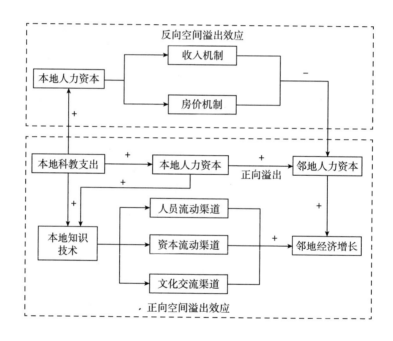

图 7-1 空间溢出效应示意图

资料来源：笔者自绘。

本地科教支出的正向空间溢出效应。正向空间溢出效应主要通过人力资本的
空间溢出和知识技术的迁移来实现，而知识技术迁移中有一部分通过人力资本流
动来实现。虽然人力资本溢出效应和知识技术迁移有一定的重叠，但是两者又有
很大的区别。人力资本溢出效应是指人力资本投资或人力资本存量积累存在外部
性，即投资收益不可能完全被投资地区获得，存在部分投资收益被邻近地区享有

的现象。在经济区域对技术存在依赖性的前提下，人力资本存在空间溢出效应（高远东等，2010），并且相邻地区的人力资本水平的提高有助于促进本地区的经济发展（Lòpez-Bazo et al.，2004；Rosenthal & Strange，2008）。在我国，各省份的人力资本空间分布也呈现出具有较高人力资本水平的地区之间的连续空间关联特征（肖志勇，2010；钱晓烨，2010；魏下海，2010），同时，人力资本对生产率增长和技术进步具有正向溢出效应（魏下海，2010）。因此，本地科教支出的增加会通过本地人力资本积累间接提高邻近地区的人力资本积累，最终促进邻近地区的经济发展。而知识技术迁移效应又可分为知识溢出和技术扩散。知识溢出实际上是由资本带来的"知识生产方程"，发生机制主要是"干中学"，即劳动力在生产过程中不断学习和掌握新的生产技能，而生产技能所具有的外部性可以促进全社会生产率的进步。一般来说，知识溢出主要来源于劳动力和一般资本的流动，目前中国区域间经济互动主要来自知识溢出（张勋和乔坤元，2016）。知识溢出的机制有以下四种：基于知识人才流动的溢出机制、基于研发合作的技术溢出机制、基于企业家创业的技术溢出机制、基于贸易投资的技术溢出机制（赵勇、白永秀，2009）。技术扩散主要是由技术的传播所带来的（Romer，1986；Barro & Sala-i-Martin，2004；Lesage & Fischer，2012），技术主要来源于研发，研发成功后能形成前沿技术，在专利保护期结束实现传播从而广泛提高社会生产率（张勋和乔坤元，2016）。中国技术进步存在空间扩散效应（潘文卿等，2017；符淼，2009）。其中，技术外溢的效果依赖于技术吸收能力（赖明勇等，2005）。技术扩散的方式主要有人力资本流动形式、物质资本流动形式、文化交流传播形式（熊义杰，2011）。

本地科教支出的反向空间溢出效应。由于人力资本受到空间异质性和经济发展条件因素的影响，在地理空间上会形成集聚化发展（Wheeler，2001；Glaeser & Matthew，2010），在中国，人力资本也存在显著的空间集聚效应和空间溢出效应，其中，不同地区人力资本的空间集聚效应并不相同（陈得文和苗建军，2012）。因此，科教支出的增加也可能会产生反向空间溢出效应，具体机制如下：科教支出的增加可以提高当地的教育水平，而当地较高的教育水平引起实际工资的提高，诱使邻近地区的工人迁入，工人迁入带来的就业人口密度提高会促进当地人力资本的积累，进而促进当地经济发展，但同时也会降低邻近地区的人力资本积累，影响其经济发展（赵勇和白永秀，2009）。另外，科教支出的增加也可以通过另一途径来产生反向空间溢出效应，即财政科教支出的增加能够提升当地人力资本存量，从而提高当地居民的人均收入进而增加居民的住房支付能力；同时，科教支出的增加能够大大缓解因稀缺公共品竞争导致的住房溢价，从而降低购房成本，总之，科教支出的增加有助于提升居民的住房支付能力（孙伟增等，2015），而居民住房支付能力的提升将有助于吸引人力资本的流入，同时也会降低邻近地区的人力资本积累，影响其经济发展。

综上所述，由于本地区的人力资本和知识技术不仅能够促进本地区的经济发展，同时也能影响邻近地区的经济发展，因此，以人力资本和知识技术为桥梁，科教支出存在空间溢出效应，但至于科教支出的空间溢出效应如何则取决于正向溢出效应和反向溢出效应的大小。另外，针对不同的产业，由于产业特点的不同，科教支出对不同产业的影响及其空间溢出效应也必然有所不同。

二、现代交通体系的进步对科教支出空间溢出效应的影响

现代交通网络体系的进步能大大缩短地区之间的时空距离，降低运输成本和时间成本，加强不同地区之间的联系，降低地区之间的市场分割，从而加快资本、技术、信息等生产要素的跨区域流动，最终提高资源的配置效率，尤其是高铁等现代交通工具的发展将不同地区紧密连接成一个整体，有效打破了知识技术溢出和人力资本流动在空间上的藩篱，进一步促进了科技创新，对地区经济发展具有深远的影响（王雨飞和倪鹏飞，2016；丁如曦和倪鹏飞，2017）。知识技术溢出和人力资本的流动一般会受到时空距离的影响，地区之间的时空距离越接近，其互相之间的知识溢出和人力资本流动也就可能越频繁。因此，科教支出的空间溢出效应也应受到地区之间时空距离的影响，不同的时空距离对科教支出的空间溢出效应会产生不同的影响。一般来说，时空距离越近的城市，其知识和人才的交流就越频繁，科教支出的空间溢出效应也就越大，但具体溢出效应的正负以及大小还要取决于科教支出的正向溢出效应和反向溢出效应的对比。

第三节　实证模型及识别策略

一、空间计量模型的设定

由于本章重在研究不同地区之间的关联特性，而空间计量模型是研究空间溢出效应的相对有效工具，因此，本章采用空间计量模型来进行研究。目前，空间计量模型主要包括空间自回归模型（SAR）、空间误差模型（SEM）、空间自相关模型（SAC）和空间杜宾模型（SDM）等（Anselin，1988；Lesage & Pace，2009）。其中，空间自回归模型和空间误差模型是空间计量经济学的两大基础模型，空间自回归模型只考虑某一个空间单元的因变量通过空间传导机制影响其他空间单元的因变量这一情况，而空间误差模型则只考虑误差项的空间外溢性或相互之间的作用（张可云、杨孟禹，2016）。但是本章所要研究的问题从理论上来说既存在因变量的空间外溢性又存在误差项的空间外溢性，而空间杜宾模型（SDM）恰好兼具 SAR 和 SEM 两个模型的特点，同时引入了因变量和自变量的空间滞后项，有利于解决遗漏变量问题，从而更为有效地处理空间异质性与不确定性，并且 SDM 模型是唯一能够得到无偏估计的模型（Lesage & Pace，2009）。因此，本章采取空间杜宾模型来进行研究。根据研究目的和理论框架，本章设定如下 SDM 模型：

$$\ln pgdp_{it}/\ln p2addval/\ln p3addval = \rho W\ln pgdp_{it} + \beta\ln kjtr_{it} + \theta W\ln kjtr_{it} + \gamma\ln\vec{X}_{it} + \varepsilon_{it}$$

$$(7-1)$$

其中，被解释变量 $\ln pgdp_{it}$、$\ln p2addval$、$\ln p3addval$ 分别是 i 地区在 t 年份的人均 GDP、人均第二产业增加值、人均第三产业增加值的对数值，W 为空间权重矩阵，$W\ln pgdp_{it}$ 是被解释变量 $\ln pgdp_{it}$、$\ln p2addval$、$\ln p3addval$ 的空间滞后项，ρ 是空间自相关回归系数，度量相邻地区对本地区的影响，$\ln kjtr_{it}$ 是 i 地区在 t 年份的科教支出的对数值，$W\ln kjtr_{it}$ 是解释变量 $\ln kjtr_{it}$ 的空间滞后项，$\ln\vec{X}_{it}$ 表示控制变量的集合，ε_{it} 表示随机扰动项。基于可能存在的内生性问题，本章采用空间面板极大似然法对相关模型进行估计，同时，综合 Hausman 检验结果，本章采用固定效应模型。

空间杜宾模型能够测算由空间相互依赖而产生的直接效应和间接效应（空间溢出效应）。由于空间杜宾模型引入了空间自相关项，解释变量对被解释变量的影响就不能只看相应解释变量的系数，而应该综合考虑空间自相关项的估计结果（Lesage & Pace，2009）。综上所述，本章根据 Lesage 和 Pace（2009）的方法对本章采用的 SDM 模型的估计系数进行合理解释。

首先将式（7-1）改写成如下形式：

$$\ln pgdp_{it}/\ln p2addval/\ln p3addval = (1-\rho W)^{-1}(\beta\ln kjtr_{it} + \theta W\ln kjtr_{it} + \gamma\ln\vec{X}_{it}) +$$
$$(1-\rho W)^{-1}(v_i + v_t + \varepsilon_{it})\qquad(7-2)$$

对于从地区 1 到地区 n 的解释变量 $\ln kjtr$，其对应的被解释变量的期望值的偏导数矩阵可以写成如下形式：

$$
\left[\frac{\partial E(\ln pgdp)}{\partial \ln kjtr_1} \cdots \frac{\partial E(\ln pgdp)}{\partial \ln kjtr_n}\right] = \begin{bmatrix} \dfrac{\partial E(\ln pgdp_1)}{\partial \ln kjtr_1} & \cdots & \dfrac{\partial E(\ln pgdp_1)}{\partial \ln kjtr_n} \\ \vdots & \vdots & \vdots \\ \dfrac{\partial E(\ln pgdp_n)}{\partial \ln kjtr_1} & \cdots & \dfrac{\partial E(\ln pgdp_n)}{\partial \ln kjtr_n} \end{bmatrix}
$$

$$
= (1-\rho W)^{-1} \begin{bmatrix} \beta & w_{12}\theta & \cdots & w_{1n}\theta \\ w_{21}\theta & \beta & \cdots & w_{2n}\theta \\ \vdots & \vdots & \ddots & \vdots \\ w_{n1}\theta & w_{n2}\theta & \cdots & \beta \end{bmatrix} \quad (7-3)
$$

由式（7-3）可知，偏导数矩阵中对角线的元素表示直接效应，非对角线上的元素则表示间接效应，并且不同个体的直接效应和间接效应各不相同。针对直接效应和间接效应各不相同的问题，Lesage 和 Pace（2009）使用平均指标法来进行简化计算，即直接效应用式（7-3）右边矩阵对角元素的均值来表示，表示一个地区特定解释变量对该地区自身被解释变量的平均影响，而间接效应则用该矩阵非对角元素的行和或列和的平均值来表示，表示一个地区特定解释变量的变化对其他城市被解释变量的平均影响。另外，检验一个地区内部溢出效应是否存在应该使用直接效应来判定，检验空间溢出效应的存在则应该使用间接效应而非空间自相关系数 ρ 或自身空间滞后项系数 θ（Lesage & Pace，2009）。

二、空间权重矩阵的构建

空间计量经济学重在处理空间数据，这是其与传统计量经济学的主要区别。处理空间数据必然涉及区域之间空间距离的度量，因此，空间权重矩阵就成为空间计量分析的重点内容。目前，最常用的空间权重矩阵主要分为邻接标准、距离标准等，其中，邻接权重矩阵操作比较简单，但是其认为地理空间上不邻接的地区间不存在相互关联，这与现实情况差距较大，因此本章没有采用邻接权重矩阵而是选用距离权重矩阵以及经济空间关联权重矩阵。

距离权重矩阵的主要表现形式是地理距离。一般而言，地区之间的地理距离越近，相互之间的相关性就越强，并且随着地理距离的扩大，其相关性会逐步减弱。本章使用的地理距离数据是根据国家基础地理信息系统数据库中的经纬度数据计算而得的地级及以上城市间直线距离。

距离权重矩阵的另一种表现形式是时间距离。在交通设施日益发达的今天，地区之间的时间距离已经大大缩短，尤其是随着高铁网络的普及，如果仍然使用地理距离权重来衡量地区之间的联系度，将严重脱离经济社会发展的实际情况。因此，本章在使用地理距离权重的基础下引入时间距离权重，即地区之间的时间距离越小，其相关性就越强，并且随着时间推移距离的增大，其相关性随之减弱。

本章借鉴王雨飞和倪鹏飞（2016）的做法，使用284个地级及以上城市两两之间的最短时间距离来表示时间距离。由于不同城市之间的交通方式多种多样，而且还可以通过不同交通方式进行衔接，这就为两两城市之间时间距离的计算带来很大困难，因此，本章只能近似计算时间距离。具体计算方式如下：①根据普通公路、高速公路、铁路这三种交通方式，查找任意两个城市之间以上述交通方式衡量的地理距离①。②根据普通公路、高速公路、普通铁路、高速铁路四种交通方式，分别计算任意两个城市之间以上述四种交通方式衡量的时间距离。③对于不通铁路的城市，其普通铁路或高速铁路的时间距离则按照如下方式计算：先计算出该城市到最近铁路站或高铁站的公路距离或高速公路距离，再将其加到最近铁路站或高铁站所在城市经普通铁路或高速铁路与其他城市的时间距离中，最后综合计算出经高速铁路的时间距离。④计算任意两个城市之间经普通公路、高速公路、普通铁路或高速铁路的最短时间距离。至于本章所使用的各种交通里程数据，主要来源于国家基础道路里程数据和铁路里程数据。另外，按照国务院2013年颁布的《铁路安全管理条例》，高速铁路主要是指设计时速250千米以上，并且初期运营时速在200千米以上的客运专线铁路。在现实中，时速在200千米以上的客运专线铁路主要有三类，即动车、高铁和城际铁路。一般而言，动车的时速为200千米级别，高铁和城际铁路则是300千米级别。因此，我们按照高铁和城际铁路时速为300千米，动车时速为200千米来进行相关计算。再根据2014年公布的《公路工程技术标准》，我们按照高速公路时速为100千米，普通道路的时速为60千米来进行相关计算。此外，为了计算方便，结合国家现有普通铁路的实际运行时速，我们将普通铁路的运行时速设定为140千米来进行相关计算（倪鹏飞和李冕，2015）。

另外，地区之间的关联除了地理距离和时间距离之外，还存在经济上的关联，因此，为了更好地衡量地区之间的关联性，本章选取GDP、劳动力指标并采

---

① 由于航空运输方式的时速与其他交通方式的时速存在巨大差距，如果将航空运输方式纳入进来，可能会掩盖高速铁路的影响，再加上航空运输方式的数据也不易得，因此，我们在计算最短时间距离时没有将航空运输时间纳入进来，另外，我们将高铁里程近似普通铁路里程。

用引力模型来衡量地区之间的空间经济联系。Zipf（1946）基于经验总结并借鉴物理学中的万有引力模型，用两个地区人口数量的乘积除以其距离来反映两个地区人口流动所产生的空间关联，后经 Smith（1989）、Witt 和 Witt（1995）等的进一步拓展，逐渐成为研究要素流动空间相互作用的主流模型。

一般而言，空间引力模型的形式可以表示如下：

$$T_{ij} = \frac{KM_i M_j}{D_{ij}} \qquad (7-4)$$

其中，T_{ij} 表示 i 地区和 j 地区之间的空间联系强度，K 为常数，通常取 1，M_i 和 M_j 为两个地区的某种规模量，如劳动力数量、经济总量等，D_{ij} 表示 i、j 两个地区之间的地理距离。

事实上，空间引力模型具有深厚的微观基础（Roy，2004）。本章试图将这一模型引入地区经济的空间关联研究中来，通过构造相应的空间关联矩阵对地区之间由于经济交流或劳动力流动产生的空间联系进行量化分析。

基于经济总量的空间关联强度可以表示如下：

$$TP_{ij} = \frac{KP_i P_j}{D_{ij}} \qquad (7-5)$$

其中，TP_{ij} 为两个地区的空间关联度，K 为常数，取值为 1，P_i 和 P_j 分别是地区 i 和地区 j 的 GDP，D_{ij} 是两个地区之间的地理距离。式（7-5）表示地区之间的经济关联强度与两个地区的 GDP 成正比，与两个地区之间的距离成反比。

这样，我们就可以利用矩阵的形式来定义任意两个地区之间的经济联系强度。对于矩阵中的任一元素，定义如下：

$$\omega_{ij} = \begin{cases} TP_{ij} & i \neq j \\ 0 & i = j \end{cases} \qquad (7-6)$$

其中，ω_{ij} 为空间关联矩阵的一个元素。

劳动力的空间关联强度也可参照式（7-5）和式（7-6）来设置，只需要将 GDP 换成劳动力即可。

三、变量选取

本章的被解释变量是地区经济发展水平（ln$pgdp$）、第二产业发展水平（ln$p2addval$）和第三产业发展水平（ln$p3addval$）。本章借鉴王雨飞和倪鹏飞（2016）的做法，选择使用经价格指数处理后的实际人均 GDP、实际人均第二产业增加值和实际第三产业增加值的对数值作为被解释变量来表示各地区的经济发展水平、第二产业发展水平和第三产业发展水平。核心解释变量是科教支出（lnkjtr）。本章借鉴骆永民（2008）的做法，选择使用各地区经价格指数处理后的人均财政科技教育支出的对数值作为核心解释变量。至于控制变量，根据现有文献，本章还添加了如下控制变量以减轻遗漏变量可能带来的内生性偏误：①外资利用程度（lnpfdi）：用经过价格指数处理后的人均实际使用外商直接投资来测度；②基础设施水平（lnproad）：用地区人均公路里程来衡量；③政府支出规模（gov）：用扣除科教支出后的地方政府财政支出占当地GDP比重来衡量；④固定资产投资（lnpfai）：利用各省的固定资产投资价格指数对省内城市的固定资产投资总额进行调整，并用计算得到的人均实际固定资产投资额来表示；⑤产业密度（lnempden）：用第二、第三产业从业人员密度（即第二、第三产业从业人员数除以地域面积）来衡量；⑥土地资源（lnrjyd）：用人均国有建设用地出让面积来衡量；⑦房价（lnbuil_price）：采用地级及以上城市商品房平均销售价格来衡量，地级及以上城市商品房平均销售价格由商品房销售额除以商品房销售面积得到。

四、数据说明

本章使用2003～2013年地级及以上城市的面板数据①，该数据主要来源于历年的《中国区域经济统计年鉴》《中国城市统计年鉴》《中国国土资源统计年鉴》和《中国固定资产投资统计年鉴》。在收集整理相关数据的基础上，本章还对数据做了如下处理：首先，由于极少数城市存在缺失部分数据的问题，本章通过查阅相应城市对应年份的《国民经济与社会发展统计公报》尽量补齐，个别数据实在无法获得的则采用线性插值法逐一补齐。其次，在对名义变量转换为实际变量的过程中，由于缺乏城市层面的价格指数数据，因此，本章使用相应的省级数据进行替代，而对于用外币标价的数据则用历年的年平均汇率进行换算，这两部分数据主要来自历年的《中国统计年鉴》。最后，本章所采用的城市样本剔除了数据缺失值较多的铜仁、毕节、普洱、拉萨等城市，最终以284个城市作为本章的研究样本。

---

① 由于国家统计局在《中国区域经济统计年鉴（2014）》之后已不再更新该年鉴，而本章使用的部分数据如商品房价格等主要来自《中国区域经济统计年鉴》，无其他采用相同统计口径的替代来源，国家统计局从2003年开始才公布财政科技支出和教育支出的数据，因此，本章将样本区间选为2003～2013年，这一选择应该不会影响本章的研究结论。

五、关于内生性问题的说明与处理

根据本章的作用逻辑，财政科教支出与产业发展和经济增长之间存在不可忽视的内生性问题。引发内生性问题的原因包括由联立性问题引致和由遗漏重要关键变量引致。关于联立性问题，一方面，财政科教支出会通过多种渠道影响本地的经济发展以及其他地方的经济发展；另一方面，本地的经济发展同样也会影响本地区的财政科教支出，一般而言，越是富裕的地区，就越有动力也越有财力将更多的资金投入到科技和教育领域，从而导致财政科教支出的增长。关于遗漏重要变量问题，地方政府的发展战略在影响当地经济发展的同时，也会不可避免地影响当地的科技教育事业，进而影响财政科教支出，但是地方政府的发展战略很难用一定的指标来衡量，虽然我们尽量控制了相关因素，但是这一问题难以完全避免。针对上述内生性问题，本章进行了如下处理：首先，本章的计量模型使用时间、地区双固定效应模型进行极大似然估计，从而尽可能减弱由遗漏变量所带来的内生性问题；其次，由于本章采用的空间杜宾模型中引入了解释变量的空间滞后项，能够在一定程度上与空间自相关的遗失变量相关，从而能够较好地解决由遗失变量引起的内生性问题（吕健，2014），并且在使用极大似然估计法进行一致无偏估计时，空间项系数会受到对数似然函数中雅可比项（Jacobian Term）的约束，从而大大缓解内生性问题（Elhorst & Fréret，2009）。

第四节 实证分析

一、空间相关性检验

就地理空间而言，任何事物之间都存在联系，但邻近事物之间的联系要比较远事物之间的联系更加紧密（Tobler，1970）。由此，我们在考虑一个地区的经济增长时也必须考虑到不同地区之间的关联性。探索性空间数据分析（ESDA）可以通过测算不同空间单元观测值的全域和局域 Moran's I 指数来揭示空间关联特征。其中，全域 Moran's I 指数的计算公式如下：

$$\text{Moran's I} = \frac{N\sum_{i=1}^{N}\sum_{j=1}^{N}w_{ij}(x_i-\bar{x})(x_j-\bar{x})}{\sum_{i=1}^{N}\sum_{j=1}^{N}w_{ij}\sum_{i=1}^{N}(x_i-\bar{x})^2} = \frac{\sum_{i=1}^{N}\sum_{j=1}^{N}w_{ij}(x_i-\bar{x})(x_j-\bar{x})}{S^2\sum_{i=1}^{N}\sum_{j=1}^{N}w_{ij}}$$

$$(7-7)$$

其中，$S^2 = \frac{1}{N}\sum_{i=1}^{N}(x_i-\bar{x})^2$，$\bar{x} = \frac{1}{N}\sum_{i=1}^{N}x_i$。$x_i$ 表示第 i 个空间单元的观察值，N 为空间单元个数，w_{ij} 为 $N \times N$ 非负空间权重矩阵 W 的元素，用来表示第 i 个空间单元和第 j 个空间单元之间的邻近关系。Moran's I 指数大小介于 -1 和 1 之间，指数大于 0，表示存在空间正自相关，小于 0 表示存在负空间自相关，等于 0 表示不存在空间自相关，并且绝对值越大，空间相关程度越高，反之则越小。

本章研究的空间单元为中国 284 个地级及以上城市，以城市人均实际 GDP 作为案例进行观察。本章分别运用地理距离权重矩阵和只含公路、高速公路和普通铁路的时间距离权重矩阵（时间距离权重矩阵 I）计算中国各城市人均实际 GDP 的全局 Moran'I 指数。从表 7-1 和图 7-2 中可以看出，不同权重矩阵下的全局 Moran'I 指数都通过了显著性检验，表明中国城市人均实际 GDP 具有非常显著的空间自相关性。进一步比较各个年份的 Moran'I 指数后可以发现，无论是采用地理距离权重矩阵还是时间距离权重矩阵 I，人均实际 GDP 的自相关性在时间维度上的走势高度一致，都呈现总体缓慢下降的变动规律，其中，在 2005 年，两种权重矩阵下的 Moran'I 指数均呈现快速下降的趋势，之后有所回升，但很快又呈现缓慢下降趋势，这说明总体上中国各城市人均实际 GDP 的空间自相关性是逐渐下降的，空间集聚性特征相应减弱，总的来说，2003～2013 年，经济发展水平相似的城市在空间上集中分布的形态总体变化并不是很大。

表 7-1　中国各城市实际人均 GDP 的全局 Moran'I 指数

年份	Moran's I	
	地理距离权重矩阵	时间距离权重矩阵 I
2003	0.118 ***	0.104 ***
2004	0.114 ***	0.101 ***
2005	0.098 ***	0.087 ***
2006	0.105 ***	0.093 ***
2007	0.107 ***	0.094 ***
2008	0.107 ***	0.094 ***
2009	0.106 ***	0.094 ***

续表

年份	Moran's I	
	地理距离权重矩阵	时间距离权重矩阵Ⅰ
2010	0.106***	0.094***
2011	0.103***	0.090***
2012	0.099***	0.088***
2013	0.098***	0.086***

注：***、**和*分别表示在1%、5%和10%的显著性水平下通过统计检验，括号中为t统计值。

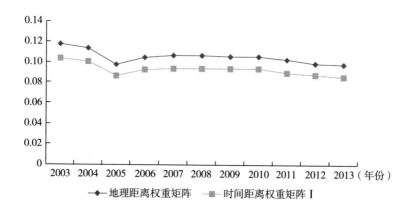

图7-2 中国各城市实际人均 GDP 的空间关联性变动

资料来源：笔者制作。

二、财政科教支出与整体经济发展

（一）使用距离空间权重矩阵的估计结果

我们采用时间和地区双固定的空间杜宾模型来考察财政科教支出对整体经济发展的影响及其空间溢出效应。其中，我们设置了三个空间权重矩阵：一是地理距离权重矩阵；二是只含公路、高速公路和普通铁路的时间距离权重矩阵（时间距离权重矩阵Ⅰ）；三是包含公路、高速公路、普通铁路、高速铁路的时间距离权重矩阵（即时间距离权重矩阵Ⅱ）。利用上述三个权重矩阵，本章进行了如下估计：首先，根据中国高铁的建设历程，将2003~2013年的面板数据分成两个时段，并引入不同的时间距离权重矩阵来考察科教支出对整体经济增长的影响及其空间溢出效应。2003～2008 年是中国大规模实施高铁建设的前 6 年①，本章用时间距离权重矩阵 I 作为权重矩阵来进行估计，得出估计结果（4）；而 2009～2013 年则是各地高铁陆续开通运营的 5 年，本章用时间距离权重矩阵 II 作为权重矩阵进行估计，得出估计结果（7）。其次，本章又用地理距离权重矩阵、时间距离权重矩阵 I 分别对 2009～2013 年的面板数据进行了估计，得出结果（5）和（6）。最后，为便于比较，本章还给出了 2003～2013 年的基于地理距离权重矩阵、时间距离权重矩阵 I 的估计结果（1）和（2），以及 2003～2008 年的基于地理距离权重矩阵的估计结果（3）。

表 7－2 报告了距离空间权重下分时间样本的空间杜宾模型估计结果。在控制了一系列影响人均实际 GDP 的因素后，为了减少遗漏变量可能带来的估计偏误，本章进一步采取时间、地区双固定效应模型进行回归分析。根据 Lesage 和 Pace（2009）的观点，科教支出对人均实际 GDP 的地区内溢出效应和地区间溢出效应分别用直接效应和间接效应来刻画，因此，我们直接观察科教支出的直接效应和间接效应，由此可以发现：第一，在估计结果（1）～（7）中，无论采取哪一种空间权重矩阵和哪一类时间区间，科教支出的直接效应在 10% 的统计水平下均显著为正，这充分说明本地科教支出对本地经济增长具有积极的促进作用，并且这一效应非常稳健。第二，虽然在估计结果（2）中科教支出的间接效应不太显著，但在其余估计结果中，科教支出的间接效应在 10% 的统计水平下全部显著为正，这又充分说明科教支出对邻近地区的经济增长具有积极的促进作用。第三，在同一时间区间内，无论采取哪一种空间权重矩阵，科教支出的直接效应非常接近，但是对比三个时间段内科教支出的直接效应，我们还可以发现，2009～2013 年科教支出的直接效应要小于 2003～2008 年科教支出的直接效应，这说明科教支出在地区经济发展中的直接作用相对有所下降。第四，对比三个时间段内科教支出的间接效应，可以发现，在同一空间权重矩阵下，2009～2013 年科教支出的间接效应都要大于 2003～2008 年科教支出的间接效应，这又说明科教支出在邻近地区经济发展中的间接作用有所上升，即空间溢出效应有所增强。第五，对比估计结果（6）和（7），可以发现，使用时间距离权重矩阵 II 所得到的科教支出间接效应要稍微大于使用时间距离权重矩阵 I 所得到的科教支出间接效应，这说明伴随着高铁网络的发展，地区之间的时间距离大大缩短，科教

---

① 中国第一条高速铁路京津城际于 2008 年全线开通，时速为 350 千米，之后各地高铁陆续建成开通，因此，本章将 2008 年作为时间节点来进行分段并使用不同的时间距离权重矩阵。

支出的空间溢出效应也有所增强。总之，上述结论初步验证了本章的研究假设。

表7－2 距离空间权重下分时间样本的空间杜宾模型估计结果（基于整体经济发展）

	（1）	（2）	（3）	（4）	（5）	（6）	（7）
空间权重选择	地理距离权重矩阵	时间距离权重矩阵Ⅰ	地理距离权重矩阵	时间距离权重矩阵Ⅰ	地理距离权重矩阵	时间距离权重矩阵Ⅰ	时间距离权重矩阵Ⅱ
时间跨度（年份）	2003～2013	2003～2013	2003～2008	2003～2008	2009～2013	2009～2013	2009～2013
$W \times \ln pgdp$	0.470***	0.391**	0.100	−0.042	0.885***	0.880***	0.861***
	（2.91）	（2.00）	（0.45）	（−0.17）	（35.56）	（33.03）	（27.21）
$\ln kjtr$	0.096***	0.098***	0.071*	0.073*	0.038**	0.040**	0.040**
	（3.27）	（3.34）	（1.80）	（1.86）	（2.08）	（2.13）	（2.10）
$W \times \ln kjtr$	0.633***	0.596***	0.767***	0.767***	0.250*	0.191	0.227*
	（3.23）	（2.80）	（3.88）	（3.47）	（1.76）	（1.41）	（1.69）
$\ln pfai$	0.205***	0.206***	0.201***	0.201***	0.110***	0.109***	0.108***
	（10.25）	（10.24）	（6.77）	（6.82）	（4.39）	（4.34）	（4.29）
$\ln empden$	0.023	0.023	0.031	0.029	0.032	0.033	0.033
	（0.77）	（0.76）	（1.03）	（0.93）	（1.29）	（1.33）	（1.34）
$\ln pfdi$	0.008**	0.008**	0.005	0.005	0.011***	0.010***	0.011***
	（2.02）	（1.98）	（1.12）	（1.15）	（3.02）	（2.93）	（2.98）
$\ln proad$	0.032*	0.033*	0.043***	0.045***	0.012	0.010	0.008
	（1.71）	（1.79）	（2.97）	（3.06）	（0.41）	（0.32）	（0.25）
gov	−0.403***	−0.403***	−0.560***	−0.561***	−0.100***	−0.099***	−0.100***
	（−7.63）	（−7.65）	（−8.52）	（−8.63）	（−3.81）	（−3.79）	（−3.86）
$\ln rjyd$	0.016***	0.016***	0.001	0.002	0.009*	0.009	0.009
	（2.77）	（2.82）	（0.30）	（0.37）	（1.65）	（1.64）	（1.58）
$\ln buil\_price$	0.053***	0.054***	0.035*	0.033	0.024	0.028	0.028
	（2.69）	（2.73）	（1.67）	（1.59）	（1.20）	（1.42）	（1.42）
直接效应	0.100***	0.101***	0.071*	0.072*	0.048***	0.047***	0.047**
	（3.46）	（3.49）	（1.83）	（1.85）	（2.68）	（2.59）	（2.56）
间接效应	1.456*	1.215	0.908***	0.761***	2.530**	1.916*	1.936*
	（1.66）	（1.41）	（3.09）	（3.25）	（1.98）	（1.65）	（1.86）
时间固定	YES	YES	YES	YES	YES	YES	YES

续表

	（1）	（2）	（3）	（4）	（5）	（6）	（7）
空间权重 选择	地理距离 权重矩阵	时间距离 权重矩阵Ⅰ	地理距离 权重矩阵	时间距离 权重矩阵Ⅰ	地理距离 权重矩阵	时间距离 权重矩阵Ⅰ	时间距离 权重矩阵Ⅱ
时间跨度 （年份）	2003~2013	2003~2013	2003~2008	2003~2008	2009~2013	2009~2013	2009~2013
地区固定	YES	YES	YES	YES	YES	YES	YES
sigma2	0.008 *** （9.73）	0.008 *** （9.83）	0.006 *** （7.61）	0.006 *** （7.71）	0.002 *** （9.48）	0.002 *** （9.58）	0.002 *** （9.67）
R^2	0.543	0.588	0.661	0.690	0.170	0.197	0.211
N	3124	3124	1704	1704	1420	1420	1420

注：***、**和*分别表示在1%、5%和10%的显著性水平下通过统计检验，括号中为t统计值。

（二）使用经济空间权重矩阵的估计结果

为了检验上述结论的稳健性以及进一步深入分析，我们在使用地理距离权重矩阵和两种时间距离权重矩阵的基础上，又分别使用GDP空间关联权重矩阵和劳动力空间关联权重矩阵进行极大似然估计。根据表7-3我们可以发现：第一，在估计结果（1）~（6）中，无论采取哪一种经济空间权重矩阵以及哪一类时间区间，科教支出的直接效应在10%的统计水平下均显著为正，这又充分说明本地科教支出对本地经济增长具有积极的促进作用，并且这一效应非常稳健。第二，虽然在估计结果（6）中科教支出的间接效应不太显著，但在其余估计结果中，科教支出的间接效应在10%的统计水平下全部显著为正，这又再次证明科教支出对邻近地区的经济增长具有积极的促进作用。第三，当我们使用同一样本区间时，可以发现，无论采取哪一种经济空间权重矩阵，科教支出的直接效应非常接近，但是对比三个时间段内科教支出的直接效应，我们又可以发现，2009~2013年科教支出的直接效应要小于2003~2008年科教支出的直接效应，这再次说明科教支出在地区经济发展中的直接作用是有所下降的。第四，在同一经济空间权重矩阵下，2009~2013年科教支出的间接效应都要小于2003~2008年科教支出的间接效应，这说明科教支出的空间溢出效应有所下降，这一结论与表7-2中的结论有所不同，这可能是由于所使用空间权重矩阵不同所致。上述结论从另一个角度基本上再次论证了表7-2中的结论，也进一步支持了本章的研究假设。

表7-3 经济空间权重下分时间样本的空间杜宾模型估计结果（基于整体经济发展）

空间权重选择	（1） GDP 空间关联权重矩阵	（2） 劳动力空间关联权重矩阵	（3） GDP 空间关联权重矩阵	（4） 劳动力空间关联权重矩阵	（5） GDP 空间关联权重矩阵	（6） 劳动力空间关联权重矩阵
时间跨度（年份）	2003~2013	2003~2013	2003~2008	2003~2008	2009~2013	2009~2013
$W \times \ln pgdp$	0.300 * (1.74)	0.300 * (1.72)	0.022 (0.09)	0.127 (0.58)	0.426 *** (2.77)	0.557 *** (4.35)
$\ln kjtr$	0.104 *** (3.48)	0.102 *** (3.44)	0.078 * (1.94)	0.068 * (1.74)	0.043 ** (2.07)	0.043 ** (2.11)
$W \times \ln kjtr$	0.699 *** (4.44)	0.753 *** (4.73)	0.696 *** (4.05)	1.093 *** (5.09)	0.166 ** (2.16)	0.181 *** (2.59)
$\ln pfai$	0.206 *** (10.22)	0.204 *** (10.13)	0.196 *** (6.61)	0.195 *** (6.58)	0.110 *** (4.27)	0.109 *** (4.28)
$\ln empden$	0.024 (0.83)	0.022 (0.75)	0.020 (0.62)	0.029 (1.01)	0.034 (1.42)	0.034 (1.42)
$\ln pfdi$	0.007 * (1.82)	0.007 * (1.91)	0.005 (1.14)	0.004 (0.98)	0.011 *** (2.90)	0.010 *** (2.80)
$\ln proad$	0.029 (1.63)	0.026 (1.46)	0.046 *** (3.18)	0.038 *** (2.65)	0.008 (0.26)	0.006 (0.21)
gov	-0.407 *** (-7.87)	-0.410 *** (-7.93)	-0.559 *** (-8.51)	-0.565 *** (-8.67)	-0.106 *** (-4.01)	-0.104 *** (-4.01)
$\ln rjyd$	0.016 *** (2.85)	0.016 *** (2.85)	0.002 (0.45)	0.002 (0.50)	0.010 * (1.73)	0.009 (1.60)
$\ln buil\_price$	0.049 ** (2.45)	0.047 ** (2.37)	0.025 (1.17)	0.033 (1.60)	0.032 (1.59)	0.027 (1.32)
直接效应	0.106 *** (3.64)	0.104 *** (3.62)	0.077 ** (1.97)	0.069 * (1.80)	0.043 ** (2.13)	0.044 ** (2.20)
间接效应	1.133 ** (2.41)	1.214 ** (2.52)	0.771 ** (2.53)	1.356 *** (2.84)	0.346 * (1.68)	0.516 (1.36)
时间固定	YES	YES	YES	YES	YES	YES
地区固定	YES	YES	YES	YES	YES	YES
$sigma2$	0.008 *** (10.03)	0.008 *** (10.00)	0.006 *** (7.78)	0.006 *** (7.52)	0.002 *** (10.17)	0.002 *** (10.29)

空间权重选择	(1)	(2)	(3)	(4)	(5)	(6)
空间权重选择	GDP 空间关联权重矩阵	劳动力空间关联权重矩阵	GDP 空间关联权重矩阵	劳动力空间关联权重矩阵	GDP 空间关联权重矩阵	劳动力空间关联权重矩阵
时间跨度（年份）	2003~2013	2003~2013	2003~2008	2003~2008	2009~2013	2009~2013
R^2	0.611	0.601	0.681	0.579	0.729	0.640
N	3124	3124	1704	1704	1420	1420

注：***、**和*分别表示在 1%、5% 和 10% 的显著性水平下通过统计检验，括号中为 t 统计值。

（三）不同阈值下的估计结果

为了进一步分析现代交通体系特别是高铁开通对科教支出空间溢出效应的影响，本章基于空间维度设定每隔 400 千米进行一次回归，另外，对于每一距离阈值以内的地区还分别使用时间距离权重矩阵 I、时间距离权重矩阵 II 进行相应回归。从表 7-4 的估计结果可以看出，首先，在使用时间距离权重矩阵 I 和时间距离权重矩阵 II 的情况下，科教支出的空间溢出效应在 2000 千米以外才变得显著，而在 2000 千米以内变得不再显著，这与使用地理距离权重矩阵所获得的结果不一致，这说明现代交通工具的进步特别是高铁的开通对科教支出空间溢出效应的影响具有空间异质性，对于时空距离较近的地区，科教支出的空间溢出效应

表 7-4 2009~2013 年不同距离阈值下采用不同时间距离权重的
科教支出间接效应（基于整体经济发展）

权重矩阵 \ 距离阈值（千米）	(1) 0~400	(2) 0~800	(3) 0~1200	(4) 0~1600	(5) 0~2000	(6) 0~2400	(7) 0~2800	(8) 0~3200
时间距离权重矩阵 I	0.083	0.228	0.395	0.770	1.201	1.706 *	1.886 *	2.002 *
	(1.25)	(1.59)	(0.89)	(0.63)	(1.20)	(1.65)	(1.69)	(1.75)
时间距离权重矩阵 II	0.083	0.223	0.366	0.731	1.278	1.862 *	2.099 **	2.151 **
	(1.30)	(1.62)	(1.00)	(0.54)	(1.35)	(1.91)	(1.99)	(2.02)

注：***、**和*分别表示在 1%、5% 和 10% 的显著性水平下通过统计检验，括号中为 t 统计值。

影响不太明显，其虹吸效应相对比较明显，但是对于时空距离较远的地区，科教支出的空间溢出效应则变得更为明显。其次，观察估计结果（6）～（8），对比分别使用时间距离权重矩阵Ⅰ、时间距离权重矩阵Ⅱ所得到的科教支出溢出效应结果，可以发现，使用时间距离权重矩阵Ⅱ所得到的科教支出溢出效应要大于使用时间距离权重矩阵Ⅰ所得到的结果，这又说明高铁的开通确实有助于增强科教支出对偏远地区的辐射力。

三、财政科教支出与第二产业发展

（一）使用距离空间权重矩阵的估计结果

我们采用时间和地区双固定的空间杜宾模型来考察财政科教支出对第二产业发展的影响及其空间溢出效应。我们同样设置了三个空间权重矩阵即地理距离权重矩阵、时间距离权重矩阵Ⅰ和时间距离权重矩阵Ⅱ。利用上述三个权重矩阵，本章比照之前的方法进行了估计。表7-5报告了距离空间权重下分时间样本的空间杜宾模型估计结果。在控制了一系列影响第二产业人均实际增加值的因素后，为了减少遗漏变量可能带来的估计偏误，本章进一步采取时间、地区双固定效应模型进行回归分析，由此可以发现：第一，在估计结果（1）～（7）中，无论采取哪一种空间权重矩阵和哪一类时间区间，科教支出的直接效应在5%的统计水平下均显著为正，这充分说明本地科教支出对本地第二产业发展具有积极的促进作用，并且这一效应非常稳健。第二，虽然在估计结果（2）和（3）中科教支出的间接效应不太显著，但在其余估计结果中，科教支出的间接效应在5%的统计水平下全部显著为正，这基本说明科教支出对邻近地区的第二产业发展也具有积极的促进作用。第三，当我们使用同一样本区间时，可以发现，无论采取哪一种空间权重矩阵，科教支出的直接效应非常接近，但是对比三个时间段内科教支出的直接效应，我们又发现，2009～2013年科教支出的直接效应要小于2003～2008年科教支出的直接效应，这说明科教支出在地区第二产业发展中的直接作用有所下降。第四，对比三个时间段内科教支出的间接效应，可以发现，在同一空间权重矩阵下，2009～2013年科教支出的间接效应要大于2003～2008年科教支出的间接效应，这又说明科教支出对邻近地区第二产业发展的促进作用有所上升，即空间溢出效应有所增强。第五，对比估计结果（6）和（7），可以发现，使用时间距离权重矩阵Ⅱ所得到的科教支出间接效应要大于使用时间距离权重矩阵Ⅰ所得到的科教支出间接效应，这说明伴随着高铁网络的发展，地区之间的时间距离大大缩短，科教支出对邻近地区第二产业发展的空间溢出效应也有所增强。

表7-5　距离空间权重下分时间样本的空间杜宾模型估计结果（基于第二产业发展）

空间权重选择	(1) 地理距离权重矩阵	(2) 时间距离权重矩阵Ⅰ	(3) 地理距离权重矩阵	(4) 时间距离权重矩阵Ⅰ	(5) 地理距离权重矩阵	(6) 时间距离权重矩阵Ⅰ	(7) 时间距离权重矩阵Ⅱ
时间跨度（年份）	2003~2013	2003~2013	2003~2008	2003~2008	2009~2013	2009~2013	2009~2013
$W \times \ln p2addval$	0.829***	0.830***	0.808***	0.785***	0.905***	0.903***	0.891***
	(26.68)	(26.37)	(16.88)	(15.10)	(48.15)	(46.83)	(40.41)
$\ln kjtr$	0.125***	0.127***	0.111**	0.110**	0.048**	0.051**	0.051**
	(3.23)	(3.28)	(2.06)	(2.06)	(2.03)	(2.11)	(2.07)
$W \times \ln kjtr$	0.428**	0.385**	0.233	0.255	0.503**	0.430**	0.521***
	(2.16)	(2.10)	(0.98)	(1.21)	(2.40)	(2.15)	(2.60)
$\ln pfai$	0.308***	0.308***	0.295***	0.295***	0.176***	0.175***	0.174***
	(11.40)	(11.43)	(8.67)	(8.67)	(3.92)	(3.87)	(3.84)
$\ln empden$	0.061*	0.062*	0.078	0.079	0.027	0.028	0.029
	(1.75)	(1.79)	(1.40)	(1.41)	(0.77)	(0.81)	(0.82)
$\ln pfdi$	0.013*	0.013*	0.000	0.000	0.020***	0.019***	0.019***
	(1.96)	(1.86)	(0.04)	(0.01)	(2.90)	(2.82)	(2.83)
$\ln proad$	0.042	0.043	0.026	0.027	0.015	0.011	0.006
	(1.54)	(1.59)	(1.08)	(1.09)	(0.27)	(0.19)	(0.11)
gov	-0.228***	-0.226***	-0.271***	-0.273***	-0.134***	-0.133***	-0.136***
	(-4.97)	(-4.96)	(-4.06)	(-4.10)	(-2.86)	(-2.84)	(-2.92)
$\ln rjyd$	0.028***	0.028***	0.016*	0.016*	0.023**	0.023**	0.023**
	(3.12)	(3.16)	(1.91)	(1.93)	(2.36)	(2.37)	(2.30)
$\ln buil\_price$	0.090***	0.092***	0.049	0.049	0.046	0.053*	0.053*
	(2.98)	(3.07)	(1.34)	(1.35)	(1.63)	(1.88)	(1.91)
直接效应	0.137***	0.138***	0.116**	0.115**	0.070***	0.069***	0.071***
	(3.61)	(3.64)	(2.22)	(2.22)	(2.92)	(2.86)	(2.89)
间接效应	3.242**	3.012**	1.836	1.762	5.904**	4.991**	5.321***
	(2.49)	(2.44)	(1.26)	(1.43)	(2.47)	(2.33)	(2.66)

	(1)	(2)	(3)	(4)	(5)	(6)	(7)
空间权重选择	地理距离权重矩阵	时间距离权重矩阵Ⅰ	地理距离权重矩阵	时间距离权重矩阵Ⅰ	地理距离权重矩阵	时间距离权重矩阵Ⅰ	时间距离权重矩阵Ⅱ
时间跨度（年份）	2003～2013	2003～2013	2003～2008	2003～2008	2009～2013	2009～2013	2009～2013
时间固定	YES	YES	YES	YES	YES	YES	YES
地区固定	YES	YES	YES	YES	YES	YES	YES
sigma2	0.016*** (13.61)	0.016*** (13.68)	0.012*** (9.52)	0.012*** (9.57)	0.005*** (9.88)	0.005*** (9.91)	0.005*** (9.97)
R^2	0.323	0.326	0.351	0.369	0.116	0.123	0.125
N	3124	3124	1704	1704	1420	1420	1420

注：***、**和*分别表示在1%、5%和10%的显著性水平下通过统计检验，括号中为t统计值。

（二）使用经济空间权重矩阵的估计结果

为了检验上述结论的稳健性以及进一步深入分析，我们在使用地理距离权重矩阵和两种时间距离权重矩阵的基础上，又分别使用GDP空间关联权重矩阵和劳动力空间关联权重矩阵进行极大似然估计。根据表7-6，我们可以发现：第一，在估计结果（1）～（6）中，无论采取哪一种经济空间权重矩阵以及哪一类时间区间，科教支出的直接效应在5%的统计水平下均显著为正，这又充分说明本地科教支出对本地第二产业发展具有积极的促进作用，并且这一效应非常稳健。第二，在2003～2013年内，使用GDP空间关联权重矩阵和劳动力空间关联权重矩阵所得到的科教支出间接效应在5%和1%的统计水平下显著为正，虽然在分时间段内，科教支出的间接效应并不显著，但总体上可以说明科教支出对邻近地区的第二产业发展具有积极的促进作用。第三，当我们使用同一样本区间时，可以发现，无论采取哪一种经济空间权重矩阵，科教支出的直接效应非常接近，但是对比三个时间段内科教支出的直接效应，我们又发现，2009～2013年科教支出的直接效应要小于2003～2008年科教支出的直接效应，这也说明科教支出在第二产业发展中的直接促进作用是有所下降的。这一结论与表7-5中的结论有所不同，这可能是由所使用空间权重矩阵不同所致。

表7-6　经济空间权重下分时间样本的空间杜宾模型估计结果（基于第二产业发展）

	(1)	(2)	(3)	(4)	(5)	(6)
空间权重选择	GDP 空间关联权重矩阵	劳动力空间关联权重矩阵	GDP 空间关联权重矩阵	劳动力空间关联权重矩阵	GDP 空间关联权重矩阵	劳动力空间关联权重矩阵
时间跨度（年份）	2003 ~ 2013	2003 ~ 2013	2003 ~ 2008	2003 ~ 2008	2009 ~ 2013	2009 ~ 2013
$W \times \ln p2addval$	0.300 **	0.300 **	0.300 *	0.300 *	0.341 *	0.467 ***
	(2.30)	(2.28)	(1.80)	(1.75)	(1.81)	(2.84)
$\ln kjtr$	0.134 ***	0.131 ***	0.116 **	0.109 **	0.056 **	0.057 **
	(3.44)	(3.39)	(2.13)	(2.03)	(1.98)	(2.03)
$W \times \ln kjtr$	0.456 **	0.651 ***	0.226	0.556	0.261 **	0.310 **
	(2.44)	(3.30)	(0.81)	(1.59)	(2.01)	(2.44)
$\ln pfai$	0.320 ***	0.317 ***	0.299 ***	0.296 ***	0.178 ***	0.176 ***
	(11.36)	(11.24)	(8.57)	(8.40)	(3.83)	(3.83)
$\ln empden$	0.058	0.056	0.071	0.077	0.031	0.031
	(1.60)	(1.54)	(1.25)	(1.33)	(0.92)	(0.92)
$\ln pfdi$	0.014 **	0.014 **	0.001	0.000	0.021 ***	0.020 ***
	(2.01)	(2.02)	(0.15)	(0.05)	(2.89)	(2.79)
$\ln proad$	0.041	0.036	0.025	0.019	0.007	0.006
	(1.52)	(1.35)	(1.00)	(0.77)	(0.13)	(0.11)
gov	− 0.235 ***	− 0.241 ***	− 0.278 ***	− 0.283 ***	− 0.149 ***	− 0.147 ***
	(− 5.17)	(− 5.25)	(− 4.14)	(− 4.21)	(− 3.06)	(− 3.09)
$\ln rjyd$	0.028 ***	0.029 ***	0.016 *	0.017 *	0.025 **	0.024 **
	(3.17)	(3.21)	(1.87)	(1.95)	(2.46)	(2.36)
$\ln buil\_ price$	0.095 ***	0.092 ***	0.039	0.044	0.072 **	0.064 **
	(2.98)	(2.91)	(1.05)	(1.18)	(2.40)	(2.15)
直接效应	0.135 ***	0.132 ***	0.115 **	0.109 **	0.056 **	0.059 **
	(3.52)	(3.49)	(2.17)	(2.09)	(2.03)	(2.12)
间接效应	0.746 **	1.029 ***	0.383	0.896	0.460	0.712
	(2.30)	(2.85)	(0.94)	(1.56)	(1.42)	(1.18)
时间固定	YES	YES	YES	YES	YES	YES
地区固定	YES	YES	YES	YES	YES	YES
$sigma2$	0.017 ***	0.017 ***	0.012 ***	0.012 ***	0.005 ***	0.005 ***
	(14.03)	(13.86)	(9.48)	(9.48)	(10.28)	(10.51)

续表

	（1）	（2）	（3）	（4）	（5）	（6）
空间权重选择	GDP 空间关联权重矩阵	劳动力空间关联权重矩阵	GDP 空间关联权重矩阵	劳动力空间关联权重矩阵	GDP 空间关联权重矩阵	劳动力空间关联权重矩阵
时间跨度（年份）	2003 ~ 2013	2003 ~ 2013	2003 ~ 2008	2003 ~ 2008	2009 ~ 2013	2009 ~ 2013
R^2	0.644	0.595	0.770	0.659	0.715	0.638
N	3124	3124	1704	1704	1420	1420

注：***、**和*分别表示在1%、5%和10%的显著性水平下通过统计检验，括号中为 t 统计值。

（三）不同阈值下的估计结果

表7－7和表7－8分别报告了2003~2013年不同距离阈值下采用地理距离权重得到的科教支出间接效应以及不同时间阈值下采用时间距离权重矩阵 I 的回归结果。从表7－7中可以看出，随着地理距离阈值的增加，科教支出的间接效应变得逐步显著，在0~400千米以内，科教支出的间接效应虽然为正，但并不显著，同样在0~800千米以内，科教支出的间接效应也并不显著，但阈值放宽到0~2000千米时，科教支出的间接效应开始变得显著，并且其间接效应的大小随着阈值的扩大而慢慢增加，在估计结果（5）~（8）中，科教支出的间接效应分别为1.930、2.449、2.804、3.124，呈现逐步递增趋势。再看表7－8，我们也能发现类似的现象。首先，我们可以发现，不同时间阈值范围内，科教支出的间接效应均显著为正。其次，我们还可以发现，伴随着时间阈值范围的不断放宽，科教支出间接效应也随之不断增强，其值由估计结果（1）中的0.227增加到估计结果（8）中的2.450。上述结果说明科教支出对邻近地区第二产业发展

表7－7　2003~2013年不同距离阈值下采用地理距离权重得到的
科教支出间接效应（基于第二产业发展）

	（1）	（2）	（3）	（4）	（5）	（6）	（7）	（8）
距离阈值（千米）	0 ~ 400	0 ~ 800	0 ~ 1200	0 ~ 1600	0 ~ 2000	0 ~ 2400	0 ~ 2800	0 ~ 3200
间接效应	0.175 (1.40)	0.317 (1.58)	0.634* (1.79)	1.199 (1.60)	1.930* (1.96)	2.449** (2.20)	2.804** (2.31)	3.124** (2.45)

注：***、**和*分别表示在1%、5%和10%的显著性水平下通过统计检验，括号中为 t 统计值。

表 7 - 8　2003 ~ 2013 年不同时间阈值下采用时间距离权重矩阵 I 的
回归结果（基于第二产业发展）

	(1)	(2)	(3)	(4)	(5)	(6)	(7)	(8)
时间阈值 （小时）	0 ~ 3	0 ~ 6	0 ~ 9	0 ~ 12	0 ~ 15	0 ~ 18	0 ~ 21	0 ~ 24
间接效应	0.227 ** (2.54)	0.291 ** (1.98)	0.468 ** (2.26)	0.733 * (1.85)	1.377 ** (2.01)	1.924 ** (2.21)	1.982 ** (2.05)	2.450 ** (2.21)

注：＊＊＊、＊＊和＊分别表示在1%、5%和10%的显著性水平下通过统计检验，括号中为 t 统计值。

的空间溢出效应具有空间异质性，具体地，对于时空距离较近的地区，科教支出的空间溢出效应不太明显，其反向溢出效应相对较强，但是对于时空距离较远的地区，科教支出的空间溢出效应则变得逐渐显著。

为了进一步分析现代交通体系特别是高铁开通对科教支出空间溢出效应的影响，本章基于空间维度设定每隔400千米进行一次回归，同时对于每一距离阈值以内的地区还分别使用时间距离权重矩阵 I 、时间距离权重矩阵 II 进行相应回归。由表 7 - 9 可以看出，首先，在使用时间距离权重矩阵 I 和时间距离权重矩阵 II 的情况下，科教支出的空间溢出效应在 2000 千米以外才变得显著而稳健，这再次说明空间溢出效应的影响具有空间异质性，对于时空距离较近的地区，科教支出的空间溢出效应不太明显，但是对于时空距离较远的地区，科教支出的空间溢出效应则变得较为明显。其次，观察估计结果（5）~（8），对比分别使用时间距离权重矩阵 I 、时间距离权重矩阵 II 所得到的科教支出溢出效应结果，可

表 7 - 9　2009 ~ 2013 年不同距离阈值下采用不同时间距离权重的
科教支出间接效应（基于第二产业发展）

	(1)	(2)	(3)	(4)	(5)	(6)	(7)	(8)
距离阈值（千米） 权重矩阵	0 ~ 400	0 ~ 800	0 ~ 1200	0 ~ 1600	0 ~ 2000	0 ~ 2400	0 ~ 2800	0 ~ 3200
时间距离 权重矩阵 I	0.138 (0.91)	0.609 * (1.92)	1.246 (0.86)	2.281 (0.99)	3.906 * (1.76)	4.851 ** (2.23)	4.988 ** (2.32)	5.109 ** (2.37)
时间距离 权重矩阵 II	0.143 (0.97)	0.614 ** (2.01)	1.244 (0.84)	2.477 (0.67)	4.266 * (1.86)	5.421 ** (2.47)	5.424 *** (2.62)	5.534 *** (2.71)

注：＊＊＊、＊＊和＊分别表示在1%、5%和10%的显著性水平下通过统计检验，括号中为 t 统计值。

以发现，使用时间距离权重矩阵Ⅱ所得到的科教支出溢出效应明显要大于使用时间距离权重矩阵Ⅰ所得到的结果，这又说明高铁的开通确实有助于增强科教支出对邻近地区特别是偏远地区第二产业发展的促进作用。

四、财政科教支出与第三产业发展

（一）使用距离空间权重矩阵下的估计结果

我们采用时间和地区双固定的空间杜宾模型来考察财政科教支出对第三产业发展的影响及其空间溢出效应。我们同样设置了三个空间权重矩阵即地理距离权重矩阵、时间距离权重矩阵Ⅰ和时间距离权重矩阵Ⅱ。利用上述三个权重矩阵，本章比照之前的方法进行了估计。表7-10报告了距离空间权重下分时间样本的空间杜宾模型估计结果。在控制了一系列影响第三产业人均实际增加值的因素后，为了减少遗漏变量可能带来的估计偏误，本章进一步采取时间、地区双固定效应模型进行回归分析，从中我们可以发现：第一，在估计结果（1）~（7）中，无论采取哪一种空间权重矩阵哪一类时间区间，科教支出的直接效应在1%的统计水平下均显著为正，这说明本地科教支出对本地区第三产业发展具有积极的促进作用，并且这一效应非常稳健。第二，虽然估计结果（1）和（2）显示科教支出的间接效应显著为正，但在其余估计结果中，科教支出的间接效应虽然为正，但均不显著，甚至在估计结果（7）中，科教支出的间接效应为负，这初步说明科教支出对邻近地区的第三产业发展基本没有积极的促进作用，甚至可能存在负面作用。第三，当我们使用同一时间区间时，可以发现，无论采取哪一种空间权重矩阵，科教支出的直接效应非常接近，但是对比三个时间段内科教支出的直接效应，我们又发现，2009~2013年科教支出的直接效应要小于2003~2008年科教支出的直接效应，这说明科教支出在地区第三产业发展中的直接作用有所下降。第四，对比估计结果（6）和（7），可以发现，使用时间距离权重矩阵Ⅱ所得到的科教支出间接效应虽然不显著，但其值为负，而使用时间距离权重矩阵Ⅰ所得到的科教支出间接效应则为正值，这可能暗含着高铁网络的发展可能会增强反向空间溢出效应，从而导致科教支出对邻近地区第三产业发展存在抑制作用。

（二）使用经济空间权重矩阵下的估计结果

为了检验上述结论的稳健性以及进一步深入分析，我们在使用地理距离权重矩阵和两种时间距离权重矩阵的基础上，又分别使用GDP空间关联权重矩阵和劳动力空间关联权重矩阵进行极大似然估计。由表7-11可以发现：第一，在估

表7－10 距离空间权重下分时间样本的空间杜宾模型估计结果（基于第三产业发展）

	（1）	（2）	（3）	（4）	（5）	（6）	（7）
空间权重选择	地理距离权重矩阵	时间距离权重矩阵Ⅰ	地理距离权重矩阵	时间距离权重矩阵Ⅰ	地理距离权重矩阵	时间距离权重矩阵Ⅰ	时间距离权重矩阵Ⅱ
时间跨度（年份）	2003~2013	2003~2013	2003~2008	2003~2008	2009~2013	2009~2013	2009~2013
$W \times \ln 3addval$	0.869***	0.873***	0.883***	0.884***	0.877***	0.889***	0.872***
	(36.32)	(37.64)	(40.22)	(41.30)	(49.26)	(58.14)	(49.27)
$\ln kjtr$	0.150***	0.151***	0.145***	0.145***	0.041***	0.042***	0.043***
	(4.36)	(4.44)	(2.93)	(2.96)	(2.69)	(2.71)	(2.70)
$W \times \ln kjtr$	0.260	0.230	0.188	0.188	0.028	-0.033	-0.093
	(1.43)	(1.36)	(0.87)	(0.93)	(0.21)	(-0.25)	(-0.73)
$\ln pfai$	0.061***	0.061***	0.089***	0.089***	0.049***	0.049***	0.048***
	(2.67)	(2.68)	(2.74)	(2.76)	(2.74)	(2.72)	(2.67)
$\ln empden$	0.058	0.059	0.005	0.006	0.053*	0.054**	0.055**
	(1.29)	(1.33)	(0.08)	(0.09)	(1.96)	(2.02)	(2.05)
$\ln pfdi$	-0.003	-0.003	0.004	0.004	0.002	0.001	0.002
	(-0.61)	(-0.63)	(0.71)	(0.75)	(0.43)	(0.42)	(0.50)
$\ln proad$	-0.020	-0.018	0.012	0.013	-0.027	-0.029	-0.030
	(-1.09)	(-1.00)	(0.71)	(0.79)	(-1.22)	(-1.30)	(-1.37)
gov	-0.164***	-0.164***	-0.146***	-0.146***	-0.030**	-0.029**	-0.028**
	(-5.48)	(-5.49)	(-4.16)	(-4.17)	(-2.17)	(-2.14)	(-2.06)
$\ln rjyd$	0.011*	0.011*	0.006	0.006	-0.001	-0.001	-0.002
	(1.76)	(1.74)	(0.88)	(0.88)	(-0.14)	(-0.21)	(-0.36)
$\ln buil\_price$	0.003	0.004	0.025	0.026	0.024	0.025	0.026
	(0.13)	(0.15)	(0.89)	(0.94)	(1.14)	(1.24)	(1.28)
直接效应	0.162***	0.162***	0.155***	0.155***	0.042***	0.042***	0.041***
	(5.06)	(5.10)	(3.39)	(3.41)	(2.85)	(2.73)	(2.63)
间接效应	3.152**	3.024**	2.916	2.963	0.539	0.041	-0.428
	(1.97)	(1.98)	(1.47)	(1.52)	(0.52)	(0.04)	(-0.46)
时间固定	YES	YES	YES	YES	YES	YES	YES
地区固定	YES	YES	YES	YES	YES	YES	YES
$sigma2$	0.010***	0.010***	0.006***	0.006***	0.002***	0.002***	0.002***
	(10.17)	(10.18)	(8.00)	(8.04)	(9.10)	(9.29)	(9.32)

续表

	（1）	（2）	（3）	（4）	（5）	（6）	（7）
空间权重选择	地理距离权重矩阵	时间距离权重矩阵Ⅰ	地理距离权重矩阵	时间距离权重矩阵Ⅰ	地理距离权重矩阵	时间距离权重矩阵Ⅰ	时间距离权重矩阵Ⅱ
时间跨度（年份）	2003～2013	2003～2013	2003～2008	2003～2008	2009～2013	2009～2013	2009～2013
R^2	0.275	0.275	0.169	0.165	0.282	0.407	0.708
N	3124	3124	1704	1704	1420	1420	1420

注：***、**和*分别表示在1%、5%和10%的显著性水平下通过统计检验，括号中为t统计值。

计结果（1）～（6）中，无论采取哪一种经济空间权重矩阵以及哪一类时间区间，科教支出的直接效应在1%的统计水平下均显著为正，这再次说明本地科教支出对本地第三产业发展具有积极的促进作用，并且这一效应非常稳健。第二，在同一时间区间内，无论采取哪一种经济空间权重矩阵，科教支出的直接效应都非常接近，但是对比三个时间段内科教支出的直接效应，我们又发现，2009～2013年科教支出的直接效应要小于2003～2008年科教支出的直接效应，这也说明科教支出在第三产业发展中的直接促进作用是有所下降的。第三，再估计结果（1）～（6）中，科教支出的间接效应均不显著，这就证明了本地科教支出对邻近地区第三产业发展没有积极的促进作用。上述结果基本上再次验证了表7-10中的主要结论。

表7-11　经济空间权重下分时间样本的空间杜宾模型估计结果（基于第三产业发展）

	（1）	（2）	（3）	（4）	（5）	（6）
空间权重选择	GDP空间关联权重矩阵	劳动力空间关联权重矩阵	GDP空间关联权重矩阵	劳动力空间关联权重矩阵	GDP空间关联权重矩阵	劳动力空间关联权重矩阵
时间跨度（年份）	2003～2013	2003～2013	2003～2008	2003～2008	2009～2013	2009～2013
$W \times \ln p3addval$	0.713*** (8.93)	0.800*** (16.81)	0.810*** (16.65)	0.855*** (28.23)	0.710*** (8.04)	0.706*** (8.23)
$\ln kjtr$	0.156*** (4.62)	0.155*** (4.57)	0.153*** (3.04)	0.146*** (2.92)	0.042*** (2.75)	0.041*** (2.72)
$W \times \ln kjtr$	0.135 (0.77)	0.140 (0.75)	-0.022 (-0.10)	0.222 (0.75)	0.038 (0.58)	0.019 (0.32)

续表

空间权重选择	(1) GDP空间关联权重矩阵	(2) 劳动力空间关联权重矩阵	(3) GDP空间关联权重矩阵	(4) 劳动力空间关联权重矩阵	(5) GDP空间关联权重矩阵	(6) 劳动力空间关联权重矩阵
时间跨度（年份）	2003~2013	2003~2013	2003~2008	2003~2008	2009~2013	2009~2013
ln$pfai$	0.062***	0.060***	0.091***	0.087***	0.049***	0.049***
	(2.72)	(2.61)	(2.85)	(2.69)	(2.66)	(2.66)
ln$empden$	0.059	0.057	−0.009	−0.001	0.054**	0.054**
	(1.33)	(1.25)	(−0.13)	(−0.02)	(2.05)	(2.03)
ln$pfdi$	−0.004	−0.003	0.005	0.004	0.000	0.000
	(−0.72)	(−0.65)	(0.92)	(0.78)	(0.09)	(0.12)
ln$proad$	−0.021	−0.023	0.016	0.009	−0.032	−0.033
	(−1.14)	(−1.26)	(0.95)	(0.56)	(−1.43)	(−1.48)
gov	−0.169***	−0.169***	−0.148***	−0.152***	−0.028**	−0.026*
	(−5.50)	(−5.50)	(−4.17)	(−4.19)	(−1.99)	(−1.81)
ln$rjyd$	0.012*	0.012*	0.006	0.006	−0.001	−0.002
	(1.78)	(1.83)	(0.83)	(0.91)	(−0.22)	(−0.31)
ln$buil\_price$	−0.006	−0.007	0.016	0.022	0.021	0.017
	(−0.23)	(−0.27)	(0.57)	(0.75)	(1.02)	(0.84)
直接效应	0.159***	0.160***	0.154***	0.155***	0.042***	0.041***
	(4.94)	(4.98)	(3.26)	(3.45)	(2.80)	(2.74)
间接效应	1.021	1.508	0.706	2.712	0.283	0.192
	(1.11)	(1.24)	(0.53)	(1.16)	(0.59)	(0.64)
时间固定	YES	YES	YES	YES	YES	YES
地区固定	YES	YES	YES	YES	YES	YES
$sigma2$	0.010***	0.010***	0.007***	0.007***	0.002***	0.002***
	(10.77)	(10.32)	(8.48)	(7.99)	(9.04)	(9.08)
R^2	0.459	0.378	0.398	0.192	0.573	0.617
N	3124	3124	1704	1704	1420	1420

注：***、**和*分别表示在1%、5%和10%的显著性水平下通过统计检验，括号中为t统计值。

（三）不同阈值下的估计结果

为了进一步分析现代交通体系特别是高铁开通对科教支出空间溢出效应的影响，本章基于空间维度和时间维度设置一定的阈值并进行相应的回归，在空间维度上，设定每隔400千米进行一次回归，在时间维度上，每隔3小时进行一次回

中国产业区位分布演变及其机制研究

归，另外，对于每一距离阈值以内的地区还分别使用时间距离权重矩阵Ⅰ、时间距离权重矩阵Ⅱ进行相应回归。首先，由表7-12可以看出，无论使用时间距离权重矩阵Ⅰ还是时间距离权重矩阵Ⅱ，科教支出的空间溢出效应在所有阈值范围内均不显著，并且其值呈现随着阈值范围的扩大不断减小的趋势。其次，再观察表7-13，同样可以看到类似的现象和趋势，在估计结果（1）~（8）中，无论使用时间距离权重矩阵Ⅰ还是时间距离权重矩阵Ⅱ，科教支出的空间溢出效应在所有阈值范围内均不显著，并且其值随着阈值范围的扩大不断减小。以上结果再次说明本地科教支出对邻近地区第三产业发展并没有积极的促进作用，甚至可能存在负面抑制作用。

表7-12 2009~2013年不同时间阈值下采用不同时间距离权重的
科教支出间接效应（基于第三产业发展）

权重矩阵 \ 时间阈值（小时）	(1) 0~3	(2) 0~6	(3) 0~9	(4) 0~12	(5) 0~15	(6) 0~18	(7) 0~21	(8) 0~24
时间距离权重矩阵Ⅰ	0.014 (0.28)	0.040 (0.40)	-0.032 (-0.15)	-0.113 (-0.29)	-0.064 (-0.11)	-0.022 (-0.03)	-0.043 (-0.05)	-0.024 (-0.02)
时间距离权重矩阵Ⅱ	0.001 (0.03)	-0.089 (-0.68)	-0.267 (-0.82)	-0.322 (-0.57)	-0.431 (-0.58)	-0.508 (-0.60)	-0.512 (-0.58)	-0.443 (-0.50)

注：***、**和*分别表示在1%、5%和10%的显著性水平下通过统计检验，括号中为t统计值。

表7-13 2009~2013年不同距离阈值下采用不同时间距离权重的
科教支出间接效应（基于第三产业发展）

权重矩阵 \ 距离阈值（千米）	(1) 0~400	(2) 0~800	(3) 0~1200	(4) 0~1600	(5) 0~2000	(6) 0~2400	(7) 0~2800	(8) 0~3200
时间距离权重矩阵Ⅰ	0.072 (1.26)	0.057 (0.43)	-0.022 (-0.07)	-0.035 (-0.06)	-0.086 (-0.11)	0.031 (0.03)	-0.003 (-0.00)	0.128 (0.12)
时间距离权重矩阵Ⅱ	0.059 (1.07)	0.022 (0.19)	-0.148 (-0.54)	-0.271 (-0.54)	-0.420 (-0.61)	-0.385 (-0.49)	-0.482 (-0.56)	-0.342 (-0.38)

注：***、**和*分别表示在1%、5%和10%的显著性水平下通过统计检验，括号中为t统计值。

第五节　本章小结

中国经济正处于新旧动能转换时期，而新旧动能的转换以及经济的高质量发展需要依靠创新来实现。由此，创新型驱动正在成为各个地方政府的共识。科教支出作为地方政府加强人才培养和科技创新的重要杠杆，在实现产业结构转型升级和经济高质量发展的过程中发挥着举足轻重的作用。因此，本章基于2003～2013年中国284个地级及以上城市的面板数据，重点研究了科教支出影响地区产业发展和经济增长及其产生空间溢出效应的具体机理，并且进一步分析了现代交通网络体系对科教支出空间溢出效应的影响。得到如下主要结论：

第一，财政科教支出能够促进本地区的经济发展，特别是能够促进本地区第二产业和第三产业的发展。但从时间维度来看，本地区科教支出对本地区经济发展的促进作用有所减弱，分产业看，本地区科教支出对第二产业和第三产业发展的促进作用也有所减弱。

第二，就经济发展而言，财政科教支出存在空间溢出效应，本地区的财政科教支出对邻近地区的经济发展具有积极的促进作用，并且该效应随着时间的推移而有所增强。具体分产业来看，本地区的财政科教支出对邻近地区第二产业发展也具有积极的促进作用，并且该效应也随着时间的推移而有所增强，但是对邻近地区第三产业发展则不具有促进作用，相反还可能存在一定的抑制作用。

第三，对于经济发展特别是第二产业发展而言，科教支出的空间溢出效应具有空间异质性，对于时空距离较近的地区，科教支出的空间溢出效应影响不太明显，但是对于时空距离较远的地区，科教支出的空间溢出效应则变得较为明显。

第四，伴随着高铁网络的发展，本地区科教支出对邻近地区经济发展特别是第二产业发展的促进作用在同等地理距离范围内有所增强。

第八章 人口年龄结构与产业区位分布

第一节 引言

  伴随经济的高速发展和城市化的快速推进，中国地区人口和产业空间分布呈现出明显的地区内部集聚化趋势（倪鹏飞等，2017，2018）。2005～2015 年，在全国 285 个地级及以上城市中，就户籍人口而言，多达 203 个城市的市区户籍人口占全市户籍人口的比重有所上升，如果用常住人口来衡量，则多达 243 个城市的市区常住人口占全市常住人口的比重有不同程度的上升。进一步地，就地区内部产业分布变迁而言，有 119 个城市的市区第二产业从业人员比重上升，同时，多达 235 个城市的市区第三产业从业人员比重上升，如果以第二、第三产业从业人员为统计口径，则多达 160 个城市的市区第二、第三产业从业人员比重有所上升。虽然在此期间少部分城市实行了撤县设区改革，但是排除这些城市，城市中心区人口和产业的集聚趋势依然十分明显。与此同时，不少学者也明确指出了这一趋势。刘彦随等（2009）认为，伴随着城镇化的快速推进，农村劳动力纷纷涌入就业机会更多、收入更高的城市，农村地区呈现出普遍的空心化态势，毛其智等（2015）进一步发现，由于城乡之间、城市群核心区和外围城市之间存在明显的就业机会差异和收入差异，农村人口正在向城市流动，而城市群外围城市的人口则向城市群内核心城市流动。具体来看，在东中部地区，常住人口流动呈现由乡镇向街道流动的"城乡二元效应"，同时，在欠发达地区，常住人口流动呈现由外围区向经济发达的城市群核心区流动的"核心外围效应"。蒋子龙等（2014）认为东部城市点轴集聚的网络密度已达较高水平，而中西部及东北地区人口和经济分布则主要呈现向地区核心城市集聚的发展趋势。由此可以看出，就地区内部而言，人口和产业正在向城市中心集聚，中心城区的首位度正趋于不断上升。由于人口和产业的集聚对城市以及城市体系的发展具有极大的影响，因此，理解地区内部人口和产业集聚的深层次原因对于中国区域经济发展和城市化发展战略就具有十分重大的意义。

关于产业空间集聚的原因，不同的学者有不同的解释，但是总的来看主要是围绕两个问题来展开的，即产业为什么要集聚以及产业在哪里集聚。针对第一个问题，一些学者指出获取外部性是企业集聚的根本目的（Marshall，1890；Krugman，1991），其中，外部性又可以分为两种（Henderson，1997），一种是行业内的外部性，即 Marshall 外部性，这种外部性能带来三大好处即知识技术外溢、劳动力市场共享和中间投入品共享（Marshall，1890；Ciccone & Hall，1996；Wallsten，2001；Rosenthal，2001）；另一种是行业间的外部性，即 Jacobs 外部性，该外部性强调不同行业之间的外部性导致的产业集聚（Jacobs，1969）。外部性的本质其实是规模经济（Krugman，1980），规模经济是产业集聚的重要因素（Kim，1995），而规模经济又分为两种：内部规模经济和外部规模经济（Marshall，1890），其中，外部规模经济又包括城市化经济和本地化经济（魏后凯，2006）。另一些学者强调运输成本在产业集聚中所发挥的重要作用，他们认为集聚与扩散取决于规模经济与运输成本[①]的权衡（Henderson，1974；Fujita et al.，1999；Hanson，1998a；Venables，2000），其中，运输成本的降低有助于产业的集聚，反之，则会减弱产业集聚程度。而针对第二个问题，部分学者认为产业区位选择主要取决于自然资源、地理位置、气候等外生禀赋条件，产业在空间上的集聚程度主要取决于这些外生禀赋在空间上的分布（Ohlin，1957；Ellison & Glaeser，1997；Brülhart & Trionfetti，2001；张同升等，2005），另一部分学者认为企业区位选择取决于该地区的市场需求，"源市场效应"是产业集聚演进中向心力的重要来源（Krugman，1980；Davis & Weinstein，1996，1998），市场规模效应与市场关联能够促进产业地理集聚（Amiti，1999；文玫，2004）。除此之外，也有学者从其他因素入手分析产业集聚问题。Storper（1997）将社会学中的植根性概念引入经济学领域，认为经济活动的社会和制度植根性也是导致产业空间集聚的重要因素。Hanson（1998b）、金煜等（2006）认为对外开放政策对于

---

① 此处的"运输成本"可以理解为广义的运输成本，即所有因距离所引起的障碍，如运输费用本身、关税及贸易的非税壁垒、不同的生产标准、交通困难和文化差异等，当然也可以理解为交易成本。

区域的产业集聚具有重要作用。Kim 和 Knaap（2001）强调了基础设施和地理位置对产业集聚的影响，Batisse 和 Poncet（2004）、黄玖立和李坤望（2006）指出地方保护对制造业空间集聚具有显著的影响。梁琦和吴俊（2008）讨论了上下级行政区的财政转移对产业集聚的影响。王永进等（2010）考察了契约制度对产业集聚影响的微观机制。

虽然以上文献对产业集聚的动力机制进行了充分的探讨，但是这些研究都没有将产业空间集聚与人口因素联系起来。目前，研究人口因素与产业空间集聚的文献主要集中在人口数量与产业集聚、人口质量与产业集聚以及人口流动与产业集聚三个方面（刘娟，2010），Moomaw（1983）、Ottaviano 和 Puga（1998）、胡双梅（2005）等从不同角度研究了人口数量和产业集聚的关系，得出了各有侧重的结论。Tabuchi（1986）、Midelfart - Knarvik 等（2000）等从劳动力质量及人力资本的角度研究人口因素与产业集聚的关系，但对两者之间的关系及影响机制拥有不同的看法。Fujita 等（2004）、敖荣军和刘松勤（2016）、Fujita 和 Hu（2001）、范剑勇等（2004）研究了人口流动与产业集聚的关系，认为人口流动和产业地理集聚具有明显的同向性。总之，目前的文献主要从人口数量、人口质量以及人口流动三个角度研究了人口因素与产业集聚的关系，而讨论人口年龄结构与产业空间集聚的文献则寥寥无几，更不用说深入探讨两者之间具体的传导机制。

事实上，在过去的十几年里，中国的产业空间集聚程度一直在提升（文东伟和冼国明，2014；倪鹏飞等，2014），与此同时，中国的人口年龄结构也在不断趋向少子老龄化。近 40 年来，中国 65 岁及以上人口占总人口的比重由 1982 年的 4.91% 上升到 2016 年的 10.8%（见图 8 - 1），2017 年，中国 60 岁以上的老年人口达到 2.4 亿，其中，65 岁以上老年人口达到 1.6 亿[①]，居全球各国首位。预计到 2036 年，中国老年人口规模将达到 4.1 亿，约占世界老年人口总量的 26%，到 2050 年前后，中国老年人口规模将会达到 4.7 亿，达到历史峰值，居全球各国首位，约占世界老年人口总量的 22.5%（翟振武，2016）。同时，与老龄化相伴随的少子化趋势也日益明显。人口少子化是指生育水平下降引起少儿人口逐渐减少的现象（梁颖，2014）。受限制性生育政策和现代化快速推进的双重影响，中国已经完成了人口转变并进入人口少子化时代，在这一过程中，中国人口生育水平、少儿人口规模以及少儿人口比重显著下降，中国 0 ~ 14 岁人口占总

---

① 该数据来自国家统计局人口普查数据及 2016 年和 2017 年的《国民经济和社会发展统计公报》。

人口的比重由 1982 年的 33.59% 下降到 2016 年的 16.64%[①]，人口少子化特征日趋显现。目前，中国妇女总和生育率已经快速下降至 1.6% 以下并长期维持在极低的水平，人口出生率也常年维持在 12‰ 左右，中国少儿人口规模、比重下降幅度都已位列全球最高国家行列，即使现在放开计划生育，实施"全面二孩"政策，中国在 2030 年前后仍然会不可避免地进入并长期面临"超少子化"的人口年龄结构状态（茆长宝和穆光宗，2018）。伴随着中国人口结构日趋少子老龄化，其对中国经济社会方方面面的影响已经逐步显现，再联系到中国人口年龄结构趋向老龄少子化的演变与产业空间集聚程度的提升具有时间一致性，由此，我们不禁要问地区人口年龄结构的演变是否已经影响的地区的产业空间分布？如果是，那么地区人口年龄结构又是如何影响产业空间分布的呢？

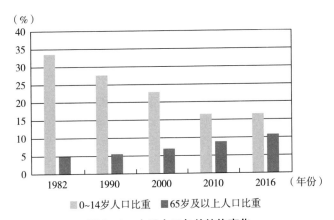

图 8-1 中国人口年龄结构变化

资料来源：国家统计局。

第二节 具体理论机制

人口年龄结构变化对产业空间集聚的影响其实并非显而易见，具体影响渠道也少有文献支持。国内现有文献对这一问题的探讨也停留在比较浅层次的研究方面，或者只是部分涉及对这一问题的研究，尚未全面深入研究这个问题的具体传导机制。从理论上来看，人口年龄结构变化影响产业集聚的渠道可以有以下多种

---

① 该数据来自国家统计局人口普查数据及 2016 年的《国民经济和社会发展统计公报》。

方式：首先，随着人口年龄结构趋向少子老龄化，人口红利逐步消耗殆尽，过去依赖于大量青壮年劳动力的劳动密集型产业将逐渐式微，进而影响劳动密集型产业的空间集聚状态，与此同时，资本密集型产业将蓬勃发展，其在地理空间上的集聚将更为明显。其次，随着城市老年人口的不断增加，与老龄人口相关的产业尤其是服务业将迅猛发展，其中，老龄化比较严重的地区将集聚大量的老龄产业，相应地，老龄化不太严重的地区在老龄产业方面发展将较为缓慢（查华超和韩庆潇，2017）。总之，人口年龄结构的变化必然会影响产业空间集聚，但是对不同特征的产业，其影响效果是不同的。由于少子化作为中国人口年龄结构的突出特点，是导致中国人口加速老龄化的主要原因（李建新，2000），我们提出了少子化通过影响基础教育资源的空间布局来影响人口流动最终引致产业集聚的猜想。

一、少子化对基础教育资源空间布局的影响机制

伴随着计划生育的实施以及中国社会逐步进入现代化，中国人口出生率逐年下降，进而导致中国人口结构趋向少子化，由此，中小学学龄人口也相应地持续减少。自 2006 年以来，中国普通小学在校生数由 2006 年的 10711 万下降至 2016 年的 9913 万，普通初中在校生数则由 5937 万下降至 4329 万，相应地，普通高中在校生数也由 2006 年的 2514 万下降至 2016 年的 2366 万①。而学龄人口的减少将对基础教育资源的空间布局产生重大的影响。肖龙井（2011）认为学校的大小存在一个最优规模，如果一个学校的规模低于最优规模，会带来规模不经济等一系列问题，主要表现如下：首先，由于学校固定成本不变，学生数量的减少会导致单位教育成本的上升；其次，师生比的上升也会为雇佣教师带来规模不经济；最后，学校规模太小会导致无法提供完善的软硬件教学设施，也无法提供多样的课程等教学资源，学生间也会缺乏有效的同伴刺激和互动学习机会，最终影响学校的教育教学成效。因此，为了应对人口少子化引致的乡村及边远地区学生锐减、学校规模不断缩小的问题，教育主管部门往往循序渐进开展规模不经济学校主要是农村及偏远地区学校的撤并工作，并逐步向人口比较集中的城镇集中，

---

① 该数据来自国家统计局，同时本章将 2006 年作为分析的起点时间主要基于以下考虑：虽然早在 1986 年，中国就已经制定了《中华人民共和国义务教育法》，但由于当时财政经费不足等缘故，接受义务教育的学生仍需要缴纳学费，由此导致许多贫困儿童因为没钱缴纳学费而上不起学，直至 2006 年新修订的《义务教育法》出台，明确规定义务教育全面纳入财政保障范围，免除义务教育阶段学生学杂费，逐步由收费义务教育向免费义务教育转变，同时，建立了严格的问责制度，这一系列措施的实施基本保证了中小学适龄人口能够接受义务教育。因此，2006 年以后中小学学龄人口的减少基本上可以确定是因为学龄人口减少所致，排除了普及义务教育所带来的干扰。

以有效提高教育资源使用效益（罗国芬和姚福生，2002；石人炳，2005；肖龙井，2011；田辉，2014）。另外，由于重点校、示范校制度的普遍存在，在生源不足的情况下，学校间生源竞争存在明显的马太效应，农村地区或边远地区弱势学校的倒闭成为常态（吴丽华和梅敏君，2010）。事实上，就全国而言，早在2001年，国务院就已经发布了《关于基础教育改革与发展的决定》，提出"因地制宜调整农村义务教育学校布局，按照小学就近入学、初中相对集中、优化教育资源配置的原则，合理规划和调整学校布局"①。由此，"撤点并校"② 开始在全国各地逐步推广开来，截至目前，全国普通小学学校数已经由2006年的311000所下降至2015年的178960所，减少了42%，与此同时，全国普通中学学校数也由2006年的70211所下降至2015年的60482所，下降了14%③。在这一轮基础教育布局调整中，可以明显发现，高中、初中阶段学校向中心城市集中，小学阶段学校向中心城镇集中，同时，新增教育资源基本上集中在城镇地区。2006～2015年，全国市区普通小学学校数占全市比重由18.67%上升到2015年的24.98%，相应地，全国市区普通中学学校数占比也由29.66%上升到35.25%（见图8-2）。

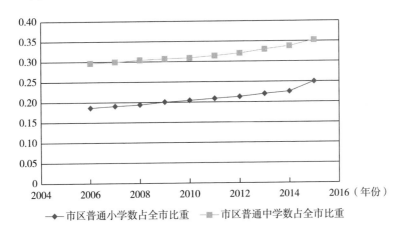

图8-2　全国市区中小学学校数占全市比重趋势

资料来源：国家统计局。

---

① 具体参见：http://old.moe.gov.cn//publicfiles/business/htmlfiles/moe/moe_16/200105/132.html。
② 所谓"撤点并校"，就是根据科学合理的学校规模标准（比如小学规模必须达到300名学生、一个班须达到40个孩子等），当地教育部门将撤销达不到标准的农村和偏远地区的幼儿园、小学乃至中学，将之集中到大的城镇。
③ 该数据来自国家统计局。

总之，人口少子化对教育资源空间布局的影响机制（见图8－3）如下：由于我国的义务教育普及率已经很高，人口少子化直接导致义务教育阶段学龄人口的减少，学龄人口的减少首先引发中小学对生源的激烈争夺，由于农村地区或边缘地区的学校相对于中心城市的学校具有天然的劣势，从而导致农村地区或边缘地区学校的学生日益流失，引发规模不经济现象，这更进一步加剧了农村或边缘地区学校生源流失的现象，如此形成恶性循环，马太效应逐步显现，之后，教育部门为了提高教育资源的利用效率，主动实施"撤点并校"，对农村及边缘地区学校进行裁撤归并，进一步将教育资源集中到中心城市。最终，基础教育资源的空间布局出现显著向中心城市集聚的现象。

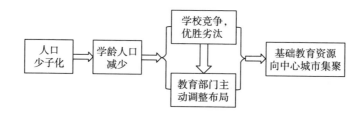

图8－3　人口少子化影响基础教育资源布局的机制示意

资料来源：笔者自绘。

二、基础教育资源的空间集聚对产业集聚的影响机制

基础教育资源向中心城市的集聚必然会对人口的空间分布产生一系列影响。首先，由于生育率的下降会促使家庭增加对孩子的教育和健康人力资本投资（Kalemli－Ozcan，2003；周绍东，2008；毛毅和冯根福，2012；瞿凌云，2013；刘建国和孙勤英，2018；张秀武和赵昕东，2018），而在我国，教育资源与地区的行政等级具有很强的关联性，教育资源通常随着地区行政等级的下降而减少，中心城市往往集聚了丰富的教育资源，这不仅体现在中心城市学校拥有实力雄厚的教师资源，更体现在中心城市拥有更加丰富的信息资源（王智勇，2017）。因此，由基础教育资源空间布局调整导致的城乡教育差距持续扩大必然会激励农村及边缘地区居民设法进入城市并为子女接受城市基础教育创造条件，从而导致教育发展水平越高、教育资源越丰富的中心城市对人口的吸引力就越大（谢童伟和吴燕，2012）。因此，在现实中，由教育因素引发的人口迁移方向往往是由农村流向乡镇，由乡镇流向县城，由县城流向市区，总体呈现一种波浪式递进的模式

即从农村到城镇再到城市的层层递进模式（谢童伟，2011）。其次，虽然义务教育阶段的教材都是统一的，但是由于教育资源不断向城镇地区集聚，城镇地区的教育资源明显优于农村地区，这导致城镇地区和农村及边缘地区的教育成果和人力资本形成截然不同（王智勇，2012），许多学者的研究表明，城镇地区的教育回报率显著高于农村地区的教育回报率（Parish et al.，1995；Meng，1996；Johnson & Chow，1997；Ho et al.，2002；De Brauw et al.，2002；邢春冰，2014），城镇地区的教育回报率已经达到或高于10%（李实和丁赛，2003；Zhang et al.，2005；钟甫宁和刘华，2007）。正是由于城镇地区较高的教育回报率，因而吸引部分先知先觉的家长为了子女教育而进城定居，再加上中国家庭历来有重视子女教育的传统，当其他家长看到部分家庭把孩子送到城区接受教育获得明显效果后，出于担心自己孩子在教育起跑线上落后，也必然会把孩子送到城区读书，从而引发教育上的跟风行为。最终，在上述因素的驱动下，大量农村人口因为子女教育问题而纷纷进城定居，从而形成所谓"教育城镇化"的现象。最后，自2001年以来，政府部门为了满足越来越多的农民工子女进城接受教育的需求，出台了一系列解决农民工随迁子女进城读书的优惠政策[①]，使随迁子女在城市接受教育的权利得到了较好的制度保障，由于这一系列优惠措施主要是面向进城务工子女的，因此，为了使自己的子女能够享受进城接受教育的优惠政策，许多农村居民纷纷进城务工定居，总之，这一系列政策的出台客观上为渴望子女进城接受教育的家庭创造了外部条件，激励了许多家庭为了使子女接受更好的教育而进城务工。事实上，地方政府也希望通过学生的教育城镇化来推动地方的城镇化水平，通过放宽农村学生进城入学的政策，从而带动农村家庭在城区买房定居，为产业集聚和土地财政创造条件。

人口集聚是产业集聚的基础和前提，只有人口集聚达到一定规模，才可能有产业的集聚和发展（胡双梅，2005），人口集聚与产业集聚具有高度的一致性（Fujita & Hu，2001；Fujita et al.，2004；范剑勇等，2004；敖荣军和刘松勤，2016）。人口集聚在一定条件下引发产业集聚可以从生产和需求两方面来解释：从生产角度来看，首先，一定规模的人口集聚为产业发展提供了必要的劳动力，劳动力数量的增加会通过劳动市场的供给而降低企业的劳动力成本进而吸引更多的企业集聚（刘娟，2010）。其次，人口集聚有助于提高本地劳动力供给与需

---

① 2001年，国务院发布了《关于基础教育改革与发展的决定》（国发〔2001〕21号），其中规定，"要重视解决流动儿童少年接受义务教育问题，以流入地政府管理为主，以全日制公办中小学为主，采取多种形式，依法保障流动儿童少年接受义务教育的权利"。

求的匹配性，发挥"劳动力池"效应（Marshall，1890；Wheeler，2001；Andini et al.，2013；Melo et al.，2014），从而使本地产业因为拥有稳定的技能市场而获得巨大收益，最终引致产业集聚，而产业集聚又会吸引更多的劳动力流入，形成"循环累积"因果关系，使产业集聚趋势不断强化（Myrdal，1957；Krugman，1991；敖荣军和刘松勤，2016）。从需求角度来看，人口聚集有助于扩大该地区对最终消费品的需求，由于本地市场效应的存在，市场规模的扩大将导致企业向该地区大规模集聚（Ottaviano & Puga，1998；Redding & Venables，2004；Head & Mayer，2004；刘修岩等，2007；范剑勇和谢强强，2010；冯伟和徐康宁，2012）。与此同时，产业的集聚又会吸纳更多的劳动者，推动作为劳动者和消费者的人口进一步集中，如此借助于"循环累积"因果效应，使产业集聚不断强化。一般而言，人口集聚会引致产业集聚，但是对于不同要素密集特征的产业，人口集聚对产业集聚的具体影响并不完全相同。

总之，基础教育资源的空间集聚对产业集聚的影响机制（见图 8 - 4）如下：基础教育资源向中心城区集聚导致中心城区与边缘地区的教育水平差距不断扩大，两者的教育回报率差距也相应拉大，与此同时，生育率的下降促进了家庭对子女的教育投入，因此，边缘地区居民为了让子女接受更好的教育而选择进城定居，再加上当地政府出台了一系列方便进城务工人员子女接受义务教育的措施，从而引发"教育城镇化"现象。再由于人口集聚与产业集聚具有很强的一致性，两者互为因果、相互强化，最终促使产业向中心城市的集聚。

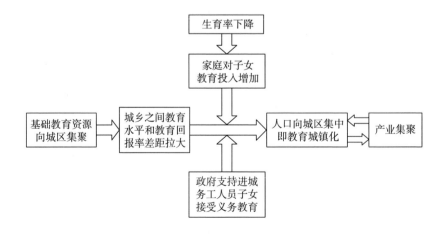

图 8 - 4　基础教育资源的空间集聚对产业集聚的影响机制示意

资料来源：笔者自绘。

基于以上分析，本章建立如下研究假设（见图8－5）：

研究假设1：人口年龄结构的变化必然会影响产业空间集聚，人口少子化越严重，地区人口和产业向市区集聚的程度就越高，并且对于不同的产业，这一作用并不相同。

研究假设2：中国各地区人口年龄结构的演变会通过基础教育资源的空间布局变化来影响地区的人口和产业分布。少子化程度越严重，基础教育资源布局越会向市区集中，从而推动人口和产业进一步向市区集聚，但是对于不同的产业，这一中介效应并不完全相同。

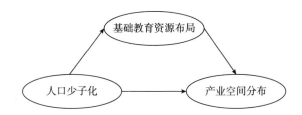

图8－5 人口少子化对产业空间分布的影响机制示意

资料来源：笔者自绘。

第三节 实证模型及识别策略

一、计量模型的设定与数据说明

针对上述需要进一步探究的研究假设，本章经验模型的设定主要着眼于检验中国各地区人口少子化是否会对该地区的产业空间集聚造成差异化的影响。本章的基本计量模型具体设定如下：

$$ind\_\ agglomeration_{it} = \beta_0 + \beta_1 \ln childrate_{it} + \eta \cdot Z_{it} + \varepsilon_{it} \qquad (8-1)$$

在计量模型方程（8－1）中，因变量$ind\_\ agglomeration_{it}$表示i地区在t年份的产业集聚程度。如何找到衡量地区产业空间集聚的合适代理指标是一个非常重要的问题，它是关乎本章研究结论稳健与否的关键。在借鉴既有研究文献的基础上，本章使用某一产业市辖区从业人员数量占全市该产业从业人员数量的比值来衡量该地区某一产业的空间集聚程度，主要原因如下：由于受户籍制度限制，长期以来，异地务工人员子女并不能在流入地参加升学考试，须返回原籍参加考试，即使在 2012 年国家逐步放开异地高考的大背景下，各地对异地参加升学考试设置的门槛依旧较高，这也就大大限制了"异地教育迁移"行为。另外，根据 2015 年农民工监测调查数据，在外出农民工中，流入地级及以上城市的农民工占外出农民工总量的 66.3%（王智勇，2017）。因此，要分析研究因教育迁移渠道而引发的人口和产业集聚问题，以地级及以上城市为单位研究其内部人口和产业空间集聚现象更具有现实针对性。具体地，本章计算了户籍人口、第二和第三产业从业人员、第二产业从业人员、第三产业从业人员的空间集聚指标，分别标识为 $lnpopagg2$、$lnindagg1$、$lnindagg2$、$lnindagg3$。以上数据中，各地级及以上城市全市和市辖区的户籍人口、第二产业从业人员、第三产业从业人员的数据均来自历年《中国城市统计年鉴》。本章的核心解释变量是各地级及以上城市的 $0 \sim 19$ 岁的人口占城市总人口的比例（$lnchildrate$），该数据来自英国经济学人集团的 EIU 城市数据库。EIU 城市数据库汇集了全球 1128 个主要城市（包括中国 285 个地级及以上城市）的人口、收入等数据，其中包含每个城市各个年龄段的人口数据。

为了尽可能解决计量模型方程（8－1）中由于遗漏变量所导致的偏误问题，本章控制了如下变量：①经济首位度（$lngdpagg$）：本章使用市辖区 GDP/全市 GDP 来衡量市辖区经济首位度，该指标在一定程度上代表了市区与周边地区的经济差距，反映了市区对本地居民的吸引力，它是导致本地居民向市区流动的重要因素，因此必须加以控制。②公共服务集聚度（$lnpczzcagg$）：本章使用市辖区人均财政支出/全市人均财政支出来衡量政府支出在市辖区和非市辖区之间的差别，一般来说，政府支出越多，相应的公共服务设施以及基础设施就更加健全，进而也会吸引更多的人口流入。③国有集体单位比重（$gyjtbz$）：本章使用国有集体单位从业人员占全市从业人员的比重来衡量一个地区人口流动的活跃程度。一般而言，国有单位或集体单位的从业人员的流动性要远小于非国有集体单位的从业人员，一个地区的国有单位或集体单位的比重越高，则该地区的人口流动性相对就较弱。正是因为一个地区的国有集体单位的比重会影响该地区的人口流动，所以这一因素必须加以控制。④文化资源集聚度（$lnbookagg$）：本章使用市辖区人均图书馆藏书量/全市图书馆藏书量这一指标来衡量市辖区所拥有的文化资源与非市辖区所拥有的文化资源的差距，这一指标越大，则表明市辖区集聚的文化资源占全市的比重就越大，也就越有可能吸引人们迁往城市定居。⑤医疗资源集聚度（lnpbedagg）：本章使用市辖区人均医院床位数/全市人均医院床位数来衡量市辖区所拥有的医疗资源与非市辖区所拥有的医疗资源的差距，这一指标越大，则说明市辖区所拥有的医疗资源占全市的比重就越大，从而越有可能吸引更多的人涌入城区。⑥基础设施集聚度（lnfaiagg）：本章使用市辖区固定资产投资额/全市固定资产投资额来衡量市辖区基础设施完善程度与非市辖区基础设施完善程度的差距，一般来说，一个地区的基础设施越完善，其所创造的价值也就越多，也越有利于集聚更多的人口，因此，相对于非市辖区，市辖区的基础设施集聚越完善，则越容易吸引周边地区的居民。⑦房价（lnhp）：房价是影响人口流动的一个十分重要的因素，尤其是最近十几年来，房价的不断攀升使住房开支成为人们生活中最重要的开支，房价的高低直接决定着人口的流动方向，因此，这一因素必须加以控制。⑧户籍门槛（hujimk1）：由于流入市区的人口不仅来自周边地区，其中还有一部分来自其他地区，尤其是东南沿海城市集聚了不少来自中西部地区的人口，因此，本章设定了一个户籍门槛指标来控制这一因素。户籍门槛主要使用如下公式来表示：户籍门槛＝全市户籍人口变动量/全市常住人口变动量，一般而言，这一指标越高，说明该地区的户籍门槛越低。以上八个变量是本章主要的控制因素，这些因素包括了最有可能影响城市人口和产业向市区集聚的那些因素。除此之外，本章还进一步控制了时间固定效应，用于控制由时间变化引起的外部冲击，ε_{it} 表示随机误差项。以上数据中，各地级及以上城市全市和市辖区的 GDP、政府财政支出、户籍人口、医院床位数、图书馆藏书量、固定资产投资额均来自 2007～2016 年的《中国城市统计年鉴》，房价数据主要来自《中国区域经济统计年鉴》，其中，2013 年以后的数据则由网络爬虫技术获取并经整理而得。常住人口主要由地区 GDP 除以地区人均 GDP 而得，由于《中国区域经济统计年鉴》只有部分年份的各地区常住人口数据，但按照国家统计局的规定，2004 年以后，人均 GDP 由一个地区的 GDP 除以该地区的常住人口而得，因此，我们使用这种方法是可行的。国有和集体单位从业人员数据主要来自历年《中国人口和就业统计年鉴》，由于该数据只有省级数据，因此，我们用各城市所在省（市、区）的国有集体单位从业人员比重来代替。

二、内生性问题的讨论以及工具变量的设定

从作用逻辑来看，各地区人口少子化与产业集聚之间可能存在特定的内生性关系。其一，一个地区的少儿人口比例和产业集聚存在联立性导致的内生性问题。在那些经济发达的地区，人口和产业集聚度往往比较高，但是伴随经济社会的发展，人口生育率会出现下降趋势，其主要的作用机制如下：人口和产业的集聚引发的城市化会彻底改变人们的生活和工作方式，一方面，通过市场环境下的就业竞争和城市生活高成本压力大幅提升了生育成本和养育成本，从而形成对生育的强大抑制力量；另一方面，社会发展进步带来的教育普及、男女平等观念以及社会保障制度的完善都会大大降低人们的生育意愿，进而降低人口生育率（周长洪，2015）。其二，人口少子化对地区人口和产业集聚的影响还会受到重要遗漏变量导致的内生性问题。比如，不同地方政府基于本地区的情况在实施计划生育政策的过程中存在一定的差异性，这既可能影响一个地区的人口年龄结构，也可能对本地区的人口和产业集聚状况造成一定的影响。而在我们搜集的地级市数据中，这种差异化的计划生育政策很难准确界定和定义。尽管我们已经在计量模型方程（8-1）中尽可能地控制相应的变量，但在理论上仍旧可能存在无法加以有效控制的遗漏变量。针对上述两种可能的原因导致的内生性问题，本章尝试寻找人口少子化的工具变量或多重工具变量，以缓解计量模型方程（8-1）中可能存在的内生性问题所导致的估计偏误。

按照构建工具变量的基本思路和逻辑，我们需要寻找一个仅跟地区人口少子化有内在关系，但与人口和产业集聚没有直接联系的外生变量来作为相应的工具变量。我们认为，各地区过去的人口自然增长率是该地区人口少子化状况的合适工具变量，主要根据如下：一方面，任何一个时点的人口年龄结构都是过去和现在生育和死亡两个变量综合作用的结果，如果要考察某一个时间段的人口年龄结构，就必须考虑人口惯性因素，人口惯性的影响主要体现在过往生育率和死亡率变化在现时的反映，总之，在不考虑人口空间流动的前提下，一个地区现时的人口年龄结构既受到现实的生育率和死亡率变化的影响，同时也受到过去生育率和死亡率的影响（原新和刘士杰，2009）。总体而言，人口惯性作用、死亡率下降和生育率下降是导致中国人口少子老龄化的主要原因，其中，人口惯性是决定现时人口年龄结构的最重要因素（原新和刘士杰，2009），而过去的人口自然增长率则是衡量人口惯性的合适代理变量。虽然人口的异地流动会影响各地区的人口年龄结构，但是，由于户籍制度的限制，教育移民的比例依然较低，绝大多数的异地务工人员子女依然在户籍所在地接受教育，这也造就了为社会所关注的"留守儿童"问题，所以人口异地流动对地区人口少子化现状影响并不大，另外，严格的户籍制度也同时限制了人口的迁移，从而未出现大规模的户籍人口流动。因此，我们有理由相信过去的人口自然增长率能在相当程度上影响现在的人口年龄结构。另一方面，显而易见，过去的人口自然增长率对现在的人口和产业集聚并不可能造成影响。综上所述，我们认为，过去的人口自然增长率仅仅会影响现在的人口年龄结构，但对现在的人口和产业集聚不会造成直接的影响。基于以上分析，我们进一步认为，使用滞后20年的人口自然增长率指标来作为地区人口少子化的工具变量是具有合理性的，理由在于：一方面，足够长的滞后时间可以最大限度地消除现在的人口和产业集聚对人口少子化可能存在的影响渠道，尽可能保证两者之间不存在可能的关联关系；另一方面，随着时间的推移，人口惯性对现时人口年龄结构的影响虽然有所减弱，但其影响力依旧很大，依然是影响现在人口年龄结构的最重要因素（原新和刘士杰，2009）。关于人口自然增长率的数据主要来自历年《中国城市统计年鉴》。

第四节　实证分析

一、人口年龄结构对地区产业集聚影响效应的实证检验

（一）基准回归：使用 OLS 估计方法

表8-1报告了人口少子化对人口和产业集聚影响效应的检验结果。第（1）列报告了采用 OLS 估计方法得到的回归结果，该结果显示，在控制一系列相关因素的前提下，各地区人口少子化率对地区户籍人口集聚程度的影响效应在1%的显著性水平下显著为负，并且其影响系数为 -0.078。第（2）列报告了同样采用 OLS 估计方法的回归结果，该结果显示，各地区少子化率对地区产业人口集聚程度的影响效应在1%的显著性水平下也显著为负，并且其影响系数为 -0.113。上述结果初步说明，在中国人口年龄结构总体趋向少子老龄化的大背景下，地区人口少子化程度会在一定程度上从负向角度影响该地区的人口和产业集聚，地区少子化程度越严重，则该地区的人口越倾向于向城区集中。与此同时，第（3）列和第（4）列则分别展示了地区人口少子化率对地区第二产业和第三产业集聚的影响，在1%的显著性水平下，人口少子化率对第二产业和第三产业集聚程度的影响系数显著为负，其系数分别为 -0.120 和 -0.093，这进一步说明人口少子化对产业集聚具有明显的促进作用，即地区人口少子化程度越高，则第二产业和第三产业的空间集聚程度越高。总之，上述一系列检验结果从不同角度支持了研究假设1的结论，为地区人口少子化促进人口和产业空间集聚提供了重要的经验证据。

表 8-1　人口少子化对人口和产业集聚影响效应的检验结果（OLS 方法）

	（1）	（2）	（3）	（4）
被解释变量	lnpopagg2	lnindagg1	lnindagg2	lnindagg3
估计方法	OLS	OLS	OLS	OLS
lnchildrate	-0.078***	-0.113***	-0.120***	-0.093***
	（-10.99）	（-11.40）	（-9.21）	（-9.16）
lngdpagg	0.576***	0.761***	0.712***	0.712***
	（16.73）	（20.74）	（20.69）	（17.59）
lnpczzcagg	-0.116***	0.031**	0.091***	-0.029**
	（-12.81）	（2.52）	（5.40）	（-2.50）
gyjtbz	0.026***	0.100***	0.077***	0.086***
	（2.91）	（8.38）	（4.78）	（7.36）
lnbookagg	-0.017**	0.073***	0.070***	0.078***
	（-2.05）	（5.23）	（3.42）	（5.70）
lnpbedagg	-0.310***	0.018	0.066***	-0.011
	（-24.21）	（1.19）	（3.70）	（-0.69）
lnfaiagg	0.113***	0.139***	0.150***	0.122**
	（2.66）	（3.16）	（3.81）	（2.51）
lnhp	0.052***	0.038***	-0.053***	0.152***
	（5.78）	（3.25）	（-3.25）	（13.07）
hujimk1	0.001	0.009*	0.007	0.010**
	（0.24）	（1.88）	（0.85）	（2.16）
时间固定效应	YES	YES	YES	YES
地区固定效应	NO	NO	NO	NO
adj. R^2	0.910	0.822	0.677	0.815
N	2850	2850	2850	2850

注：***、**、*分别表示1%、5%、10%（双尾）的统计显著性水平。括号内的数值为经过异方差调整过的 t 值或 z 值。

（二）稳健性检验：使用系统 GMM 方法

考虑到可能存在的内生性问题，OLS 估计方法未必完全合理，因此，上述发现未必是稳健的。因此，为了保证上述结论的可靠性，我们又采用两步系统 GMM 方法做了相关的稳健性检验，从而对上述结论进行重新估计。我们在计量模型方程（8-1）的基础上具体将计量模型方程设定如下：

$$ind\_agglomeration_{it} = \beta_0 + \beta_1 ind\_agglomeration_{it-1} + \beta_2 \ln childrate_{it} + \eta \cdot Z_{it} + \varepsilon_{it}$$

$$(8-2)$$

与计量模型方程（8-1）有所不同，我们在计量模型方程（8-2）中纳入了被解释变量的滞后一期变量，其原因是考虑到各地区的人口和产业集聚程度具有一定的动态延续效应。针对计量模型方程（8-2），在运用GMM估计方法时，要得到一致性和无偏的估计结果，则要求处理滞后因变量引起的内生性问题并解决面板数据中个体效应问题。一般而言，面板GMM估计法包括差分广义矩估计（DIF-GMM）和系统广义矩估计（SYS-GMM），差分GMM估计量具有有限样本特性较差的特点，特别是滞后项与随后的一阶差分项存在弱相关时，工具变量较弱（Roodman，2009），与此同时，利用差分和水平变量信息来构造工具变量的系统GMM估计法可以较好地处理动态面板数据（Arellano & Bover，1995；Blundell & Bond，1998），这一估计方法的原理是在一阶差分方程的基础上引入水平方程，通过水平方程的引入不仅有效增加了差分方程的工具变量，而且其本身变量的差分滞后项也被作为水平方程相应变量的工具变量。由此，两步系统GMM估计方法在不采用额外工具变量的情形下，可以较为有效地解决弱工具变量问题。另外，运用两步系统GMM估计方法的另外一个优势是，对同样可能存在逆向因果关系的其他控制变量采取前定变量的形式来加以处理，可以尽可能地保证得到无偏和一致性的估计结果。因此，本章采用两步系统GMM估计法进行估计。为增强回归结果的可靠性，我们对模型设定的合理性和工具变量的有效性进行了相应检验：AR（1）和AR（2）检验均通过了差分方程中误差项一阶序列相关、二阶序列不相关的原假设，而Hansen过度识别检验表明在5%的显著性水平上不能拒绝工具变量有效的原假设，由此也说明了选择GMM估计框架的合理性。

表8-2报告了在采用两步系统GMM估计法下人口少子化对地区人口和产业集聚影响的检验结果，其中，第（1）、第（2）、第（3）、第（4）列的被解释变量依次是人口集聚度、第二和第三产业从业人员集聚度、第二和第三产业集聚度。从中我们可以看出，第（1）列的估计结果显示，地区人口少子化率对地区人口空间集聚的回归系数在1%的显著性水平下显著为负，其值为-0.057。第（2）列的估计结果显示，地区人口少子化率对地区产业集聚度的回归系数在1%的显著性水平下也显著为负，其值为-0.091，由此可见，地区人口少子化对地区人口和产业的集聚具有明显的促进作用。进一步看，第（3）列的估计结果显示，地区人口少子化率对第二产业集聚度的回归系数在1%的显著性水平下显著

为负，其值为 -0.094，而第（4）列结果则展示了地区人口少子化率对第三产业集聚度的回归系数，在1%的显著性水平下其值显著为负，具体为 -0.085，由此可知，地区人口少子化对第二产业和第三产业都有显著的促进作用。

表8-2　人口少子化对地区人口和产业集聚影响的检验结果（GMM方法）

被解释变量	（1） ln*popagg*2	（2） ln*indagg*1	（3） ln*indagg*2	（4） ln*indagg*3
L. ln*popagg*2	0.481 *** (9.49)			
L. ln*indagg*1		0.384 *** (5.08)		
L. ln*indagg*2			0.352 *** (5.25)	
L. ln*indagg*3				0.374 *** (4.87)
ln*childrate*	-0.057 *** (-3.89)	-0.091 *** (-3.98)	-0.094 *** (-3.37)	-0.085 *** (-3.38)
ln*gdpagg*	0.341 *** (7.49)	0.444 *** (6.72)	0.533 *** (7.74)	0.389 *** (4.85)
ln*pczzcagg*	-0.048 *** (-3.70)	0.002 (0.12)	0.042 (1.40)	-0.005 (-0.24)
gyjtbz	-0.037 * (-1.68)	0.028 (0.73)	0.037 (0.70)	-0.002 (-0.05)
ln*bookagg*	-0.017 * (-1.87)	0.013 (0.85)	-0.008 (-0.40)	0.027 (1.40)
ln*pbedagg*	-0.126 *** (-6.13)	0.022 (0.89)	0.023 (0.80)	0.015 (0.57)
ln*faiagg*	0.016 (1.06)	0.034 ** (2.15)	0.038 * (1.93)	0.024 (1.33)
ln*hp*	0.000 (0.01)	0.003 (0.10)	-0.080 ** (-2.06)	0.088 *** (2.89)
*hujimk*1	0.001 (0.33)	0.005 (1.33)	0.006 (1.10)	0.006 (1.14)
时间固定效应	YES	YES	YES	YES

续表

被解释变量	（1） lnpopagg2	（2） lnindagg1	（3） lnindagg2	（4） lnindagg3
地区固定效应	YES	YES	YES	YES
AR（1）－test	0.000	0.000	0.000	0.001
AR（2）－test	0.983	0.231	0.637	0.442
Hansen－test	0.129	0.092	0.235	0.081
N	2565	2565	2565	2565

注：＊＊＊、＊＊、＊分别表示1%、5%、10%（双尾）的统计显著性水平。括号内的数值为经过异方差调整过的 t 值或 z 值。

二、基础教育空间布局影响机制的实证检验

（一）基准回归：使用 OLS 估计方法

我们进一步探讨人口少子化是如何通过地区基础教育资源空间布局演变这一传导机制来对地区人口和产业集聚造成影响的。在借鉴计量模型方程（8-1）的基础上，我们将检验传导机制的计量模型方程具体设定如下：

$$ind\_\ agglomeration_{it} = \beta_0 + \beta_1 lnchildrate_{it} + \beta_2 lnchildrate_{it} \times lneduagg\_\ primid_{it} +$$
$$\eta \cdot Z_{it} + \varepsilon_{it} \qquad (8-3)$$

与计量模型方程（8-1）相比，计量模型方程（8-3）主要加入了地区基础教育资源集聚度（$lneduagg\_\ primid_{it}$）和人口少子化率（$lnchildrate_{it}$）的交互项。其中，地区基础教育资源集聚度是使用市辖区普通中小学学校数占全市普通中小学学校数的比重来表示。显然，该比重越大，说明基础教育资源越向城区集中。以上数据均来自历年《中国城市统计年鉴》。

表8-3报告了采用 OLS 估计法对计量模型方程（8-3）进行估计后获得的回归结果。具体来看，第（1）列结果显示，地区人口少子化率对地区人口集聚度的影响系数在1%的显著性水平下显著为负，而且其和地区基础教育资源集聚度的交互项在1%的显著性水平下也显著为负，其值为－0.408。第（2）列结果显示，地区人口少子化率对地区产业集聚度的影响系数在1%的显著性水平下显著为负，而且其和地区基础教育资源集聚度的交互项在1%的显著性水平下也显著为负，其值为－0.226。进一步分产业看，第（3）列结果显示，地区人口少子化率对地区第二产业集聚度的影响系数在1%的显著性水平下显著为负，而且其

和地区基础教育资源集聚度的交互项在 1% 的显著性水平下也显著为负，其值为 -0.134。第（4）列结果显示，地区人口少子化率对地区第三产业集聚度的影响系数在 1% 的显著性水平下同样显著为负，而且其和地区基础教育资源集聚度的交互项在 1% 的显著性水平下也显著为负，其值为 -0.323。上述系列检验结果说明，在那些人口少子化越严重的地区，地区基础教育资源越会向市区集中，就越会驱使人口和产业向市区集聚，同时，这种效应对第三产业集聚的影响要明显大于第二产业，上述结论也为本章的研究假设 2 提供了一定程度的支持。事实上，伴随着学龄人口减少而导致的基础教育资源重新布局，特别是向中心城区集中，已经明显带动了教育移民，即由地区内农村和边远地区居民向城区集中，与此同时，因教育迁移而引发的流入人口更多从事第三产业，这也与第三产业多为劳动密集型或人力资本密集型、对土地和资本的需求较弱这一特性有关，第三产业有助于城市集聚尽可能多的劳动力，满足人口和产业大量集聚的需求。

表 8 - 3　人口少子化通过基础教育资源布局对人口和产业集聚影响的检验结果

	(1)	(2)	(3)	(4)
被解释变量	ln*popagg*2	ln*indagg*1	ln*indagg*2	ln*indagg*3
估计方法	OLS	OLS	OLS	OLS
ln*childrate*	- 0.177 ***	- 0.168 ***	- 0.153 ***	- 0.171 ***
	(- 23.86)	(- 15.69)	(- 10.70)	(- 15.72)
ln*childrate* × ln*eduagg_ primid*	- 0.408 ***	- 0.226 ***	- 0.134 ***	- 0.323 ***
	(- 28.11)	(- 11.47)	(- 4.97)	(- 15.97)
ln*gdpagg*	0.362 ***	0.642 ***	0.641 ***	0.542 ***
	(19.08)	(22.44)	(19.20)	(19.14)
ln*pczzcagg*	- 0.046 ***	0.070 ***	0.114 ***	0.026 **
	(- 6.74)	(5.72)	(6.68)	(2.29)
gyjtbz	0.069 ***	0.124 ***	0.092 ***	0.120 ***
	(9.76)	(10.46)	(5.54)	(10.82)
ln*bookagg*	0.002	0.084 ***	0.076 ***	0.093 ***
	(0.34)	(6.06)	(3.72)	(6.95)
ln*pbedagg*	- 0.185 ***	0.087 ***	0.107 ***	0.088 ***
	(- 18.82)	(5.35)	(5.36)	(5.11)
ln*faiagg*	0.076 ***	0.119 ***	0.138 ***	0.093 ***
	(3.49)	(3.55)	(4.08)	(2.80)

	（1）	（2）	（3）	（4）
被解释变量	lnpopagg2	lnindagg1	lnindagg2	lnindagg3
估计方法	OLS	OLS	OLS	OLS
ln*hp*	0.014 **	0.017	−0.065 ***	0.122 ***
	(2.01)	(1.50)	(−4.07)	(11.40)
*hujimk*1	−0.005	0.005	0.005	0.005
	(−1.09)	(1.07)	(0.57)	(1.31)
时间固定效应	YES	YES	YES	YES
地区固定效应	NO	NO	NO	NO
adj. R^2	0.946	0.833	0.681	0.837
N	2850	2850	2850	2850

注：***、**、*分别表示1%、5%、10%（双尾）的统计显著性水平。括号内的数值为经过异方差调整过的 t 值或 z 值。

（二）稳健性检验：使用 2SLS 估计方法

表 8 - 3 报告了我们采取上文设定的工具变量以及使用 2SLS 估计方法所获得的结果。从工具变量设定的有效性来看，第（1）~第（4）列的 Durbin - Wu - Hausman 检验结果显示在 1% 的显著性水平下拒绝了不存在内生性问题的假设，因此，可以肯定核心解释变量（lnchildrate）及其交互项（lnchildrate × lneduagg_ primid）与被解释变量 lnpopagg2、lnindagg1、lnindagg2、lnindagg3 均存在内生性问题，同时，在 2SLS 估计过程中，第一阶段估计的 F 值均大于 Stock 和 Yogo（2002）设定的 F 值在 10% 偏误水平下的 16.83 的临界值，由此证明使用本章设定的工具变量是合适的，不存在弱工具变量的问题。

表 8 - 4 报告了采用 2SLS 估计法对计量模型方程（3）进行估计后得到的回归结果。其中，第（1）列结果显示，地区人口少子化率对地区人口集聚度的回归系数在 1% 的显著性水平下显著为负，而且其和地区基础教育资源集聚度的交互项在 1% 的显著性水平下也显著为负，其值为 −0.501。第（2）列结果显示，地区人口少子化率对地区产业集聚度的回归系数在 1% 的显著性水平下显著为负，而且其和地区基础教育资源集聚度的交互项在 1% 的显著性水平下也显著为负，其值为 −0.338。分不同产业看，第（3）列结果显示，地区人口少子化率对地区第二产业集聚度的回归系数在 1% 的显著性水平下为负，但不太显著，同时其和地区基础教育资源集聚度的交互项在 1% 的显著性水平下依然显著为负，其

值为 -0.185。第（4）列结果显示，地区人口少子化率对地区第三产业集聚度的回归系数在 1% 的显著性水平下显著为负，而且其和地区基础教育资源集聚度的交互项在 1% 的显著性水平下也显著为负，其值为 -0.477。上述系列检验结果再次表明，在那些人口少子化越严重的地区，地区基础教育资源越会向市区集中，就越会驱使人口和产业向市区集聚，同时，这种效应对第三产业集聚的影响要远大于第二产业，并且采用 2SLS 估计法得到的结果更为明显，上述结论进一步证明了本章的研究假设 2。

表 8 - 4　人口少子化通过基础教育资源布局对第二、第三产业集聚影响的检验结果

	（1）	（2）	（3）	（4）
被解释变量	ln*popagg*2	ln*indagg*1	ln*indagg*2	ln*indagg*3
估计方法	2SLS	2SLS	2SLS	2SLS
ln*childrate*	-0.148***	-0.168***	-0.078	-0.254***
	（-6.82）	（-4.15）	（-1.44）	（-6.29）
ln*childrate* × ln*eduagg_ primid*	-0.501***	-0.338***	-0.185***	-0.477***
	（-22.15）	（-11.04）	（-4.58）	（-13.78）
ln*gdpagg*	0.319***	0.586***	0.624***	0.457***
	（15.23）	（19.54）	（16.28）	（15.76）
ln*pczzcagg*	-0.026***	0.091***	0.130***	0.049***
	（-3.51）	（7.17）	（7.35）	（3.96）
gyjtbz	0.091***	0.142***	0.116***	0.126***
	（11.35）	（10.05）	（6.16）	（9.07）
ln*bookagg*	0.010*	0.091***	0.086***	0.096***
	（1.68）	（6.52）	（4.17）	（7.09）
ln*pbedagg*	-0.157***	0.122***	0.123***	0.135***
	（-13.60）	（6.61）	（5.55）	（6.38）
ln*faiagg*	0.072***	0.111***	0.141***	0.075***
	（3.82）	（3.81）	（4.14）	（2.99）
ln*hp*	0.029***	0.019	-0.029	0.086***
	（2.59）	（0.90）	（-1.01）	（4.06）
*hujimk*1	-0.009**	0.002	-0.001	0.005
	（-2.03）	（0.34）	（-0.12）	（1.29）
时间固定效应	YES	YES	YES	YES

续表

	（1）	（2）	（3）	（4）
被解释变量	ln*popagg*2	ln*indagg*1	ln*indagg*2	ln*indagg*3
估计方法	2SLS	2SLS	2SLS	2SLS
地区固定效应	NO	NO	NO	NO
adj. R^2	0.942	0.829	0.676	0.831
Chi – sq（1）	83.842	36.600	10.406	51.108
（P – value）	（0.000）	（0.000）	（0.005）	（0.000）
第一阶段 F 值	99.427	99.427	99.427	99.427
N	2850	2850	2850	2850

注：＊＊＊、＊＊、＊分别表示1%、5%、10%（双尾）的统计显著性水平。括号内的数值为经过异方差调整过的 t 值或 z 值。

三、基于中介效应模型的分析

上述回归模型初步探究了地区人口少子化对地区人口和产业集聚造成影响的传导机制，但是，人口少子化和地区基础教育资源集聚度的交互项回归系数显著为负的估计结果，很有可能只是揭示出地区人口少子化和地区基础教育资源布局之间存在一定的内在互动关系，未必能够有效识别研究假设 2 中地区人口少子化通过地区基础教育资源布局这一传导机制对地区人口和产业集聚所施加的作用，即揭示图 8 – 5 中所展示的少子化→基础教育资源空间集聚→人口集聚→产业集聚的传导机制。为了能够有效地识别该传导机制，本章借鉴 Baron 和 Kenny（1986）以及温忠麟和叶宝娟（2014）提出的中介效应检验方法，构建以下依次递归模型来检验如图 8 – 5 所示的少子化→基础教育资源空间集聚→人口集聚→产业集聚的传导机制：

$$ind\_\ agglomeration_{it} = \alpha_0 + \alpha_1 \text{ln}childrate_{it} + \eta \cdot Z_{it} + \varepsilon_{it} \qquad (8-4)$$

$$\text{ln}eduagg\_\ primid_{it} = \beta_0 + \beta_1 \text{ln}childrate_{it} + \theta \cdot Z_{it} + \mu_{it} \qquad (8-5)$$

$$ind\_\ agglomeration_{it} = \lambda_0 + \lambda_1 \text{ln}childrate_{it} + \lambda_2 \text{ln}eduagg\_\ primid_{it} + \phi \cdot Z_{it} + \nu_{it}$$
$$(8-6)$$

第一步对计量模型（8 – 4）进行回归，检验地区人口少子化率变量的回归系数是否显著为负，如果该变量的回归系数 α_1 显著为负，这就意味着地区人口少子化程度的加剧会促进地区人口和产业集聚；第二步对计量模型（8-5）进行回归，检验地区人口少子化率变量对我们认定的中介变量地区基础教育资源集聚度的影响效应是否显著为负，如果该变量的回归系数 β_0 显著为负，就说明地区人口少子化的加剧会促进地区基础教育资源的集聚；第三步对计量模型（8-6）进行回归，如果 λ_1 显著为负，而 λ_2 显著为正，并且系数 λ_1 与系数 α_1 的数值相比有所下降，这就说明存在部分性质的中介效应。如果系数 λ_1 不显著，但系数 λ_2 显著，这可能说明地区基础教育资源集聚度扮演了完全中介的角色。

表8-5报告了我们利用上述依次递归回归模型框架，就地区人口少子化通过地区基础教育资源布局这一传导机制对地区人口和产业集聚影响效应的检验结果。具体来看，就人口集聚而言，在第一步骤中，地区人口少子化率对地区人口集聚的回归系数在1%的显著性水平下显著为负，其值为-0.078，在第二步骤中，地区人口少子化率对地区基础教育资源集聚的回归系数在5%的显著性水平下显著为负，其值为-0.026，而在第三步骤中，地区人口少子化率对地区人口集聚的回归系数在1%的显著性水平下依然显著为负，其值为-0.066，要小于第一步骤中人口少子化率对地区人口集聚的回归系数，同时，地区基础教育资源集聚度对地区人口集聚的回归系数在1%的显著性水平下显著为正，其值为0.461，这验证了地区基础教育资源布局在地区人口少子化促进地区人口集聚过程中起到了部分中介作用，进而说明地区人口少子化可以通过地区基础教育资源布局这个中介传导机制来促进地区人口向市区集聚。就第二、第三产业集聚而言，在第一步骤中，地区人口少子化率对地区第二、第三产业集聚的回归系数在1%的显著性水平下显著为负，其值为-0.113，在第二步骤中，地区人口少子化率对地区基础教育资源集聚的回归系数在5%的显著性水平下显著为负，其值为-0.026，而在第三步骤中，地区人口少子化率对地区第二、第三产业集聚的回归系数在1%的显著性水平下依然显著为负，其值为-0.106，要小于第一步骤中人口少子化率对地区第二、第三产业集聚的回归系数，同时，地区基础教育资源集聚度对地区第二、第三产业集聚的回归系数在1%的显著性水平下显著为正，其值为0.262，这也验证了地区基础教育资源布局在地区人口少子化促进地区第二、第三产业集聚过程中起到了部分中介作用，进而说明地区人口少子化可以通过地区基础教育资源布局这个中介传导机制来促进地区第二、第三产业向市区集聚。

表 8-5　人口少子化通过基础教育资源布局对人口和产业集聚影响的检验结果（中介效应模型）

	（1）	（2）	（3）	（4）	（5）	（6）
集聚形式	ln*popagg*2			ln*indagg*1		
回归步骤	第一步骤	第二步骤	第三步骤	第一步骤	第二步骤	第三步骤
被解释变量	ln*popagg*2	ln*eduagg_primid*	ln*popagg*2	ln*indagg*1	ln*eduagg_primid*	ln*indagg*1
ln*childrate*	-0.078 ***	-0.026 **	-0.066 ***	-0.113 ***	-0.026 **	-0.106 ***
	（-10.99）	（-2.11）	（-11.73）	（-11.40）	（-2.11）	（-10.93）
ln*eduagg_primid*			0.461 ***			0.262 ***
			（23.38）			（11.39）
ln*gdpagg*	0.576 ***	0.511 ***	0.341 ***	0.761 ***	0.511 ***	0.627 ***
	（16.73）	（12.23）	（17.71）	（20.74）	（12.23）	（21.95）
ln*pczzcagg*	-0.116 ***	-0.154 ***	-0.045 ***	0.031 **	-0.154 ***	0.071 ***
	（-12.81）	（-10.91）	（-6.81）	（2.52）	（-10.91）	（5.93）
gyjtbz	0.026 ***	-0.089 ***	0.067 ***	0.100 ***	-0.089 ***	0.124 ***
	（2.91）	（-6.56）	（10.14）	（8.38）	（-6.56）	（10.51）
ln*bookagg*	-0.017 **	-0.043 ***	0.003	0.073 ***	-0.043 ***	0.085 ***
	（-2.05）	（-3.59）	（0.51）	（5.23）	（-3.59）	（6.18）
ln*pbedagg*	-0.310 ***	-0.311 ***	-0.167 ***	0.018	-0.311 ***	0.099 ***
	（-24.21）	（-15.46）	（-15.68）	（1.19）	（-15.46）	（5.77）
ln*faiagg*	0.113 ***	0.083	0.075 ***	0.139 ***	0.083	0.118 ***
	（2.66）	（1.61）	（3.70）	（3.16）	（1.61）	（3.63）
ln*hp*	0.052 ***	0.068 ***	0.020 ***	0.038 ***	0.068 ***	0.020 *
	（5.78）	（4.93）	（3.19）	（3.25）	（4.93）	（1.80）
*hujimk*1	0.001	0.011 **	-0.004	0.009 *	0.011 **	0.006
	（0.24）	（2.11）	（-0.96）	（1.88）	（2.11）	（1.27）
时间固定效应	YES	YES	YES	YES	YES	YES
地区固定效应	NO	NO	NO	NO	NO	NO
N	2850	2850	2850	2850	2850	2850
adj. R^2	0.910	0.814	0.949	0.822	0.814	0.834

注：***、**、*分别表示1%、5%、10%（双尾）的统计显著性水平。括号内的数值为 t 值或 z 值。

表 8-6 报告了我们利用依次递归回归模型框架，就地区人口少子化通过地

区基础教育资源布局这一传导机制对地区第二和第三产业集聚影响效应的检验结果。具体来看，就第二产业集聚而言，在第一步骤中，地区人口少子化率对地区第二产业集聚的回归系数在1%的显著性水平下显著为负，其值为 - 0.120，在第二步骤中，地区人口少子化率对地区基础教育资源集聚的回归系数在5%的显著性水平下显著为负，其值为 - 0.026，而在第三步骤中，地区人口少子化率对地区第二产业集聚的回归系数在1%的显著性水平下依然显著为负，其值为 - 0.116，要小于第一步骤中人口少子化率对地区第二产业集聚的回归系数，同时，地区基础教育资源集聚度对地区第二产业集聚的回归系数在1%的显著性水平下显著为正，其值为0.160，这验证了地区基础教育资源布局在地区人口少子化促进地区第二产业集聚过程中起到了部分中介的作用，进而说明地区人口少子化可以通过地区基础教育资源布局这个中介传导机制来促进地区第二产业向市区集聚。就第三产业集聚而言，在第一步骤中，地区人口少子化率对地区第三产业集聚的回归系数在1%的显著性水平下显著为负，其值为 - 0.093，在第二步骤中，地区人口少子化率对地区基础教育资源集聚的回归系数在5%的显著性水平下显著为负，其值为 - 0.026，而在第三步骤中，地区人口少子化率对地区第三产业集聚的回归系数在1%的显著性水平下依然显著为负，其值为 - 0.083，要小于第一步骤中人口少子化率对地区第三产业集聚的回归系数，同时，地区基础教育资源集聚度对地区第三产业集聚的回归系数在1%的显著性水平下显著为正，其值为0.376，这也验证了地区基础教育资源布局在地区人口少子化促进地区第三产业集聚过程中起到了部分中介的作用，进而说明地区人口少子化可以通过地区基础教育资源布局这个中介传导机制来促进地区第三产业向市区集聚。

此外，通过对比加入地区基础教育资源集聚度后，人口少子化率对第二产业和第三产业集聚度的回归系数的变化情况以及观察地区基础教育资源集聚度的回归系数，我们还发现，就第二产业而言，第三步骤中人口少子化率的回归系数绝对值与第一步骤中的绝对值的差值为0.004，而就第三产业而言，这一差值为0.01，前者小于后者。与此同时，就第二产业而言，第三步骤中地区基础教育资源集聚度的回归系数为0.160，而就第三产业而言，这一数值为0.376，前者依然小于后者。以上现象充分说明地区基础教育资源集聚对第三产业集聚的促进作用要明显大于对第二产业集聚的促进作用，同时，地区基础教育资源集聚在人口少子化促进地区第三产业集聚过程中发挥的中介效应也要大于在人口少子化促进地区第二产业集聚过程中发挥的中介效应。

表8-6 人口少子化通过基础教育资源布局对第二、第三产业集聚
影响的检验结果（中介效应模型）

	(1)	(2)	(3)	(4)	(5)	(6)
集聚形式	ln*indagg*2			ln*indagg*3		
回归步骤	第一步骤	第二步骤	第三步骤	第一步骤	第二步骤	第三步骤
被解释变量	ln*indagg*2	ln*eduagg_ primid*	ln*indagg*2	ln*indagg*3	ln*eduagg_ primid*	ln*indagg*3
ln*childrate*	-0.120 ***	-0.026 **	-0.116 ***	-0.093 ***	-0.026 **	-0.083 ***
	(-9.21)	(-2.11)	(-8.95)	(-9.16)	(-2.11)	(-8.55)
ln*eduagg_ primid*			0.160 ***			0.376 ***
			(5.23)			(15.28)
ln*gdpagg*	0.712 ***	0.511 ***	0.630 ***	0.712 ***	0.511 ***	0.520 ***
	(20.69)	(12.23)	(18.87)	(17.59)	(12.23)	(18.49)
ln*pczzcagg*	0.091 ***	-0.154 ***	0.116 ***	-0.029 **	-0.154 ***	0.029 **
	(5.40)	(-10.91)	(6.83)	(-2.50)	(-10.91)	(2.54)
gyjtbz	0.077 ***	-0.089 ***	0.091 ***	0.086 ***	-0.089 ***	0.119 ***
	(4.78)	(-6.56)	(5.61)	(7.36)	(-6.56)	(10.92)
ln*bookagg*	0.070 ***	-0.043 ***	0.077 ***	0.078 ***	-0.043 ***	0.094 ***
	(3.42)	(-3.59)	(3.77)	(5.70)	(-3.59)	(7.10)
ln*pbedagg*	0.066 ***	-0.311 ***	0.116 ***	-0.011	-0.311 ***	0.106 ***
	(3.70)	(-15.46)	(5.52)	(-0.69)	(-15.46)	(5.66)
ln*faiagg*	0.150 ***	0.083	0.137 ***	0.122 **	0.083	0.091 ***
	(3.81)	(1.61)	(4.13)	(2.51)	(1.61)	(2.89)
ln*hp*	-0.053 ***	0.068 ***	-0.064 ***	0.152 ***	0.068 ***	0.126 ***
	(-3.25)	(4.93)	(-3.96)	(13.07)	(4.93)	(11.90)
*hujimk*1	0.007	0.011 **	0.005	0.010 **	0.011 **	0.006
	(0.85)	(2.11)	(0.62)	(2.16)	(2.11)	(1.50)
时间固定效应	YES	YES	YES	YES	YES	YES
地区固定效应	NO	NO	NO	NO	NO	NO
N	2850	2850	2850	2850	2850	2850
adj. R^2	0.677	0.814	0.682	0.815	0.814	0.841

注：***、**、*分别表示1%、5%、10%（双尾）的统计显著性水平。括号内的数值为 t 值或 z 值。

对于上述依次逐步回归法，现有文献对其能否有效检验出相应的中介效应存

在一定的争论，但按照温忠麟和叶宝娟（2014）的解释，依次检验方法依然是一个有效的检验方法，这是由于依次逐步方法的检验力在各种方法中是相对最低的（Fritz & MacKinnon，2007；Hayes，2009）。换言之，依次逐步检验方法如果能够得到显著的回归结果，那么，该检验方法得到的回归结果相对就是有效的。

第五节　本章小结

在过去的十几年里，中国人口年龄结构日趋少子老龄化，而这一趋势正在对中国经济的方方面面产生广泛而深远的影响。与此同时，中国区域人口和产业分布也出现了十分明显的特征，即日益向行政区中心城区集聚，城市化趋势十分迅猛，市区的首位度明显上升。由此，我们不禁要问这两者之间是否存在必然的联系，如果存在联系，那么可能的传导机制又会是什么？是否跟基础教育资源的空间布局有关？为了回答这些重大的现实问题，本章利用 285 个地级及以上城市 2006～2015 年的面板数据，采用诸如 OLS、2SLS、系统 GMM 以及中介效应模型等多种计量方法，对相关假设进行了实证检验，得到如下有意义的发现：

第一，人口年龄结构的变化会影响地区人口和产业的空间集聚，具体表现为地区人口少子化越严重，地区人口和产业向市区集聚的程度就越高，而且分产业来看，这一效应在第二产业和第三产业中均十分明显，并且在考虑基础教育资源布局因素的前提下，这种效应对第三产业集聚的影响要大于第二产业。

第二，中国各地区人口年龄结构的演变会通过基础教育资源的空间布局变化来影响地区的人口和产业分布，具体表现为少子化程度越严重，基础教育资源布局越会向市区集中，从而推动人口和产业进一步向市区集聚，但是对于不同的产业，这一中介效应并不完全相同。地区基础教育资源集聚在人口少子化促进地区第三产业集聚过程中发挥的中介效应要大于在人口少子化促进地区第二产业集聚过程中发挥的中介效应。

第九章 结论与展望

第一节 主要结论与政策启示

一、主要结论

随着中国经济进入新常态，中国的经济社会形势发生了很大的改变，互联网产业的快速发展深刻影响了中国经济的发展，同时，人口年龄结构日益少子老龄化，不仅减弱了长期以来中国经济所依赖的人口红利，也对未来中国经济发展产生了深远的影响，创新驱动型发展模式将成为中国经济未来发展的必由之路，这也决定了科技和教育将成为中国经济未来发展的决定性因素，此外，长期以来存在的企业融资约束问题，也在很大程度上制约着中国产业的区位选择，因此，本书对新时期制约中国区域产业发展的关键因素进行了深入分析，并通过理论研究和计量分析相结合的方法研究了电子商务、信贷期限结构、科教资源、人口年龄结构等关键因素在产业区位分布和变迁中的作用及其影响机制，得出了如下主要结论：

结论一：中华人民共和国成立以来中国国内产业分布格局及其演变历程经历了四个阶段，并且每个阶段分别表现出不同的特点。

本书对中华人民共和国成立以来中国国内产业分布格局及其演变历程进行了详细的分析和梳理。第一阶段是 1952 ~ 1978 年，这一段时间由于中国实行计划经济体制，中国区域产业分布受国内外政治形势和计划经济的影响较大，总的来说，中国实行均衡发展战略，工业布局总体向中西部地区倾斜缓和了工业空间布局极不平衡的局面。第二阶段是 1978 ~ 2002 年,在这一段时期内,中国开始实行非均衡发展战略,区域产业格局发生了重大改变。第三阶段是 2003 ~ 2012 年,加入世界贸易组织意味着中国正式与全球经济体系接轨,中国的出口导向型战略开始发挥巨大的威力,由此,中国的产业空间布局发生新的变化。东部地区的制造业开始向内陆地区转移,特别是劳动密集型制造业,同时,非城市群的制造业在向城市群转移,特别是沿海城市群的制造业依旧在不断集聚,而内陆城市群的发展相对滞后。沿海城市群中心城市的制造业开始向周边城市扩散,而生产性服务业和消费性服务业则开始向中心城市集聚。内陆城市群的制造业以及生产性服务业的集聚度均有所下降。第四阶段是 2013 年至今,伴随着中国加入世界贸易组织的红利逐步耗尽,中国经济增长速度由两位数增长下降到个位数增长,中国经济进入增速换挡、动能转化阶段,这一时期的区域产业布局呈现出新的特点。由沿海地区向内陆地区的大规模产业转移浪潮开始减缓,沿海地区的制造业比重趋于稳定,中西部地区的制造业发展势头趋缓,而东北地区则陷入断崖式下跌危机。城市群外的制造业在加速向城市群内转移,生产性服务业和消费性服务业出现由城市群内城市向城市群外城市扩散的迹象,而公共性服务业则由城市群外城市向城市群内城市集聚。

结论二:电子商务对产业区位分布和变迁具有十分重要的影响,电子商务可以通过削弱地方保护、减弱市场分割来促进制造业空间集聚。

第一,各地区电子商务的快速发展对当地制造业空间分布产生了显著的影响,主要表现为电子商务发展程度越高,该地区制造业集聚度也就越高。第二,电子商务的快速发展有助于削弱普遍存在的地方保护,降低市场分割程度,进而促进当地制造业的集聚。具体表现为在那些电子商务发展迅速的地区,由于电子商务的使用大大削弱了之前一直存在的进入外地市场壁垒,扩展了当地企业的国内市场需求,使该地区的制造业企业的发展大大增强,制造业集聚程度也明显提高。中介效应模型也验证了电子商务快速发展→地方保护削弱或市场分割降低→制造业集聚度增强这一传导机制。

结论三:银行信贷期限结构对产业区位选择具有十分重要的作用,短期化的银行信贷期限结构可以通过企业研发创新部门来抑制地区产业发展和经济增长,并且不同类型研发创新活动的传导效应并不一致。

第一,长期化倾向的银行信贷期限结构有助于促进工业的发展,而短期化倾向的银行信贷期限结构则会抑制工业的发展,并且银行信贷期限结构对不同类型制造业的影响并不相同,资本密集型制造业对银行信贷期限结构最敏感,银行信贷期限结构短期化将对资本密集型制造业产生抑制作用。第二，银行信贷期限结构可以通过内部研发支出、新产品开发、专利开发渠道影响工业发展。银行信贷期限结构长期化有助于增强内部研发支出、新产品开发、专利开发对工业发展特别是资本密集型制造业发展的促进作用，而银行信贷期限结构短期化则将抑制内部研发支出、新产品开发、专利开发对工业发展的促进作用。第三，银行信贷期限结构可以通过消化吸收技术渠道影响工业发展。银行信贷期限结构长期化有助于增强消化吸收技术对资本密集型制造业发展的促进作用，而银行信贷期限结构短期化则将抑制消化吸收技术对资本密集型制造业的促进作用。第四，银行信贷期限结构可以通过购买国内技术渠道影响工业发展。银行信贷期限结构长期化有助于增强购买国内技术对整个工业以及劳动密集型、资本密集型、技术密集型制造业发展的促进作用，而银行信贷期限结构短期化则将抑制购买国内技术对整个工业特别是资本密集型制造业的促进作用。第五，银行信贷期限结构可以通过技术改造渠道影响工业发展。银行信贷期限结构长期化有助于增强技术改造对劳动密集型制造业发展的促进作用。

结论四：地方财政科教支出对产业区位选择具有重要作用，财政科教支出能够促进本地区的经济发展，特别是第二产业和第三产业的发展，同时，财政科教支出也存在空间溢出效应，尤其是对第二产业和整体经济发展具有重要促进作用。

第一，财政科教支出能够促进本地区的经济发展，特别是能够促进本地区第二产业和第三产业的发展。但从时间维度来看，本地区科教支出对本地区经济发展的促进作用有所减弱，分产业看，本地区科教支出对第二产业和第三产业发展的促进作用也有所减弱。第二，就经济发展而言，财政科教支出存在空间溢出效应，本地区的财政科教支出对邻近地区的经济发展具有积极的促进作用，并且该效应随着时间的推移而有所增强。具体分产业来看，本地区的财政科教支出对邻近地区第二产业发展也具有积极的促进作用，并且该效应也随着时间的推移而有所增强，但是对邻近地区第三产业发展则不具有促进作用，相反还可能存在一定的抑制作用。第三，对于经济发展特别是第二产业发展而言，科教支出的空间溢出效应具有空间异质性，对于时空距离较近的地区，科教支出的空间溢出效应影响不太明显，但是对于时空距离较远的地区，科教支出的空间溢出效应则变得较为明显。第四，伴随着高铁网络的发展，本地区科教支出对邻近地区经济发展特别是第二产业发展的促进作用在同等地理距离范围内有所增强。

结论五：地区人口年龄结构的演变可以通过基础教育资源的空间布局变化来

影响地区的人口和产业分布。少子化程度越严重，基础教育资源布局越会向市区集中，从而推动人口和产业进一步向市区集聚。

第一，人口年龄结构的变化会影响地区人口和产业的空间集聚，具体表现为地区人口少子化越严重，地区人口和产业向市区集聚的程度就越高，而且分产业来看，这一效应在第二产业和第三产业中均十分明显，并且在考虑基础教育资源布局因素的前提下，这种效应对第三产业集聚的影响要大于第二产业。第二，中国各地区人口年龄结构的演变会通过基础教育资源的空间布局变化来影响地区的人口和产业分布，具体表现为少子化程度越严重，基础教育资源布局越会向市区集中，从而推动人口和产业进一步向市区集聚，但是对于不同的产业，这一中介效应并不完全相同。地区基础教育资源集聚在人口少子化促进地区第三产业集聚过程中发挥的中介效应要大于在人口少子化促进地区第二产业集聚过程中发挥的中介效应。

二、政策启示

第一，结论二的发现对如何促进制造业集聚从而增强经济发展动力以及如何推进市场一体化具有十分重要的政策参考价值。首先，要高度重视电子商务在经济发展中的重要作用，大力实施"互联网＋"行动，推动电子商务的快速健康发展。要立足城市产业发展特点和优势，积极引导各类电子商务业态和功能聚集，积极鼓励企业利用电子商务服务平台开拓国内外市场，大力推进电子商务在各行业、各领域的应用，充分发挥中国互联网的规模优势和应用优势。同时，要坚持开放共享的原则，利用电子商务推动各类要素资源集聚、开放和共享，使资源要素在空间上得到最合理最有效率的配置，达到帕累托最优。其次，要破除地方保护，减弱市场分割现象，促进地区间市场一体化。经过多年的努力和整治，各地区地方保护主义现象已经得到明显遏制，总体市场分割程度明显下降，但是总的来看，地方保护主义以及市场分割现象依旧十分严重，并且出现新的表现形式，因此，中央政府必须高度重视市场一体化建设，做好顶层设计，进一步破除残留的地方保护主义，从技术手段、法律手段、行政手段等多方面入手来遏制地方保护主义，地方政府则应该加强区域间的协同发展、错位发展，加强基础设施的互联互通，促进资源要素的自由流动，推动地方法规的有效衔接，充分发挥统一大市场的巨大作用，为构建现代化市场经济体系奠定基础，同时也为经济高质量发展注入新的活力。

第二，结论三的发现对中国金融体制改革以及金融体制改革如何促进地区产业发展具有重要的政策参考意义。首先，金融体制改革必须与地区经济发展阶段相适应，与地区产业结构特征相适应，重点改革银行体系体制机制，使银行信贷期限结构与制造业转型升级和创新驱动发展的内在需求相匹配，通过加快银行业市场化改革，降低政府干预所导致的扭曲性作用，以此克服银行信贷期限结构与制造业转型升级和创新驱动发展不相匹配的困境。其次，由于研发创新部门是银行信贷期限结构影响产业发展的重要渠道，银行信贷期限结构会对不同类型产业的研发创新产生不同的影响，因此，银行体系应该针对不同的产业实施不同的信贷政策，对那些研发创新依赖于银行长期贷款的产业应该增大扶持力度，最大化银行长期资金的使用效率。最后，由于银行信贷期限结构会通过专利开发、新产品研发、引进技术、消化吸收技术、购买国内技术、技术改造等研发渠道对不同类型产业发展产生不同的影响，因此，银行体系还可以区分不同产业不同研发项目进行有针对性的信贷政策，从而最大化银行长期资金的使用效率。

第三，结论四的发现对中国地区产业发展和经济增长具有重要的政策参考意义。首先，由于本地区的科教支出对本地区的产业发展和经济增长具有积极的促进作用，因此，地方政府应该高度重视科教事业在地方经济发展和产业发展中的作用，提升财政科教支出在地方财政支出中的比重，完善基础教育和高等教育布局，提升教育质量，加大对公共科研机构进行科学研究的投入，鼓励企业进行创新研发。其次，由于地方科教支出对经济发展尤其是第二产业发展具有明显的空间溢出效应，尤其是科教支出具有较强的反向溢出效应，提升本地区的科教投入有助于吸引周边地区的要素资源，因此，地方政府如果要加快经济转型升级，实现高质量发展，就必须在大力提升本地科教支出的基础上，努力创造适宜的条件和环境，积极吸收其他地区的知识技术和人力资本，尤其是对于身处激烈竞争环境中的一二线城市，更应该在加强财政科教支出的基础上，改善营商环境和生活环境，创造一个高质量的宜居宜业环境，从而吸引高层次人才的流入，加快创新驱动型经济建设，以求在新一轮的城市竞争中脱颖而出。最后，由于高铁网络的发展有助于提升科教支出对偏远地区的空间溢出效应，因此，对于处于偏远地区的地方来说，就必须加强交通基础设施建设，争取将本城市纳入现代交通网络体系内尤其是高铁网络体系，如此才能更好地接受中心城市的辐射，吸引更多的人才和资源，从而促进经济的转型升级，实现高质量发展。同样，就中央政府而言，为加强地区间的协调发展，应该加快高铁网络的建设，将更多的偏远城市纳入现代交通网络体系中来，以此尽可能缩短大部分城市之间的时空距离，加速知识技术和人力资本的流动，促进科技创新，实现整体经济的高质量发展。

第四，结论五的发现对于我们更深入地了解中国区域产业分布变迁背后的驱动机制有很大的启发意义，同时，也为地方政府如何实施城市和产业空间规划，从而有效提升城市首位度、做大做强中心城市提供了重要的政策参考依据。伴随着地区之间的竞争日趋白热化，地区间的竞争已经由总量竞争转向中心城市的竞争，因此，提升城市首位度、做大做强中心城市已经成为地方政府的必由之路。为了实现上述目标，地方政府必须高度关注教育资源布局在引导人口和产业集聚过程中发挥的极其重要作用。事实上，地方政府可以通过合理布局基础教育资源，一方面满足多数学生的就近入学需求，充分发挥教育的规模经济效应；另一方面还可以吸引更多的农村和周边居民向中心城市集聚，从而为城市产业发展提供充足的劳动力，也有助于提升农村及周边居民的收入。

第二节　研究不足和未来展望

本书从电子商务、银行信贷、科教支出、人口年龄结构四个角度为中国区域产业分布及变迁的动因研究提供了新的视角，在一定程度上丰富了区域产业分布和区际产业变迁的经验研究，当然本书的研究仍旧存在一些不足以及需要进一步改进的地方，具体如下：

第一，考虑到篇幅的限制，本书主要结合中国的实际情况着重从电子商务、银行信贷、科教支出以及人口年龄结构四个方面研究了影响中国产业区位分布和变迁的具体机制，事实上，影响中国产业空间布局的因素还有许多，特别是在当下中国，由于科学技术的快速发展、高铁网络的全面普及，正在对中国的产业分布产生持久而深远的影响，而这也是值得进一步深入研究和发掘的，同时考虑到就世界而言，如此庞大的高铁网络也就在中国存在，因此，研究高铁网络对中国产业区位分布和变迁的影响及其机制对中国经济学者而言具有天然的优势，很可能产生出人意料的学术成果。另外，即使就上述四个方面的因素而言，每一方面也都有进一步挖掘的空间，以电子商务为例，本书主要从电子商务削弱地方保护降低运输和交易成本的视角出发研究电子商务对产业区位分布和变迁的影响，但事实上，电子商务对产业空间布局的影响是全方位的，甚至在一定程度上重构了产业发展的逻辑，尤其是伴随着互联网革命的进一步推进，物联网技术的应用将进一步对各个产业产生颠覆性的影响，从而也会对产业区位分布产生不可避免的重大影响，这都是值得进一步深入研究的领域。

第二，本书基于现有文献和理论的梳理以及结合中国经济发展的现实情况，在新经济地理学的模型上构建了一个简化的理论模型来分析电子商务、银行信贷、科教支出以及人口年龄结构对中国产业区位分布和变迁的影响机制，就理论模型构建的标准而言，这一模型还是较为粗略的，尚未能全面而完整地将上述四个因素纳入模型中并运用该模型来解释具体的影响机制。

第三，受数据可获得性的限制，本书在研究电子商务、银行信贷、科教支出以及人口年龄结构对产业区位分布和变迁的影响机制时，相关产业划分较为粗略，不够细致，难以深入识别上述因素对不同细分产业的不同影响，虽然本书在部分章节做了一些努力，但还远远不够，因此，从细分产业的视角入手进一步研究上述因素对不同产业区位分布和变迁的影响机制也将成为下一步深入研究的领域。

第四，同样受数据可获得性的限制，本书部分章节使用了省级层面的数据，同时，样本数据的时间区间也主要集中在 2001 年以后，由于时间样本和地区样本的限制，使得本书在研究电子商务、银行信贷、科教支出以及人口年龄结构对产业区位分布和变迁的影响机制时，难免会遗漏部分重要的现象，从而对深入挖掘产业区位分布和变迁现象及其影响机制带来一些不利之处，因此，下一步需要尽可能从更细地区层面或者企业层面出发来研究产业区位分布及变迁现象。同时，随着时间的推移，特别是随着大数据技术的发展，可获得的数据也将大大增加，由此，进一步研究这些问题也必将会有更大的收获。

参考文献

［1］艾洪德，徐明圣，郭凯．我国区域金融发展与区域经济增长关系的实证分析［J］．财经问题研究，2004（7）：26－32.

［2］敖荣军，刘松勤．人口流动与产业集聚互动的机制与过程——理论解读及经验证据［J］．湖北社会科学，2016（6）：80－85.

［3］巴朗斯基．地理分工［M］//经济地理论文集．北京：科学出版社，1958.

［4］巴曙松，刘孝红，牛播坤．转型时期中国金融体系中的地方治理与银行改革的互动研究［J］．金融研究，2005（5）：25－37.

［5］白俊红，王钺，蒋伏心，李婧．研发要素流动、空间知识溢出与经济增长［J］．经济研究，2017（7）：111－125.

［6］白小明．我国产业区域转移粘性问题研究［J］．北方论丛，2007（1）：140－143.

［7］白重恩，杜颖娟，陶志刚，等．地方保护主义及产业地区集中度的决定因素和变动趋势［J］．经济研究，2004（4）：29－40.

［8］边燕杰，丘海雄．企业的社会资本及其功效［J］．中国社会科学，2000（2）：87－99.

［9］蔡昉，王德文，曲玥．中国产业升级的大国雁阵模型分析［J］．经济研究，2009（9）：4－14.

［10］蔡宏波，戴俊怡，李宏兵．市场潜能与国内市场分割——基于中国省市数据的实证研究［J］．产业经济研究，2015（5）：83－92.

［11］曹春方，周大伟，吴澄澄，等．市场分割与异地子公司分布［J］．管理世界，2015（9）：92－103.

［12］曹凤岐，杨乐．银行信贷调配与区域经济增长［J］．金融研究，2014

（6）：50 - 66.

[13] 陈才.区域经济地理学 [M].北京：科学出版社，2001.

[14] 陈得文，苗建军.人力资本集聚、空间溢出与区域经济增长——基于空间过滤模型分析 [J].产业经济研究，2012（4）：54 - 62.

[15] 陈刚，尹希果，潘杨.中国的金融发展、分税制改革与经济增长 [J].金融研究，2006（2）：99 - 109.

[16] 陈国亮，陈建军.产业关联、空间地理与二三产业共同集聚——来自中国 212 个城市的经验考察 [J].管理世界，2012（4）：82 - 100.

[17] 陈景新，王云峰.我国劳动密集型产业集聚与扩散的时空分析 [J].统计研究，2014，31（2）：34 - 42.

[18] 陈良文，杨开忠.集聚与分散：新经济地理学模型与城市内部空间结构、外部规模经济效应的整合研究 [J].经济学（季刊），2008，7（1）：53 - 70.

[19] 陈敏，桂琦寒，陆铭，等.中国经济增长如何持续发挥规模效应？——经济开放与国内商品市场分割的实证研究 [J].经济学（季刊），2008，7（1）：125 - 150.

[20] 陈伟国，张红伟.金融发展与经济增长——基于 1952—2007 年中国数据的再检验 [J].当代经济科学，2008，30（3）：49 - 56.

[21] 程必定.产业转移"区域粘性"与皖江城市带承接产业转移的战略思路 [J].华东经济管理，2010，24（4）：24 - 27.

[22] 崔光庆，王景武.中国区域金融差异与政府行为：理论与经验解释 [J].金融研究，2006（6）：79 - 89.

[23] 丁如曦，倪鹏飞.中国经济空间的新格局：基于城市房地产视角 [J].中国工业经济，2017（5）：96 - 114.

[24] 董亚娟，孙敬水.中国教育支出对生产率的影响及溢出效应 [J].山西财经大学学报，2010，32（9）：16 - 23.

[25] 杜传忠，刘英基.区际产业分工与产业转移研究 [M].北京：经济科学出版社，2013.

[26] 杜能.孤立国同农业和国民经济的关系 [M].吴衡康，译.北京：商务印书馆，1986.

[27] 俄林.地区间贸易和国际贸易 [M].北京：商务印书馆，1986.

[28] 范柏乃，段忠贤，江蕾.中国科技支出的经济发展效应区域差异分析

［J］．经济地理，2013，33（12）：10-15.

［29］范从来，盛天翔，王宇伟．信贷量经济效应的期限结构研究［J］．经济研究，2012（1）：80-91.

［30］范剑勇．长三角一体化、地区专业化与制造业空间转移［J］．管理世界，2004（11）：77-84.

［31］范剑勇，王立军，沈林洁．产业集聚与农村劳动力的跨区域流动［J］．管理世界，2004（4）：22-29.

［32］范剑勇，谢强强．地区间产业分布的本地市场效应及其对区域协调发展的启示［J］．经济研究，2010，45（4）：107-119.

［33］樊士德，沈坤荣，朱克朋．中国制造业劳动力转移刚性与产业区际转移——基于核心—边缘模型拓展的数值模拟和经验研究［J］．中国工业经济，2015（11）：94-108.

［34］方创琳．区域发展规划论［M］．北京：科学出版社，2000.

［35］方向东．产业结构升级的两种模式及其启示［J］．江淮论坛，1994（5）：38-43.

［36］方颖，赵扬．寻找制度的工具变量：估计产权保护对中国经济增长的贡献［J］．经济研究，2011（5）：138-148.

［37］冯伟，徐康宁．产业发展中的本地市场效应——基于我国2004—2009年面板数据的实证［J］．经济评论，2012（2）：62-70.

［38］符淼．地理距离和技术外溢效应——对技术和经济集聚现象的空间计量学解释［J］．经济学（季刊），2009，8（4）：1549-1566.

［39］龚强，张一林，林毅夫．产业结构、风险特性与最优金融结构［J］．经济研究，2014（4）：4-16.

［40］顾佳峰．中国教育支出与经济增长的空间实证分析［J］．教育与经济，2007（1）：29-33.

［41］桂琦寒，陈敏，陆铭，等．中国国内商品市场趋于分割还是整合：基于相对价格法的分析［J］．世界经济，2006（2）：20-30.

［42］郭凡生．新技术革命与经济不发达地区的基本对策［J］．科学管理研究，1984（5）：12-15.

［43］郭家堂，骆品亮．互联网对中国全要素生产率有促进作用吗？［J］．管理世界，2016（10）：34-49.

［44］郭玉清，刘红，郭庆旺．中国财政科教支出动态经济效应分析［J］．

财经研究，2006，32（5）：94－107.

[45] 郭志仪，郑钢．境外直接投资与发展中国家产业结构升级研究［J］．宏观经济研究，2007（8）：45－50.

[46] 韩宝国，朱平芳．宽带对中国经济增长影响的实证分析［J］．统计研究，2014，31（10）：49－54.

[47] 韩峰，柯善咨．追踪我国制造业集聚的空间来源：基于马歇尔外部性与新经济地理的综合视角［J］．管理世界，2012（10）：55－70.

[48] 韩峰，柯善咨．空间外部性、比较优势与制造业集聚——基于中国地级市面板数据的实证分析［J］．数量经济技术经济研究，2013（1）：22－38.

[49] 韩廷春．金融发展与经济增长：经验模型与政策分析［J］．世界经济，2001（6）：3－9.

[50] 浩飞龙，关皓明，王士君．中国城市电子商务发展水平空间分布特征及影响因素［J］．经济地理，2016，36（2）：1－10.

[51] 贺灿飞，谢秀珍，潘峰华．中国制造业省区分布及其影响因素［J］．地理研究，2008，27（3）：623－635.

[52] 何钟秀．论国内技术的梯度转递［J］．科研管理，1983（1）：18－21.

[53] 胡海峰，王爱萍．金融发展与经济增长关系研究新进展［J］．经济学动态，2016（5）：102－112.

[54] 胡玫．浅析中国产业梯度转移路径依赖与产业转移粘性问题［J］．经济问题，2013（9）：83－86.

[55] 胡双梅．人口、产业和城市集聚在区域经济中的关系［J］．西南交通大学学报（社会科学版），2005，6（4）：106－109.

[56] 胡向婷，张璐．地方保护主义对地区产业结构的影响——理论与实证分析［J］．经济研究，2005（2）：102－112.

[57] 胡艳曦，陈雪梅．企业集群理论的发展及其意义［J］．广东财经大学学报，2002（1）：28－32.

[58] 胡一帆，宋敏，郑红亮．所有制结构改革对中国企业绩效的影响［J］．中国社会科学，2006（4）：50－64＋206.

[59] 黄福才，李爽，魏敏．梯度推移粘性形成机理研究［J］．中央财经大学学报，2007（9）：63－68.

[60] 黄玖立，黄俊立．市场规模与中国省区的产业增长［J］．经济学（季刊），2008，7（4）：1317－1334.

[61] 黄玖立，李坤望．出口开放、地区市场规模和经济增长［J］．经济研究，2006（6）：27-38.

[62] 黄玖立，李坤望．对外贸易、地方保护和中国的产业布局［J］．经济学（季刊），2006，5（3）：733-760.

[63] 黄玖立，周璇．定制化与地方保护主义：经验证据及对自贸区建设的启示［J］．管理世界，2018，34（12）：56-66.

[64] 黄莉芳，黄良文，郭玮．生产性服务业提升制造业效率的传导机制检验——基于成本和规模中介效应的实证分析［J］．财贸研究，2012，23（3）：22-30.

[65] 蒋青海．也谈国内的"梯度理论"［J］．开发研究，1988（5）：3-6.

[66] 蒋子龙，樊杰，陈东．2001—2010 年中国人口与经济的空间集聚与均衡特征分析［J］．经济地理，2014，34（5）：9-13.

[67] 金煜，陈钊，陆铭．中国的地区工业集聚：经济地理、新经济地理与经济政策［J］．经济研究，2006（4）：79-89.

[68] 克里斯塔勒．德国南部中心地原理［M］．北京：商务印书馆，2010.

[69] 赖明勇，张新，彭水军，等．经济增长的源泉：人力资本、研究开发与技术外溢［J］．中国社会科学，2005（2）：32-46.

[70] Laudon K C，Traver C G．电子商务［M］．北京：中国人民大学出版社，2014.

[71] 李兵，李柔．互联网与企业出口：来自中国工业企业的微观经验证据［J］．世界经济，2017，40（7）：102-125.

[72] 李炳，袁威．货币信贷结构对宏观经济的机理性影响——兼对"中国货币迷失之谜"的再解释［J］．金融研究，2015（11）：33-46.

[73] 李建新．论生育政策与中国人口老龄化［J］．人口研究，2000，24（2）：9-15.

[74] 李杰，孙群燕．从啤酒市场整合程度看 WTO 对消除地方保护的影响［J］．世界经济，2004（6）：37-45.

[75] 李骏阳．当前我国零售行业发展态势和供给侧改革［J］．中国流通经济，2016，30（11）：5-11.

[76] 李苗苗，肖洪钧，赵爽．金融发展、技术创新与经济增长的关系研究——基于中国的省市面板数据［J］．中国管理科学，2015，23（2）：162-169.

[77] 李秦，李明志，罗金峰．互联网贸易与市场一体化——基于淘宝网数

据的实证研究 [J]. 中国经济问题, 2014 (6): 40 - 53.

[78] 李善同, 侯永志, 刘云中, 等. 中国国内地方保护问题的调查与分析 [J]. 经济研究, 2004 (11): 78 - 84.

[79] 李实, 丁赛. 中国城镇教育收益率的长期变动趋势 [J]. 中国社会科学, 2003 (6): 58 - 72.

[80] 李旭洋, 李通屏, 邵红梅, 张啸. 城镇化、互联网发展对网络消费的影响——基于省级面板数据的分析 [J]. 社会科学研究, 2018 (5): 38 - 45.

[81] 梁琦, 吴俊. 财政转移与产业集聚 [J]. 经济学 (季刊), 2008, 7 (4): 1247 - 1270.

[82] 梁颖. 日本的少子化原因分析及其对策的衍变 [J]. 人口学刊, 2014, 36 (2): 91 - 103.

[83] 林毅夫, 孙希芳. 银行业结构与经济增长 [J]. 中国经济学前沿, 2008 (9): 31 - 45.

[84] 凌江怀, 李成, 李熙. 科技支出与经济增长的动态均衡关系研究 [J]. 宏观经济研究, 2012 (6): 62 - 68.

[85] 刘国光. 中国经济发展战略问题研究 [M]. 上海: 上海人民出版社, 1984.

[86] 刘华, 鄢圣鹏. 财政性教育支出对人力资本形成的实证分析 [J]. 财贸经济, 2004 (9): 65 - 67.

[87] 刘建国, 孙勤英. 人口老龄化、生育率与人力资本投资——基于世代交叠模型及中国省级面板数据的经验分析 [J]. 西北人口, 2018, 39 (4): 38 - 46 + 54.

[88] 刘娟. 人口学视角下的产业集聚综述 [J]. 人口学刊, 2010 (6): 19 - 22.

[89] 刘培林. 地方保护和市场分割的损失 [J]. 中国工业经济, 2005 (4): 69 - 76.

[90] 刘瑞明. 金融压抑、所有制歧视与增长拖累——国有企业效率损失再考察 [J]. 经济学 (季刊), 2011, 10 (2): 603 - 618.

[91] 刘瑞明, 石磊. 国有企业的双重效率损失与经济增长 [J]. 经济研究, 2010 (1): 127 - 137.

[92] 刘世锦, 王晓明, 袁东明, 等. 我国产业结构升级面临的风险和对策 [J]. 经济研究参考, 2010 (13): 4 - 45.

［93］刘修岩，殷醒民，贺小海．市场潜能与制造业空间集聚：基于中国地级城市面板数据的经验研究［J］．世界经济，2007，30（11）：56－63.

［94］刘修岩，张学良．集聚经济与企业区位选择——基于中国地级区域企业数据的实证研究［J］．财经研究，2010，36（11）：83－92.

［95］刘艳．论东部产业集群对西部开发的影响——对传统"梯度转移"理论的一种质疑［J］．经济问题探索，2004（1）：22－25.

［96］刘彦随，刘玉，翟荣新．中国农村空心化的地理学研究与整治实践［J］．地理学报，2009，64（10）：1193－1202.

［97］刘易斯．国际经济秩序的演变［M］．天津：南开大学出版社，1978.

［98］刘勇政，冯海波．腐败、公共支出效率与长期经济增长［J］．经济研究，2011（9）：17－28.

［99］刘再兴．综合经济区划的若干问题［J］．经济理论与经济管理，1985（6）：45－49.

［100］刘姿均，陈文俊．中国互联网发展水平与经济增长关系实证研究［J］．经济地理，2017（8）：108－113.

［101］龙小宁，王俊．中国司法地方保护主义：基于知识产权案例的研究［J］．中国经济问题，2014（3）：3－18.

［102］陆静．金融发展与经济增长关系的理论与实证研究——基于中国省际面板数据的协整分析［J］．中国管理科学，2012（1）：177－184.

［103］陆铭，陈钊．中国区域经济发展中的市场整合与工业集聚［M］．上海：三联书店，2006.

［104］陆铭，陈钊．分割市场的经济增长——为什么经济开放可能加剧地方保护？［J］．经济研究，2009（3）：42－52.

［105］罗国芬，姚福生．少子化与流动儿童、少年在城就读的发展空间［J］．南京师范大学学报（社会科学版），2002（6）：21－26.

［106］骆永民．中国科教支出与经济增长的空间面板数据分析［J］．河北经贸大学学报，2008，29（1）：36－39.

［107］吕健．影子银行推动地方政府债务增长了吗［J］．财贸经济，2014，35（8）：38－48.

［108］马光荣，杨恩艳，周敏倩．财政分权、地方保护与中国的地区专业化［J］．南方经济，2010，28（1）：15－27.

［109］马光荣，刘明，杨恩艳．银行授信、信贷紧缩与企业研发［J］．金

融研究，2014（7）：76 – 93.

[110] 马海涛，李强，刘静玉，等. 中国淘宝镇的空间格局特征及其影响因素 [J]. 经济地理，2017，37（9）：118 – 124.

[111] 马怀德. 地方保护主义的成因和解决之道 [J]. 政法论坛（中国政法大学学报），2003，21（6）：156 – 161.

[112] 茆长宝，穆光宗. 国际视野下的中国人口少子化 [J]. 人口学刊，2018，40（4）：19 – 30.

[113] 毛其智，龙瀛，吴康. 中国人口密度时空演变与城镇化空间格局初探——从 2000 年到 2010 年 [J]. 城市规划，2015，39（2）：38 – 43.

[114] 毛毅，冯根福. 人口结构转变、家庭教育投资与中国经济增长 [J]. 西安交通大学学报（社会科学版），2012，32（4）：25 – 33.

[115] 倪鹏飞等. 中国城市竞争力报告 No. 15 [M]. 北京：中国社会科学出版社，2017.

[116] 倪鹏飞等. 中国城市竞争力报告 No. 16 [M]. 北京：中国社会科学出版社，2018.

[117] 倪鹏飞，李冕. 沪苏浙皖正在形成世界超级经济区——基于主体、空间和联系的研究 [J]. 经济社会体制比较，2015（6）：30 – 43.

[118] 倪鹏飞，杨华磊，周晓波. 经济重心与人口重心的时空演变——来自省会城市的证据 [J]. 中国人口科学，2014（1）：44 – 54.

[119] 潘文卿，吴天颖，胡晓. 中国技术进步方向的空间扩散效应 [J]. 中国工业经济，2017（4）：17 – 33.

[120] Poncet S. 中国市场正在走向“非一体化”？——中国国内和国际市场一体化程度的比较分析 [J]. 世界经济文汇，2002（1）：3 – 17.

[121] 千庆兰，陈颖彪，刘素娴，等. 淘宝镇的发展特征与形成机制解析——基于广州新塘镇的实证研究 [J]. 地理科学，2017（7）：1040 – 1048.

[122] 钱晓烨，迟巍，黎波. 人力资本对我国区域创新及经济增长的影响——基于空间计量的实证研究 [J]. 数量经济技术经济研究，2010（4）：107 – 121.

[123] 覃成林，熊雪如. 区域产业转移的政府动机与行为：一个文献综述 [J]. 改革，2012（7）：73 – 78.

[124] 瞿凌云. 人口政策的经济效应分析——基于人口数量与质量替代效应的视角 [J]. 人口与经济，2013（5）：24 – 32.

[125] 曲玥, 蔡昉, 张晓波. "飞雁模式"发生了吗?——对 1998—2008 年中国制造业的分析 [J]. 经济学 (季刊), 2013, 12 (2): 757–776.

[126] 茹玉骢, 李燕. 电子商务与中国企业出口行为: 基于世界银行微观数据的分析 [J]. 国际贸易问题, 2014 (12): 3–13.

[127] 萨乌什金. 经济地理学 [M]. 北京: 商务印书馆, 1987.

[128] 桑瑞聪, 彭飞, 康丽丽. 地方政府行为与产业转移——基于企业微观数据的实证研究 [J]. 产业经济研究, 2016 (4): 7–17.

[129] 邵朝对, 苏丹妮, 邓宏图. 房价、土地财政与城市集聚特征: 中国式城市发展之路 [J]. 管理世界, 2016 (2): 19–31.

[130] 邵宜航, 刘仕保, 张朝阳. 创新差异下的金融发展模式与经济增长: 理论与实证 [J]. 管理世界, 2015 (11): 29–39.

[131] 沈立, 王海波, 刘笑男. 中国城市崛起与城市经济学新发展——首届中国城市经济学者论坛综述 [J]. 经济研究, 2018, 53 (7): 205–209.

[132] 沈立人, 戴园晨. 我国"诸侯经济"的形成及其弊端和根源 [J]. 经济研究, 1990 (3): 12–19.

[133] 施炳展. 互联网与国际贸易——基于双边双向网址链接数据的经验分析 [J]. 经济研究, 2016 (5): 172–187.

[134] 石军伟, 胡立君, 付海艳. 企业社会资本的功效结构: 基于中国上市公司的实证研究 [J]. 中国工业经济, 2007 (2): 84–93.

[135] 石敏俊, 杨晶, 龙文, 等. 中国制造业分布的地理变迁与驱动因素 [J]. 地理研究, 2013, 32 (9): 1708–1720.

[136] 石人炳. 日本少子化及其对教育的影响 [J]. 人口学刊, 2005 (1): 46–50.

[137] 宋冬林, 范欣, 赵新宇. 区域发展战略、市场分割与经济增长——基于相对价格指数法的实证分析 [J]. 财贸经济, 2014, 35 (8): 115–126.

[138] 孙超, 谭伟. 经济增长的源泉: 技术进步和人力资本 [J]. 数量经济技术经济研究, 2004, 21 (2): 60–66.

[139] 孙军. 地区市场潜能、出口开放与我国工业集聚效应研究 [J]. 数量经济技术经济研究, 2009 (7): 47–60.

[140] 孙君, 姚建凤. 产业转移对江苏区域经济发展贡献的实证分析——以南北共建产业园为例 [J]. 经济地理, 2011, 31 (3): 432–436.

[141] 孙力军, 张立军. 金融发展影响经济增长的三大间接渠道及其检验

[J]．经济科学，2008（2）：28 – 37.

[142] 孙伟增，王定云，郑思齐．地方财政支出、房价与居民住房支付能力 [J]．清华大学学报（哲学社会科学版），2015（6）：165 – 177.

[143] 孙晓华，郭旭，王昀．产业转移、要素集聚与地区经济发展 [J]．管理世界，2018，34（5）：47 – 62 + 179 – 180.

[144] 谈儒勇．中国金融发展和经济增长关系的实证研究 [J]．经济研究，1999（10）：53 – 61.

[145] 唐根年，许紫岳，张杰．产业转移、空间效率改进与中国异质性大国区间"雁阵模式" [J]．经济学家，2015（7）：97 – 104.

[146] 田辉．日本调整中小学布局的政策措施 [J]．中国民族教育，2014（6）：62 – 64.

[147] 田利辉．制度变迁、银企关系和扭曲的杠杆治理 [J]．经济学（季刊），2005，4（s1）：119 – 134.

[148] 汪浩瀚，徐建军．市场潜力、空间溢出与制造业集聚 [J]．地理研究，2018，37（9）：1736 – 1750.

[149] 王缉慈．创新的空间：企业集群与区域发展 [M]．北京：北京大学出版社，2001.

[150] 王建刚，赵进．产业集聚现象分析 [J]．管理世界，2001（6）：192 – 192.

[151] 王可，李连燕．"互联网 +"对中国制造业发展影响的实证研究 [J]．数量经济技术经济研究，2018，35（6）：4 – 21.

[152] 汪明峰．浮现中的网络城市的网络——互联网对全球城市体系的影响 [J]．城市规划，2004（8）：26 – 32.

[153] 王士红．人力资本与经济增长关系研究新进展 [J]．经济学动态，2017（8）：124 – 134.

[154] 王勋，赵珍．中国金融规模、金融结构与经济增长——基于省区面板数据的实证研究 [J]．财经研究，2011，37（11）：50 – 60.

[155] 王永进，李坤望，盛丹．契约制度与产业集聚：基于中国的理论及经验研究 [J]．世界经济，2010（1）：141 – 156.

[156] 王雨飞，倪鹏飞．高速铁路影响下的经济增长溢出与区域空间优化 [J]．中国工业经济，2016（2）：21 – 36.

[157] 王志强，孙刚．中国金融发展规模、结构、效率与经济增长关系的经

验分析 [J]．管理世界，2003（7）：13－20.

[158] 王智勇．教育的城乡不平等及其后果——基于上海、浙江和福建的家庭调查研究 [J]．上海经济研究，2012（10）：83－94.

[159] 王智勇．基础教育与人口集聚——基于地级市面板数据的分析[J]．人口与发展，2017，23（6）：14－25.

[160] 王至元，曾新群．论中国工业布局的区位开发战略——兼评梯度理论 [J]．经济研究，1988（1）：66－74.

[161] 王子敏，李婵娟．中国互联网发展的节能减排影响实证研究：区域视角 [J]．中国地质大学学报（社会科学版），2016（6）：60－69＋158.

[162] 韦伯．工业区位论 [M]．北京：商务印书馆，1997.

[163] 魏后凯．现代区域经济学 [M]．北京：经济管理出版社，2006.

[164] 魏后凯，白玫，王业强，等．中国区域经济的微观透析——企业迁移的视角 [M]．北京：经济管理出版社，2010.

[165] 魏敏，李国平．基于区位引力场下的区域梯度推移粘性分析 [J]．科研管理，2005，26（6）：129－134.

[166] 魏下海．人力资本、空间溢出与省际全要素生产率增长——基于三种空间权重测度的实证检验 [J]．财经研究，2010，36（12）：94－104.

[167] 文东伟，冼国明．中国制造业产业集聚的程度及其演变趋势：1998～2009 年 [J]．世界经济，2014（3）：3－31.

[168] 文玫．中国工业在区域上的重新定位和聚集 [J]．经济研究，2004（2）：84－94.

[169] 温忠麟，叶宝娟．中介效应分析：方法和模型发展 [J]．心理科学进展，2014，22（5）：731－745.

[170] 吴婵丹．中国互联网、市场潜能与产业布局 [D]．武汉：华中科技大学，2015.

[171] 吴丽华，梅敏君．少子老龄化下浙江教育的生源危机与转型研究 [J]．宁波大学学报（教育科学版），2010，32（3）：76－79.

[172] 夏禹龙，刘吉，冯之浚，等．梯度理论和区域经济 [J]．科学学与科学技术管理，1983（2）：5－6.

[173] 小岛清．对外贸易论 [M]．周宝廉，译．天津：南开大学出版社，1987.

[174] 肖龙井．台湾人口少子化背景下小型学校整并策略及启示 [J]．宁

波大学学报（教育科学版），2011，33（3）：78-82.

［175］肖志勇．人力资本、空间溢出与经济增长——基于空间面板数据模型的经验分析［J］．财经科学，2010（3）：61-68.

［176］谢丽霜．产业梯度转移滞缓原因及西部对策研究［J］．中央民族大学学报（哲学社会科学版），2005（5）：11-16.

［177］谢童伟．中国县级教育水平与县人口迁移相互影响分析——基于2004年—2008年31省（市）县级面板数据的实证研究［J］．清华大学教育研究，2011，32（1）：83-88.

［178］谢童伟，吴燕．教育发展差异对人口迁移的影响——基于城市化发展的视角［J］．南方人口，2012，27（6）：15-21.

［179］解维敏，方红星．金融发展、融资约束与企业研发投入［J］．金融研究，2011（5）：171-183.

［180］谢子远，张海波．产业集聚影响制造业国际竞争力的内在机理——基于中介变量的检验［J］．国际贸易问题，2014（9）：24-35.

［181］邢春冰．教育扩展、迁移与城乡教育差距——以大学扩招为例［J］．经济学（季刊），2014，13（1）：207-232.

［182］熊义杰．技术扩散的溢出效应研究［J］．宏观经济研究，2011（6）：46-49.

［183］徐智邦，王中辉，周亮，等．中国"淘宝村"的空间分布特征及驱动因素分析［J］．经济地理，2017，37（1）：107-114.

［184］严成樑，龚六堂．R&D规模、R&D结构与经济增长［J］．南开经济研究，2013（2）：3-19.

［185］杨家林，王迅．论地方保护主义［J］．经济科学，1991，13（3）：63-66.

［186］杨开忠．中国区域发展研究［M］．北京：海洋出版社，1989.

［187］杨玲丽．"嵌入性"约束下的产业转移制度安排——江苏省南北挂钩共建产业园区的经验借鉴［J］．科技进步与对策，2015（5）：48-53.

［188］杨玲丽，万陆．关系制约产业转移吗？——"关系嵌入—信任—转移意愿"的影响研究［J］．管理世界，2017（7）：35-49.

［189］杨仁发．产业集聚与地区工资差距——基于我国269个城市的实证研究［J］．管理世界，2013（8）：41-52.

［190］杨小凯，张永生．新贸易理论、比较利益理论及其经验研究的新成

果：文献综述 [J]．经济学（季刊），2001，1（1）：19 - 44.

　　[191] 姚先国，张海峰．教育、人力资本与地区经济差异 [J]．经济研究，2008（5）：47 - 57.

　　[192] 银温泉，才婉茹．我国地方市场分割的成因和治理 [J]．经济研究，2001（6）：3 - 12.

　　[193] 余东华，刘运．地方保护和市场分割的测度与辨识——基于方法论的文献综述 [J]．世界经济文汇，2009（1）：80 - 93 + 49.

　　[194] 原新，刘士杰．1982—2007 年我国人口老龄化原因的人口学因素分解 [J]．学海，2009（4）：140 - 145.

　　[195] 袁云峰，曹旭华．金融发展与经济增长效率的关系实证研究 [J]．统计研究，2007（5）：60 - 66.

　　[196] 翟振武，陈佳鞠，李龙．中国人口老龄化的大趋势、新特点及相应养老政策 [J]．山东大学学报（哲学社会科学版），2016，1（3）：27 - 35.

　　[197] 张公嵬，梁琦．产业转移与资源的空间配置效应研究 [J]．产业经济评论（山东大学），2010，9（3）：7 - 27.

　　[198] 张红历，周勤，王成璋．信息技术、网络效应与区域经济增长：基于空间视角的实证分析 [J]．中国软科学，2010（10）：112 - 123.

　　[199] 张杰，居杨雯．贷款期限结构与中国经济增长 [J]．世界经济文汇，2017（5）：1 - 22.

　　[200] 张杰，杨连星，新夫．房地产阻碍了中国创新么？——基于金融体系贷款期限结构的解释 [J]．管理世界，2016（5）：64 - 80.

　　[201] 张军．中国的信贷增长为什么对经济增长影响不显著 [J]．学术月刊，2006（7）：69 - 75.

　　[202] 张可云，杨孟禹．国外空间计量经济学研究回顾、进展与述评[J]．产经评论，2016（1）：5 - 21.

　　[203] 张其仔．中国能否成功地实现雁阵式产业升级 [J]．中国工业经济，2014（6）：18 - 30.

　　[204] 张少军，刘志彪．全球价值链模式的产业转移——动力、影响与对中国产业升级和区域协调发展的启示 [J]．中国工业经济，2009（11）：5 - 15.

　　[205] 张同升，梁进社，宋金平．中国制造业省区间分布的集中与分散研究 [J]．经济地理，2005，25（3）：315 - 319.

　　[206] 张晓玫，罗鹏．中长期信贷、国有经济与全要素生产率——基于省级

面板数据的 IV－2SLS 实证研究 ［J］. 经济学家，2013（12）：42－50.

［207］张晓玫，罗鹏. 金融发展、信贷期限结构与产业集聚——基于工业产业要素密集度的视角 ［J］. 南方经济，2015，33（6）：40－53.

［208］张秀武，赵昕东. 人口年龄结构、人力资本与经济增长 ［J］. 宏观经济研究，2018（4）：5－18.

［209］张璇，刘贝贝，汪婷，等. 信贷寻租、融资约束与企业创新 ［J］. 经济研究，2017（5）：163－176.

［210］张勋，乔坤元. 中国区域间经济互动的来源：知识溢出还是技术扩散？［J］. 经济学（季刊），2016（3）：1629－1652.

［211］张越，李琪. 互联网对我国各省区经济发展的影响 ［J］. 山西财经大学学报，2008，30（6）：38－44.

［212］查华超，韩庆潇. 人口因素会影响地区金融集聚吗？［J］. 南京财经大学学报，2017（2）：44－52.

［213］赵奇伟，熊性美. 中国三大市场分割程度的比较分析：时间走势与区域差异 ［J］. 世界经济，2009（6）：41－53.

［214］赵勇，白永秀. 知识溢出：一个文献综述 ［J］. 经济研究，2009（1）：144－156.

［215］郑世林，周黎安，何维达. 电信基础设施与中国经济增长 ［J］. 经济研究，2014，49（5）：77－90.

［216］郑鑫，陈耀. 运输费用、需求分布与产业转移——基于区位论的模型分析 ［J］. 中国工业经济，2012（2）：57－67.

［217］郑毓盛，李崇高. 中国地方分割的效率损失 ［J］. 中国社会科学，2003（1）：64－72.

［218］钟甫宁，刘华. 中国城镇教育回报率及其结构变动的实证研究［J］. 中国人口科学，2007（4）：34－41.

［219］中国经济增长与宏观稳定课题组. 金融发展与经济增长：从动员性扩张向市场配置的转变 ［J］. 经济研究，2007（4）：4－17.

［220］钟腾，汪昌云. 金融发展与企业创新产出——基于不同融资模式对比视角 ［J］. 金融研究，2017（12）：127－142.

［221］周长洪. 经济社会发展与生育率变动关系的量化分析 ［J］. 人口研究，2015，39（2）：40－47.

［222］周立，王子明. 中国各地区金融发展与经济增长实证分析：1978—

2000 [J]. 金融研究, 2002 (10): 1-13.

[223] 周黎安. 晋升博弈中政府官员的激励与合作——兼论我国地方保护主义和重复建设问题长期存在的原因 [J]. 经济研究, 2004 (6): 33-40.

[224] 周黎安. 中国地方官员的晋升锦标赛模式研究 [J]. 经济研究, 2007 (7): 36-50.

[225] 周黎安, 张维迎, 顾全林, 汪淼军. 企业生产率的代际效应和年龄效应 [J]. 经济学 (季刊), 2007 (4): 1297-1318.

[226] 周绍东. 生育率与人力资本投资的逆向关系——中国城乡差距的一个解释 [J]. 山西财经大学学报, 2008 (4): 15-20.

[227] 周伟林, 林琳, 郝前进. 市场潜能与我国制造业的空间集聚——以各省制造业 (大类) 工业总产值为例 [J]. 上海经济研究, 2011 (3): 45-55.

[228] 周犀行, 欧阳溥蔓. 国内外市场潜力对 FDI 区位选择的影响研究 [J]. 国际贸易问题, 2013 (6): 124-134.

[229] 朱邦耀, 宋玉祥, 李国柱, 等. C2C 电子商务模式下中国"淘宝村"的空间聚集格局与影响因素 [J]. 经济地理, 2016, 36 (4): 92-98.

[230] Aghion P, Howitt P. A model of growth through creative destruction [J]. Econometrica, 1992, 60 (2): 323-351.

[231] Akamatsu K. A historical pattern of economic growth in developing countries [J]. The Developing Economies Preliminary Issue, 1962, 1 (s1): 3-25.

[232] Amin A, Thrift N. Globalization, institutions, and regional development in Europe [M]. Oxford: Oxford University Press, 1995.

[233] Amiti M. Specialization patterns in Europe [J]. Weltwirtschaftliches Archiv, 1999, 135 (4): 573-593.

[234] Amiti M, Pissarides C A. Trade and industrial location with heterogeneous labor [J]. Journal of International Economics, 2005, 67 (2): 392-412.

[235] Amitrajeet A, et al. Human capital use, innovation, patent protection, and economic growth in multiple regions [J]. Economics of Innovation and New Technology, 2013, 22 (2): 113-126.

[236] Anderson J E, Van Wincoop E. Trade costs [J]. Journal of Economic Literature, 2004, 42 (3): 691-751.

[237] Andini M, De Blasio G, Duranton G, et al. Marshallian labour market pooling: Evidence from Italy [J]. Regional Science and Urban Economics, 2013,

43 (6): 1008 – 1022.

[238] Anselin L. Spatial econometrics, methods and models [M]. Dordrecht: Kluwer Academic, 1988.

[239] Arellano M, Bond S. Some tests of specification for panel data: Monte carlo evidence and an application to employment equations [J]. The Review of Economic Studies, 1991, 58 (2): 277 – 297.

[240] Arellano M, Bover O. Another look at the instrumental variable estimation of error – components models [J]. Journal of Econometrics, 1995, 68 (1): 29 – 51.

[241] Audirac I. Information technology and urban form: Challenges to smart growth [J]. International Regional Science Review, 2005, 28 (2): 119 – 145.

[242] Balassa B. European integration: problems and countermeasures [J]. American Economics Review, 1966, 53 (2): 12 – 35.

[243] Baldwin R E. Core – periphery model with forward – looking expectations [J]. Regional Science and Urban Economics, 2001, 31 (1): 21 – 49.

[244] Baldwin R E. Agglomeration and endogenous capital [J]. European Economic Review, 1999, 43 (2): 253 – 280.

[245] Baptista R, Swann P. Do firms in clusters innovate more? [J]. Research Policy, 1998, 27 (5): 525 – 540.

[246] Baron R M, Kenny D A. The moderator – mediator variable distinction in social psychological research: Conceptual, strategic, and statistical considerations [J]. Journal of Personality and Social Psychology, 1986, 51 (6): 1173 – 1182.

[247] Barro R J, Sala – i – Martin X. Economic growth [M]. New York: McGraw – Hill, 1995.

[248] Barro R J, Sala – i – Martin X. Economic growth [M]. Cambridge, Massachusetts: Massachusetts Institute of Technology, 2004.

[249] Batisse C, Poncet S. Protectionism and industry location in Chinese provinces [J]. Journal of Chinese Economic and Business Studies, 2004, 2 (2): 133 – 154.

[250] Becattini G. The development of light industry in tuscany: An interpretation [J]. Economic Notes, 1978, 2 (3): 107 – 123.

[251] Bloom D E, et al. The effects of health on economic growth: A production function approach [J]. World Development, 2004, 32 (1): 1 – 13.

[252] Blundell R, Bond S. Initial conditions and moment restrictions in dynamic panel data models [J]. Journal of Econometrics, 1998, 87 (1): 115 - 143.

[253] Bojnec S, Ferto I. Market - creating effect of the internet on food trade [R]. Cambridge, MA: National Bureau of Economic Research, 2010.

[254] Brülhart M, Trionfetti F. Industrial specialisation and public procurement: Theory and empirical evidence [J]. Journal of Economic Integration, 2001, 16 (1): 106 - 127.

[255] Cairncross F. The death of distance: How the communications revolution is changing our lives [D]. Boston, MA: Harvard Business School Press, 2001.

[256] Carbonara N. Information and communication technology and geographical clusters: Opportunities and spread [J]. Technovation, 2005, 25 (3): 213 - 222.

[257] Chava S, Oettl A, Subramanian A, et al. Banking deregulation and innovation [J]. Journal of Financial Economics, 2013, 109 (3): 759 - 774.

[258] Ciccone A, Hall R. Productivity and the density of economic activities [J]. American Economic Review, 1996, 86 (1): 54 - 70.

[259] Chen Y C, Fang S, Wen U. Pricing policies for substitutable products in a supply chain with internet and traditional channels [J]. European Journal of Operational Research, 2013, 224 (3): 542 - 551.

[260] Choi C, Yi M H. The effect of the internet on economic growth: Evidence from cross - country panel data [J]. Economics Letters, 2009, 105 (1): 39 - 41.

[261] Chu S Y. Internet, economic growth and recession [J]. Modern Economy, 2013, 4 (5): 209 - 213.

[262] Clarke G R G, Qiang C Z, Xu L C. The Internet as a general - purpose technology: Firm - level evidence from around the world [J]. Economics Letters, 2015, 135 (C): 24 - 27.

[263] Clarke G R G, Wallsten S J. Has the internet increased trade? Developed and developing country evidence [J]. Economic Inquiry, 2006, 44 (3): 465 - 484.

[264] Coleman J. Social capital. Foundations of social theory [M]. Cambridge, MA: Harward University Press, 1990.

[265] Czamanski S, Ablas L A Q. Identification of industrial clusters and complexes: A comparison of methods and findings [J]. Urban Studies, 1979, 16 (1):

61 – 80.

[266] Czernich N, Falck O, Kretschmer T, et al. Broadband infrastructure and economic growth [J] . The Economic Journal, 2011, 121 (552): 505 – 532.

[267] Dan B, Qu Z J, Liu C, Zhang X M, Zhang H Y. Price and service competition in the supply chain with both pure play internet and storing bricks – and – mortar retailers [J] . Journal of Applied Research & Technology, 2014, 12 (2): 212 – 222.

[268] Davis D R, Weinstein D E. Does economic geography matter for international specialization? [R] . Cambridge, MA: National Bureau of Economic Research, 1996.

[269] Davis D R, Weinstein D E. Market access, economic geography and comparative advantage: An empirical assessment [R] . Cambridge, MA: NBER, 1998.

[270] Davis D R, Weinstein D E. Economic geography and regional production structure: An empirical investigation [J] . European Economic Review, 1999, 43 (2): 379 –407.

[271] De Brauw A, Huang J, Rozelle S, et al. The evolution of China's rural labor markets during the reforms1 [J] . Journal of Comparative Economics, 2002, 30 (2): 329 –353.

[272] Den Haan W J, Sumner S W, Yamashiro G M. Bank loan portfolios and the monetary transmission mechanism [J] . Journal of Monetary Economics, 2007, 54 (3): 904 –924.

[273] Denison E F. Sources of economic growth in the United States and the alternatives before us [R] . Committee for Economic Development, 1962.

[274] Deichmann U, Kaiser K, Lall S V, et al. Agglomeration, transport, and regional development in Indonesia [M] . The World Bank, 2005.

[275] Diggle P J, Chetwynd A G. Second – order analysis of spatial clustering for inhomogeneous populations [J] . Biometrics, 1991, 47 (3): 1155 –1163.

[276] Dinlersoz E M. Cities and the organization of manufacturing [J] . Regional Science and Urban Economics, 2004, 34 (1): 71 –100.

[277] Dixit A K, Stiglitz J E. Monopolistic competition and optimum product diversity [J] . American Economic Review, 1977, 67 (3): 297 –308.

[278] Du J, Lu Y, Tao Z. Economic institutions and FDI location choice: Evi-

dence from US multinationals in China [J]. Journal of Comparative Economics, 2008, 36 (3): 412 –429.

[279] Dumais G, Ellison G, Glaeser E L. Geography concentration as a dynamic process [J]. Review of Economics and Statistics, 2002, 84 (2): 193 –204.

[280] Dunning J H. Trade, location of economic activity and the MNE: A search for an eclectic approach [M] // The International Allocation of Economic Activity. London: Palgrave Macmillan, 1977: 203 –205.

[281] Duranton G, Puga D. Nursery cities: urban diversity, process innovation, and the life cycle of products [J]. American Economic Review, 2001, 91 (5): 1454 –1477.

[282] Duranton G, Puga D. Micro – foundations of urban agglomeration economies [M] //Handbook of regional and urban economics. Elsevier, 2004 (4): 2063 –2117.

[283] Elhorst J P, Fréret S. Evidence of political yardstick competition in France using a two – region spatial Durbin model with fixed effects [J]. Journal of Regional Science, 2009, 49 (5): 931 –951.

[284] Ellison G, Glaeser E I. Geographic concentration in U. S. manufacturing industries: A dartboard approach [J]. Journal of Political Economy, 1997, 105 (5): 889 –927.

[285] Ellison G, Glaeser E L. The geographic concentration of industry: Does natural advantage explain agglomeration? [J]. AEA Papers and Proceedings, 1999, 89 (2): 311 –316.

[286] Eng T Y. Implications of the internet for knowledge creation and dissemination in clusters of high – technology firms [J]. European management Journal, 2004, 22 (1): 87 –98.

[287] Fan C S, Wei X. The law of one price: Evidence from the transitional economy of China [J]. The Review of Economics and Statistics, 2006, 88 (4): 682 –697.

[288] Ferro E. Signaling and technological marketing tools for exporters [M]. The World Bank, 2011.

[289] Feser E J, Bergman E M. National industry cluster templates: A framework for applied regional cluster analysis [J]. Regional Studies, 2000, 34 (1):

1 – 19.

[290] Feuerwerker A. The Cambridge history of China: Volume 12, Republican China, 1912 – 1949 [M]. Cambridge: Cambridge University Press, 1983.

[291] Forero M D P B. Mobile communication networks and Internet technologies as drivers of technical efficiency improvement [J]. Information Economics & Policy, 2013, 25 (3): 126 – 141.

[292] Freund C L, Weinhold D. The effect of the internet on international trade [J]. Journal of International Economics, 2004, 62 (1): 171 – 189.

[293] Fritz M S, MacKinnon D P. Required sample size to detect the mediated effect [J]. Psychological Science, 2007, 18 (3): 233 – 239.

[294] Fujita M, Hu D. Regional disparity in China 1985 – 1994: The effects of globalization and economic liberalization [J]. The Annals of Regional Science, 2001, 35 (1): 3 – 37.

[295] Fujita M, Krugman P, Venables A. The spatial economy: Cities, regions, and international trade [M]. Cambridge, MA: MIT Press, 1999.

[296] Fujita M, Mori T, Henderson J V, et al. Spatial distribution of economic activities in Japan and China [M] //Handbook of regional and urban economics. Elsevier, 2004.

[297] Galor O, Weil D N. Population, technology, and growth: From malthusian stagnation to the demographic transition and beyond [J]. American Economic Review, 2000, 90 (4): 806 – 828.

[298] Gao T. Regional industrial growth: Evidence from Chinese industries [J]. Regional Science and Urban Economics, 2004, 34 (1): 101 – 124.

[299] Garcia – Dastugue S J, Lambert D M. Internet – enabled coordination in the supply chain [J]. Industrial Marketing management, 2003, 32 (3): 251 – 263.

[300] Ge Y. Globalization and industry agglomeration in China [J]. World Development, 2009, 37 (3): 550 – 559.

[301] Gemmell N. Evaluating the impacts of human capital stocks and accumulation on economic growth: Some new evidence [J]. Oxford Bulletin of Economic and Statistics, 1996, 58 (1): 9 – 28.

[302] Glaeser E, Kallal H, Scheinkman J, et al. Growth in cities [J].

Journal of Political Economy, 1992, 100 (6): 1126 – 1152.

[303] Glaeser E L, Matthew G. The complementarily between cities and skills [J] . Journal of Regional Science, 2010, 50 (1): 221 – 244.

[304] Goetz S J. Location decisions of energy – intensive manufacturing firms: estimating the potential impact of electric utilities deregulation [C] . Salt Lake City, Utah: The Annual Meeting of the American Agricultural Economics Association, 1998.

[305] Goldsmith R. Financial structure and development [M] . New Haven: Yale University Press, 1969.

[306] Golley J. Regional patterns of industrial development during China's economic transition [J] . Economic Transition, 2002, 10 (3): 761 – 801.

[307] Graham S, Marvin S. Telecommunications and the city: Electronic spaces, urban places [M] . London: Routledge, 1996.

[308] Granovetter M. Economic action and social structure: The problem of embeddedness [J] . American Journal of Sociology, 1985, 91 (3): 481 – 510.

[309] Granovetter M. The social construction of economic institutions [J] . Socio – economics: Towards a New Synthesis, 1991: 75 – 81.

[310] Granovetter M. Problems of explanation in economic sociology [J] . Networks and Organizations: Structure, Form, and Action, 1992: 25 – 56.

[311] Grossman G M, Helpman E. Quality ladders in the theory of growth [J] . Review of Economic Studies, 1991 (58): 43 – 61.

[312] Grossman G, Helpman E. Innovation and growth in the global economy [M] . Cambridge: MIT Press, 1991.

[313] Gurley J G, Shaw E S. Financial aspects of economic development [J] . American Economic Review, 1955, 45 (4): 515 – 538.

[314] Habtay S R. A firm – level analysis on the relative difference between technology – driven and market – driven disruptive business model innovations [J] . Creative and Innovative Management, 2012, 21 (3): 290 – 303.

[315] Hamidi A, Safabakhsh M. The impact of information technology on E. marketing [J] . Procedia Computer Science, 2011, 3 (1): 365 – 368.

[316] Hanson G H. North American economic integration and industry location [J] . Oxford Review of Economic Policy, 1998a, 14 (2): 30 – 44.

[317] Hanson G H. Regional adjustment to trade liberalization [J] . Regional

Science and Urban Economics, 1998b, 28 (4): 419 – 444.

[318] Hanson G H, Xiang C. The home market effect and bilateral trade patterns [J]. American Economic Review, 2004, 94 (4): 1108 – 1129.

[319] Harris C D. The Market as a factor in the localization of industry in the United States [J]. Annals of the Association of American Geographers, 1954, 44 (4): 315 – 348.

[320] Harrison B. Industrial districts: Old wine in new bottles? [J]. Regional Studies, 1992, 26 (5): 469 – 483.

[321] Harrod R F. An essay in dynamic theory [J]. Economic Journal, 1939, 49 (193): 14 – 33.

[322] Hayes A F. Beyond Baron and Kenny: Statistical mediation analysis in the new millennium [J]. Communication Monographs, 2009, 76 (4): 408 – 420.

[323] Head K, Mayer T. Market potential and the location of Japanese investment in the European Union [J]. Review of Economics and Statistics, 2004, 86 (4): 959 – 972.

[324] Helpman E, Krugman P R. Market structure and foreign trade: Increasing returns, imperfect competition, and the international economy [M]. Cambridge, MA: MIT press, 1985.

[325] Henderson J V. The sizes and types of cities [J]. American Economic Review, 1974, 64 (4): 640 – 656.

[326] Henderson J V. Efficiency of resource usage and city size [J]. Journal of Urban Economics, 1986, 19 (1): 47 – 70.

[327] Henderson J. Externalities and industrial development [J]. Journal of Urban Economics, 1997, 42 (3): 449 – 470.

[328] Hoover E. Location theory and the shoe and leather industries [M]. Cambridge: Harvard University Press, 1937.

[329] Ho S P S, Dong X Y, Bowles P, et al. Privatization and enterprise wage structures during transition: Evidence from rural industry in China [J]. Economics of Transition, 2002, 10 (3): 659 – 688.

[330] Hsu P H, Tian X, Xu Y. Financial development and innovation: Cross – country evidence [J]. Journal of Financial Economics, 2014, 112 (1): 116 – 135.

[331] Isard, W. Location and space economy [M] . New York: John Wiley, 1956.

[332] Islam N. Growth empirics: a panel data approach [J] . The Quarterly Journal of Economics, 1995, 110 (4): 1127 – 1170.

[333] Ivanov A E. The internet's impact on integrated marketing communication [J] . Procedia Economics & Finance, 2012, 3 (12): 536 – 542.

[334] Jacobs J. The economy of cities [M] . New York: Vintage, 1969.

[335] Johnson E N, Chow G C. Rates of return to schooling in China [J] . Pacific Economic Review, 1997, 2 (2): 101 – 113.

[336] Jorgenson D W, et al. Growth of US industries and investments in information technology and higher education [J] . Economic Systems Research, 2003, 15 (3): 279 – 325.

[337] Jorgenson D W, Ho M S, Stiroh K J. A retrospective look at the US productivity growth resurgence [J] . Journal of Economic Perspectives, 2008, 22 (1): 3 – 24.

[338] Jung J. Regional inequalities in the impact of broadband on productivity: Evidence from Brazil [R] . Munich: University Library of Munich, Germany, 2014.

[339] Kalemli – Ozcan S. A Stochastic model of mortality, fertility, and human capital investment [J] . Journal of Development Economics, 2003, 70 (1): 103 – 118.

[340] Kaufmann A, Lehner P, Todtling F. Effect of the internet on the spatial structure of innovation networks [J] . Information Economics and Policy, 2003, 15 (3): 402 – 424.

[341] Kim S. Expansion of markets and the geographic distribution of economic activities: The trends in U.S. regional manufacturing structure, 1860 – 1987 [J] . Quarterly Journal of Economics, 1995, 110 (4): 881 – 908.

[342] Kim S H, Pickton T S, Gerking S. Foreign direct investment: Agglomeration economies and returns to promotion expenditures [J] . Review of Regional Studies, 2003, 33 (1): 61 – 72.

[343] Kim T J, Knaap G. The spatial dispersion of economic activities and development trends in China: 1952 – 1985 [J] . The Annals of Regional Science, 2001, 35 (1): 39 – 57.

[344] King R G, Levine R. Finance and growth: Schumpeter might be right [J]. Quarterly Journal of Economics, 1993, 108 (3): 717 – 737.

[345] Knack S, Keefer P. Does social capital have an economic payoff? A cross – country investigation [J]. The Quarterly Journal of Economics, 1997, 112 (4): 1251 – 1288.

[346] Kojima K. The "flying geese" model of Asian economic development: Origin, theoretical extensions, and regional policy implications [J]. Journal of Asian Economics, 2000, 11 (4): 375 – 401.

[347] Koo J. Determinants of localized technology spillovers: Role of regional and industrial attributes [J]. Regional Studies, 2007, 41 (7): 995 – 1011.

[348] Koutroumpis P. The economic impact of broadband on growth: A simultaneous approach [J]. Telecommunications Policy, 2009, 33 (9): 471 – 485.

[349] Krugman P. Scale economies, product differentiation, and the pattern of trade [J]. American Economic Review, 1980 (70): 950 – 959.

[350] Krugman P, Venables A J. Integration and the competitiveness of peripheral industry [R]. London: CEPR, 1990.

[351] Krugman P. Increasing returns and economic geography [J]. Journal of Political Economy, 1991, 99 (3): 483 – 499.

[352] Krugman P. A dynamic spatial model [R]. Cambridge, MA: National Bureau of Economic Research, 1992.

[353] Krugman P. The myth of Asia's miracle [J]. Foreign Affairs, 1994, 73 (6): 62 – 78.

[354] Krugman P, Venables A J. Globalization and the inequality of nations [J]. The Quarterly Journal of Economics, 1995, 110 (4): 857 – 880.

[355] Kutay A. Technological change and spatial transformation in an information economy: 2. The influence of new information technology on the urban system [J]. Environment and Planning A, 1988, 20 (6): 707 – 718.

[356] Lesage J P, Fischer M M. Estimates of the impact of static and dynamic knowledge spillovers on regional factor productivity [J]. International Regional Science Review, 2012, 35 (1): 103 – 127.

[357] Lesage P, Pace R. Introduction to spatial econometrics [M]. Florida: CRC Press, Taylor and Francis Group, 2009.

[358] Lewis W A. The theory of economic growth [M] . London: George Allen & Urwin, 1955: 12 – 46.

[359] Lin F. Estimating the effect of the internet on international trade [J] . The Journal of International Trade & Economic Development, 2015, 24 (3): 409 – 428.

[360] Ljungwall C, Tingvall P G . Is China different? A meta – analysis of the growth – enhancing effect from R&D spending in China [J] . China Economic Review, 2015, 36 (C): 272 – 278.

[361] Lòpez – Bazo E, AríM V E. Regional externalities and growth: Evidence from European regions [J] . Journal of Regional Science, 2004 (44): 43 – 73.

[362] Losch A. The economics of location [M] . New Haven: Yale University Press, 1954: 18 – 39.

[363] Lu J, Tao Z. Trends and determinants of China's industrial agglomeration [J] . Journal of Urban Economics, 2009, 65 (2): 167 – 180.

[364] Lucas R E. On the mechanics of economic development [J] . Journal of Monetary Economics, 1988, 22 (1): 3 – 42.

[365] Ludvigson S. The channel of monetary transmission to demand: Evidence from the market for automobile credit [J] . Journal of Money, Credit and Banking, 1998, 30 (3): 365 – 383.

[366] Malhotra A, Gosain S, Sawy O A E. Leveraging standard electronic business interfaces to enable adaptive supply chain partnerships [J] . Information Systems Research, 2007, 18 (3): 260 – 279.

[367] Mallick H. Role of technological infrastructures in exports: Evidence from a cross – country analysis [J] . International Review of Applied Economics, 2014, 28 (5): 669 – 694.

[368] Marcon E, Puech F. Evaluating the geographic concentration of industries using distance – based methods [J] . Journal of Economic Geography, 2003, 3 (4): 409 – 428.

[369] Marshall A. Principles of economics [M] . London: Macmillan, 1890.

[370] Martin P, Ottaviano G I P. Growing locations: Industry location in a model of endogenous growth [J] . European Economic Review, 1999, 43 (2): 281 – 302.

[371] Mckinnon R I. Money and capital in economic development [M]. Washington D. C. : The Brookings Institution, 1973.

[372] Meijers H. Does the internet generate economic growth, international trade, or both? [J]. International Economics and Economic Policy, 2014, 11 (1 – 2): 137 – 163.

[373] Melo P C, Graham D J. Testing for labour pooling as a source of agglomeration economies: Evidence for labour markets in England and Wales [J]. Papers in Regional Science, 2014, 93 (1): 31 – 52.

[374] Meng X. An examination of wage determination in China's rural industrial sector [J]. Applied Economics, 1996, 28 (6): 715 – 724.

[375] Midelfart K H, Overman H G, Redding S, et al. The location of European industry [R]. Brussels: European Commission, 2000.

[376] Mody A, Wang F Y. Explaining industrial growth in coastal China: Economic reforms and what else? [J]. World Bank Economic Review, 1997, 11 (2): 293 – 325.

[377] Moomaw R L. Is population scale a worthless surrogate for business agglomeration economies [J]. Regional Science and Urban Economics, 1983, 13 (4): 525 – 545.

[378] Mostafa R H A, Wheeler C, Jones M V. Entrepreneurial orientation, commitment to the internet and export performance in small and medium sized exporting firms [J]. Journal of International Entrepreneurship, 2005, 3 (4): 291 – 302.

[379] Mouelhi R B A. Impact of the adoption of information and communication technologies on firm efficiency in the Tunisian manufacturing sector [J]. Economic Modelling, 2009, 26 (5): 961 – 967.

[380] Myrdal G. Economic theory and underdeveloped regions [M]. New York: Harper & Row, 1957.

[381] Naughton, B. How much can regional integration do to unify China's markets? [C]. Stanford University: The Conference for Research on Economic Development and Policy Research, 1999.

[382] Ohlin B. Interregional and international trade [M]. Cambridge, MA: Harvard University Press, 1957.

[383] Okita S. Special presentation: Prospect of Pacific economies [C]. Se-

oul: The Fourth Pacific Economic Cooperation Conference, 1985.

[384] Oliner S D, Sichel D E, Stiroh K J. Explaining a productive decade [J]. Journal of Policy Modeling, 2008, 30 (4): 633 - 673.

[385] Otsuka A. Determinants of new firm formation in Japan: A comparison of the manufacturing and service sectors [J]. Economics Bulletin, 2008, 18 (4): 1 - 7.

[386] Ottaviano G I P, Pinelli D. Market potential and productivity: Evidence from Finnish regions [J]. Regional Science and Urban Economics, 2006, 36 (5): 636 - 657.

[387] Ottaviano G I P, Puga D. Agglomeration in the global economy: A survey of the "new economic geography" [J]. World Economy, 1998, 21 (6): 707 - 731.

[388] Okubo T. Trade liberalisation and agglomeration with firm heterogeneity: Forward and backward linkages [J]. Regional Science and Urban Economics, 2009, 39 (5): 530 - 541.

[389] Ottaviano G I P. Integration, geography and the burden of history [J]. Regional Science and Urban Economics, 1999, 29 (2): 245 - 256.

[390] Ottaviano G, Tabuchi T, Thisse J F. Agglomeration and trade revisited [J]. International Economic Review, 2002, 43 (2): 409 - 435.

[391] Parish W L, Zhe X, Li F. Nonfarm work and marketization of the Chinese countryside [J]. The China Quarterly, 1995, 143 (4): 697 - 730.

[392] Parsley D C, Wei S J. Explaining the border effect: The role of exchange rate variability, shipping costs, and geography [J]. Journal of International Economics, 2001a, 55 (1): 87 - 105.

[393] Parsley D C, Wei S J. Limiting currency volatility to stimulate goods market integration: A price based approach [J]. Social Science Electronic Publishing, 2001b (1): 1 - 197.

[394] Peng M W, Luo Y. Managerial ties and firm performance in a transition economy: The nature of a micro - macro link [J]. Academy of Management Journal, 2000, 43 (3): 486 - 501.

[395] Pereira M C C. The effects of households' and firms' borrowing constraints on economic growth [J]. Portuguese Economic Journal, 2008, 7 (1): 1 -

16.

[396] Picard P M, Zeng D Z. Agricultural sector and industrial agglomeration [J] . Journal of Development Economics, 2005, 77 (1): 75 –106.

[397] Poncet S. Measuring Chinese domestic and international integration [J] . China Economic Review, 2003, 14 (1): 1 –21.

[398] Poncet S. A fragmented China: Measure and determinants of Chinese domestic market disintegration [J] . Review of International Economics, 2005, 13 (3): 409 –430.

[399] Porter M. The competitive advantage of nations [M] . New York: The Free Press, 1990.

[400] Porter M E. Clusters and the new economics of competition [J] . Harvard Business Review, 1998, 76 (6): 77 –90.

[401] Puga D. Urbanization patterns: European versus less developed countries [J] . Journal of Regional Science, 1998, 38 (2): 231 –252.

[402] Puga D. The rise and fall of regional inequalities [J] . European Economic Review, 1999, 43 (2): 303 –334.

[403] Redding S, Venables A J. Economic geography and International inequality [J] . Journal of International Economics, 2004, 62 (1): 53 –82.

[404] Redman J M. Understanding state economies through industry studies [M] . CGPA, 1994.

[405] Ricci L A, Trionfetti F. Productivity, networks, and export performance: Evidence from a cross – country firm dataset [J] . Review of International Economics, 2012, 20 (3): 552 –562.

[406] Ripley B D. The second – order analysis of stationary point processes [J] . Journal of Applied Probability, 1976, 13 (2): 255 –266.

[407] Roelandt T J A, den Hertog P. Various approaches early results and policy implications [C] . 2nd OECD – workshop on Clusters Analysis and Clusters – based Policy, 1998.

[408] Romer P M. Increasing returns and long – run growth [J] . Journal of Political Economy, 1986, 94 (5): 1002 –1037.

[409] Romer P M. Endogenous technological change [J] . Journal of Political Economy, 1990, 98 (5): S71 – S102.

[410] Roodman D. How to do xtabond2: An introduction to difference and system GMM in stata [J]. The Stata Journal, 2009, 9 (1): 86 – 136.

[411] Rosenfeld S A. Bringing business clusters into the mainstream of economic development [J]. European Planning Studies, 1997, 5 (1): 3 – 23.

[412] Rosenthal S S, Strange W C. The attenuation of human capital spillovers [J]. Journal of Urban Economics, 2008, 64 (2): 373 – 389.

[413] Rosenthal S, Strange W. The determinants of agglomeration [J]. Journal of Urban Economics, 2001, 50 (2): 191 – 229.

[414] Roy J R. Spatial interaction modeling: A regional science context [M]. New York: Springer – Verlag Berlin Heidelberg, 2004.

[415] Ruan J Q, Zhang X. Do geese migrate domestically? Evidence from the Chinese textile and apparel industry [R]. Washington, DC: International Food Policy Research Institute (IFPRI), 2010.

[416] Safaei J, Cameron N E. Credit channel and credit shocks in Canadian macrodynamics – a structural VAR approach [J]. Applied Financial Economics, 2003, 13 (4): 267 – 277.

[417] Samuelson P. The pure theory of public expenditure [J]. Review of Economics and Statistics, 1954, 36 (4): 387 – 389.

[418] Sassen S. Global city [M]. New York, London, Tokyo: Princeton University Press, 1994.

[419] Shaw E. Financial deepening in economic development [M]. New York: Oxford University Press, 1973.

[420] Smith S L J. Tourism analysis: A handbook [M]. Harlow, England: Longman, 1989.

[421] Solow R M. A contribution to the theory of economic growth [J]. Quarterly Journal of Economics, 1956, 70 (1): 65 – 94.

[422] Solow R M. Technical change and the aggregate production function [J]. The Review of Economics and Statistics, 1957, 39 (3): 312 – 320.

[423] Stock J, Yogo M. Testing for weak instruments in linear IV regression [R]. Cambridge, MA: National Bureau of Economic Research, 2002.

[424] Storper M. The limits to globalization: technology districts and international trade [J]. Economic Geography, 1992, 68 (1): 60 – 93.

[425] Storper M. The regional world: Territorial development in a global economy [M]. New York: Guilford Press, 1997.

[426] Swann P, Prevezer M. A comparison of the dynamics of industrial clustering in computing and biotechnology [J]. Research Policy, 1996, 25 (7): 1139 – 1157.

[427] Tabuchi T. Urban agglomeration, capital augmenting technology, and labor market equilibrium [J]. Journal of Urban Economics, 1986, 20 (2): 211 – 228.

[428] Tang K K. Economic integration of the Chinese provinces: A business cycle approach [J]. Journal of Economic Integration, 1998, 13 (4): 549 – 570.

[429] Teixeira A A C, Fortuna N. Human capital R&D, trade, and long – run productivity: Testing the technological absorption hypothesis for the Portuguese economy, 1960 – 2001 [J]. Research Policy, 2010, 39 (2): 335 – 350.

[430] Teixeira A A C, Queirós A S S. Economic growth, human capital and structural change: A dynamic panel data analysis [J]. Research Policy, 2016, 45 (8): 1636 – 1648.

[431] Thompson J H. Some theoretical considerations for manufacturing geography [J]. Economic Geography, 1966, 42 (4): 356 – 365.

[432] Tobler W R. A computer movie simulating urban growth in the Detroit region [J]. Economic Geography, 1970, 46 (s1): 234 – 240.

[433] Van Ark B, O'Mahoney M, Timmer M P. The productivity gap between Europe and the United States: Trends and causes [J]. Journal of Economic Perspectives, 2008, 22 (1): 25 – 44.

[434] Vemuri V K, Siddiqi S. Impact of commercialization of the internet on international trade: A panel study using the extended gravity model [J]. The International Trade Journal, 2009, 23 (4): 458 – 484.

[435] Venables A J. Equilibrium locations of vertically linked industries [J]. International Economic Review, 1996, 37 (2): 341 – 359.

[436] Venables A. Cities and trade: External trade and internal geography in developing economies [R]. Washington: World Bank, 2000.

[437] Venables A J. Geography and international inequalities: The impact of new technologies [J]. Journal of Industry, Competition and Trade, 2001, 1 (2): 135 – 159.

[438] Vernon R. International investment and international trade in the product cycle [J] . Quarterly Journal of Economics, 1966 (80): 90 –207.

[439] Wallsten S. An empirical test of geographic knowledge spillovers using geographic information systems and firm – level data [J] . Regional Science and Urban Economics, 2001, 31 (5): 571 –599.

[440] Wheatley W P, Roe T L. The effects of the internet on US bilateral agricultural trade [J] . Journal of International Agricultural Trade and Development, 2008, 4 (2): 231 –253.

[441] Wheeler C H. Search, sorting and urban agglomeration [J] . Journal of Labor Economics, 2001, 19 (4): 879 –899.

[442] Witt S F, Witt C A. Forecasting tourism demand: A review of empirical research [J] . International Journal of Forecasting, 1995, 11 (3): 447 –475.

[443] Wu I L, Chuang C H, Hsu C H. Information sharing and collaborative behavivors in enabling supply chain performance: A social exchange perspective [J] . International Journal of Production Economics, 2014, 148 (1): 122 –132.

[444] Xin F, Zhang J, Zheng W. Does credit market impede innovation? Based on the banking structure analysis [J] . International Review of Economics & Finance, 2017, 52 (C): 268 –288.

[445] Xu X. Have the Chinese provinces become integrated under reform? [J] . China Economic Review, 2002, 13 (2 –3): 116 –133.

[446] Yadav N. The Role of internet use on international trade: Evidence from Asian and Sub – Saharan African enterprises [J] . Global Economy Journal, 2014, 14 (2): 189 –214.

[447] Yeung W C, Liu W, Dicken P. Transnational corporations and network effects of a local manufacturing cluster in mobile telecommunications equipment in China [J] . World Development, 2006, 34 (3): 520 –540.

[448] Young A. The razor's edge: Distortions and incremental reform in the People's Republic of China [J] . The Quarterly Journal of Economics, 2000, 115 (4): 1091 –1135.

[449] Young A. Gold into base metals: Productivity growth in the People's Republic of China during the Reform Period [J] . Journal of Political Economy, 2003, 111 (6): 1220 –1261.

[450] Yu Y. CHINA_ SPATDWM: Stata module to provide spatial distance matrices for Chinese provinces and cities, statistical software components S457059 [M]. Boston: Boston College Department of Economics, 2009.

[451] Zhang J, Zhao Y, Park A, et al. Economic returns to schooling in urban China, 1988 to 2001 [J]. Journal of Comparative Economics, 2005, 33 (4): 730 – 752.

[452] Zipf G K. The P1 P2/D hypothesis: On the intercity movement of persons [J]. American Sociological Review, 1946, 11 (6): 677 – 686.

[453] Zook M A. The knowledge brokers: Venture capitalists, tacit knowledge and regional development [J]. International Journal of Urban and Regional Research, 2004, 28 (3): 621 – 641.

后 记

　　本书是在我的博士论文基础上形成的，是我博士阶段探索区域经济和产业经济领域的主要成果。目前，部分内容和观点已经在《上海经济研究》《金融评论》《中国流通经济》等期刊上发表。其中，第五章的主要内容发表于《中国流通经济》，第六章、第八章的主要内容发表于《上海经济研究》，第七章的主要内容发表于《金融评论》。本书能够顺利完成，得到了许多良师益友的支持和帮助。

　　首先要感谢我的导师。人们常说"师恩难报"，此言非虚。在三年的博士生涯里，我的导师倪鹏飞教授可以说是我不断进步的最大动力，常常在我想松口气、歇歇脚的时候，老师就会在背后及时地督促、鞭策我更进一步，当时的我虽偶有埋怨，但是，当我不断取得进步，回首过往，却是如此感激。正如曾国藩所言，天下事有所激有所逼而成者居其半，正是在倪老师的激励督促下，我在写作上的水平才有长足的进步，由过去的"不敢写"到之后的"写不怕"，再到现在的"不怕写"，并正在朝着"怕不写"的境界前进。

　　其次要感谢我的父母。在我博士学习的这三年，也正是父母日益苍老的三年，我深深地知道我应该成为家里的顶梁柱，支撑起整个家庭，对此我常存愧疚之心，但是，父母的谅解和包容使我能够心无旁骛地专注于学术研究，如果没有他们在背后的默默付出，我不可能完成学业，他们的支持将始终是我不竭的动力源泉，并激励着我在未来的人生道路上劈波斩浪，奋勇前行！

　　最后要感谢我的同窗。有人说，同学是无关血缘的最好兄弟，是前世的修行，今生的相遇。我要感谢李超、曹清峰、李博、王雨飞、丁如曦、王海波、龚维进、马洪福、徐海东等师兄师姐师弟师妹，我们一同学习，一同工作，一同玩耍，一同进步，使我的博士生活不至于那么枯燥。

沈立

2021 年 9 月 27 日于北京